Felix zu Löwenstein

FOOD CRASH

Felix zu Löwenstein

FOOD CRASH

Wir werden uns ökologisch ernähren oder gar nicht mehr

Pattloch

Besuchen Sie uns im Internet:
www.pattloch.de

FSC
www.fsc.org
MIX
Papier aus verantwortungsvollen Quellen
FSC® C019821

Umschlaggestaltung: ZERO Werbeagentur, München
Umschlagabbildung: FinePic®, München
Satz: Adobe InDesign im Verlag
Druck und Bindung: C. H. Beck, Nördlingen
Printed in Germany
ISBN 978-3-629-02300-1

2 4 5 3 1

Für Emelie – und alle anderen,
denen wir eine Welt hinterlassen müssen,
in der sie leben können.

Inhalt

1.
Vom Kleinen ins Große – Wie uns das Hungerproblem eingeholt hat

Nichts ist so gefährlich wie ein weiches Sofa vor dem Fernseher, ein prasselndes Kaminfeuer, das *heute-journal* ist zu Ende, und jetzt mal schnell mit der Fernbedienung rumgezappt. Da stößt man auf höchst merkwürdige Sendungen. Weil die Schwerkraft stärker ist als die Vernunft, gelingt das Aufstehen nicht, und außerdem ist es gemütlich. In solchen Situationen habe ich schon die dümmsten Filme gesehen, und nur meine Frau hat etwas davon, weil sie dabei einschläft.

Eine Sendung über den Weltrekord im Wettessen hat uns aber hellwach gemacht.

Es ging irgendwie darum, dass Leute, die ohnehin schon aussehen, als wäre eine Diät gerade das Beste für sie, zeigen, was alles in sie reingeht. Ein Mensch mit unaussprechlichem russischem Namen schaffte über 3,5 Liter Mayonnaise. In acht Minuten! Das muss man sich einmal vorstellen. Ein anderer konnte Ähnliches mit Butter. Und eine Frau, die vergleichsweise normal (eigentlich sogar ganz nett) aussah, vertilgte 167 Hähnchenflügel. Ich musste immer an die 83 und ein halbes Hähnchen denken, die jetzt keine Flügel mehr hatten – und alles nur, damit Sonya aus Bottrop ins Buch der Rekorde kommt.

An dem Abend waren auch unsere Kinder da. Nicht alle sechs, aber doch genug für eine heftige Diskussion. Sie begann mit etwas, was bei uns die Regel ist: einer Art Spontantheater, in dem alle Protagonisten des Wettkampfes vorkamen, ins Groteske übersteigert und zum Brüllen komisch. Irgendjemand sagte dann: »Das ist ja unglaublich pervers!« – und erinnerte an das, was eine Woche zuvor passiert war.

Das war Anfang April 2008.

Das Getreide, das wir im Sommer 2007 geerntet hatten, war gut verkauft, und auch die Welt der konventionellen Ackerbauern um uns herum sah rosig aus. Endlich wieder anständige Getreidepreise, und auch die Kartoffeln liefen prima!

In diese Hochstimmung waren Nachrichten über Versorgungsprobleme gesickert. Na ja, Versorgungsprobleme – eher *Hunger*, um die Sache beim Namen zu nennen. Aber, was da die Filter der Nachrichtenmacher passierte, das schien doch weit weg und eine von den vielen Katastrophenmeldungen zu sein, wie sie ständig in den Nachrichten zu sehen sind. Man darf sich das nicht zu sehr zu Herzen nehmen, weil man sonst depressiv wird. Doch an diesem Abend kamen die Bilder aus einem Land, das wir gut kennen – aus Haiti. Dort haben wir gelebt, meine Frau, ich und zwei Kinder, aus denen in Port au Prince dann drei wurden.

Mit den Bildern schwappten O-Töne, Worte, Wortfetzen zu uns ins Wohnzimmer. Im Gegensatz zu vielen Millionen Menschen, die sie auch gehört haben, haben wir sie verstanden. Nichts Aufregendes! Es waren Worte wie »Nou grangou« oder »Ba'm kichoy pou'n manjé«, Dinge, die verzweifelte Menschen in eine Kamera sagen, hinter der sie jemanden vermuten, der ihnen helfen kann: »Wir haben Hunger« und »Gib uns was zu essen«. Aber für uns waren es Worte, die uns unter die Haut gingen. Plötzlich war die Distanz weg. Wir waren wieder mittendrin. Bilder kamen hoch von Familien in den armseligen Hütten in den Bergen, rund um die Ebene von Les Cayes, im Süden der Insel. Bilder von Familien, die es normal finden, dass sie nur einmal am Tag essen können, und auch das nicht immer. Bilder von Kindern mit geblähten Hungerbäuchen, über deren rote Haarfarbe wir uns immer gewundert haben, bis uns jemand erklärte, dass auch das eine Folge der

Mangelernährung ist. Bilder von Vätern, die ihre Verzweiflung in Tafia, dem billigen Zuckerrohrschnaps ertränken, weil sie keine Arbeit haben und ihren Frauen erklären müssen, dass sie auch heute nichts mit heimgebracht haben, das man auf dem Markt in Essbares tauschen könnte.

Und dann dieses Kontrastprogramm, die Fressorgien bei der Weltmeisterschaft! Aus der Alberei vor dem Kamin war ein ernsthaftes Gespräch geworden. Wie hängt das zusammen: unser Leben und das der Hungernden in Haiti? Was ist zu tun, damit dieser Skandal aufhört? Was heißt das für uns als Bauern, als Konsumenten, als Staatsbürger?

Aus unserer Erfahrung in einem landwirtschaftlichen Entwicklungsprojekt der Caritas von Les Cayes, finanziert durch das deutsche Hilfswerk Misereor, hatte ich manches zur Diskussion beizusteuern. Unsere mittlerweile erwachsenen Kinder haben an diesem Abend verstanden, dass hinter den pittoresken Fotos in den immer und immer wieder von ihnen durchgeblätterten Alben mehr Geschichten stecken als die eines dreijährigen Abenteuers.

Und ich habe realisiert, dass ich selbst viel mehr Fragen als Antworten hatte. Dass ich noch viel zu wenig wusste von den Ursachenketten, die unsere Lebenssituation mit der von Menschen verbindet, von denen uns Welten trennen, in deren Städten wir aber nach einer Handvoll Flugstunden ankommen können. Wenn ich aber schon konfuse Vorstellungen von den Ursachen habe – das wurde schnell deutlich –, wie kann ich dann klare Vorstellungen von Lösungen entwickeln? Da halfen mir meine konkreten, aber doch räumlich und zeitlich eng begrenzten Erfahrungen in Haiti und später in Afrika nicht weiter.

Mir hat einmal jemand von einem Pastor erzählt, der seiner Frau zu sagen pflegte: »Davon verstehen wir nichts, mein Schatz. Wir sollten einen Vortrag darüber halten.« Die Geschichte kannte ich damals noch nicht. Aber genauso habe ich's gemacht: Material gesammelt, Zahlen erhoben und nachgerechnet, gescheite Leute gefragt, Vorträge gehalten. Und irgendwann hat dann jemand gesagt: »Darüber musst du ein Buch schreiben!«

Davor habe ich mich lange gedrückt. Aber dass Sie, lieber Leser, diese Zeilen lesen, beweist, dass ich's dann doch gemacht habe. Ich habe dieses Buch geschrieben, weil ich es wichtig finde, zu verstehen, wie es in der Welt da draußen, außerhalb unserer Wohlstandsinsel, aussieht. Ich finde es wichtig, zu verstehen, welche Ursachen dafür verantwortlich sind, dass jeder sechste Einwohner unseres Planeten Hunger leidet, dass er heute Abend mit den Schmerzen eines leeren Magens schlafen geht. Und ich will, dass Sie wissen: Wir müssen das nicht hinnehmen! Es gibt Lösungen. Wir können und müssen zuvor aber ein paar Bedingungen schaffen, damit Lösungen möglich werden. Wie das geht – und wie es nicht geht –, davon handelt dieses Buch: davon, wie wir einen Zusammenbruch des globalen Ernährungssystems verhindern können. Einen FOOD CRASH, wie er in einigen Weltgegenden schon geschehen ist. Und dass es dafür nur einen Weg gibt: Wir werden uns ökologisch ernähren – oder gar nicht mehr.

2.
Welthunger, Welternährung

Ein Gipfel ist ein ebenso herausgehobener wie spitzer Ort – einer, an dem sich allenfalls eine Handvoll Leute gleichzeitig aufhalten können, um von dort in die weite Ferne zu blicken. Bei politischen Gipfeln ist das anders. Da drängen sich Scharen von Menschen, und mit dem klaren Blick in die Ferne ist es nicht so gut bestellt. Die Metapher stimmt allenfalls in dem Punkt, dass die Teilnehmer eines »Gipfels« den Ebenen und ihrer Mühsal entrückt erscheinen.

Im November 1996 war Rom für mehr als zehntausend Menschen aus 185 Nationen zum Gipfel geworden; man wollte sich dort auf Einladung der Ernährungs- und Landwirtschaftsorganisation der Vereinten Nationen FAO[1] über die Ernährungssituation der Menschheit Gedanken machen. Zweiundzwanzig Jahre zuvor hatten die Gipfeldiplomaten eines ähnlichen Ereignisses jedem Mensch das unveräußerliche Recht auf ausreichende und ausgeglichene Nahrung zugeschrieben.[2] Sie waren damals von großem Vertrauen in das Potenzial des technischen Fortschritts beflügelt und hatten der Welt das Ziel gesetzt, Hunger, Ernährungsunsicherheit und Mangelernährung innerhalb einer Dekade zu überwinden. Doch daraus war nichts geworden. Das Heer der Unterernährten war seit Rom sogar auf 850 Millionen angewachsen. Vor diesem Hintergrund stellten sich die Experten die Frage, wie das nächste Ziel aussehen könnte und was zu seiner Erreichung ins Werk zu setzen sei.

Einer, der den ersten Ernährungsgipfel eng begleitet hat, ist *Rudi Buntzel-Cano* vom Evangelischen Entwicklungsdienst (EED) – ein Veteran in der entwicklungspolitischen Arena und auch heute noch ein streitbarer Kämpfer für die Rechte der Bauern in den Ländern des Südens. Damals war er noch Doktorand an der Uni Heidelberg. Später hatte er eine Kommission für »Brot für die Welt« zu leiten, in der die Konsequenzen besprochen wurden, die sich aus den Ergebnissen des Gipfels für die Arbeit der Evangelischen Entwicklungszusammenarbeit ergeben sollten. Er erinnert sich an eine Stimmung, die auf den gemeinsamen Willen der Nationen setzte und von der gemeinsamen Hoffnung auf einen Aufbruch geprägt war: »Zu der Zeit hielten alle die Beseitigung des Hungers auf der Welt für machbar. Gerade hatte CIMMYT seinen Durchbruch mit dem Hybridmais erreicht und IRRI[3] mit dem Hybridreis, Norman Borlaug war der Star, die Grüne Revolution war eingeleitet. Die Erwartungen waren hoch, und von Umweltproblemen hatte man noch nichts gehört. Es war die Zeit des Kalten Krieges, und die Vorherrschaft des Westens wollte man mit Hilfe der Grünen Revolution und Hungerbekämpfung – vor allem in Indien – sichern. Denn Indien war Sprecher der Blockfreien Staaten, selbst Wackelkandidat auf der Grenze zum kommunistischen Block. Die Grüne Revolution wurde als die demokratische Antwort auf die kommunistische Herausforderung gesehen, als das Gegenstück zu der kollektivistischen industriellen Landwirtschaft. Es war die Zeit des großen Aufbruchs in Afrika: die Unabhängigkeitserklärungen der antikolonialen Bewegungen in den ehemaligen portugiesischen Kolonien, Afrikas Suche nach einem Dritten Weg (afrikanischer Sozialismus, Ujamaa). Entwicklung schien machbar, nur eine Frage der guten Planung …«

Die Hungernden der Welt 1969–2010

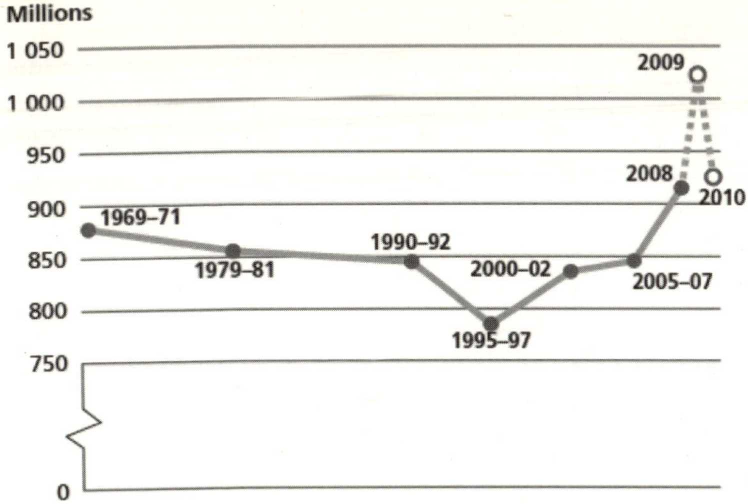

Quelle: FAO 2010 a

Als sich die 10 000 Fachleute an den Abstieg vom Gipfel und an die Heimreise zu den Menschen machten, über deren Zukunft sie debattiert hatten, stand das neue Ziel fest: Bis 2015 müsse die Anzahl der chronisch Unterernährten wenigstens halbiert werden. Dass zu diesem Zeitpunkt allen bewusst gewesen sein muss, dass man in die Rechnung eine starke Bevölkerungszunahme einzubeziehen hatte, zeigt, wie mutig und selbstbewusst diese Zielsetzung war. »Wir haben die Möglichkeit, das zu erreichen, wir haben das nötige Wissen. Wir haben die Ressourcen. Und wir haben mit der Erklärung von Rom und unserem Aktionsplan gezeigt, dass wir auch den Willen haben«, gab der FAO-Chef Jacques Diouf den Delegierten mit auf den Weg.

Heute, 15 Jahre danach, ist Ernüchterung eingetreten. Trotz des Willens, trotz aller eingesetzten Ressourcen und Kenntnisse hat die Zahl der Hungernden fast eine Milliarde erreicht. Das sind ungefähr doppelt so viele Menschen, wie in der Europäischen Union wohnen.

So unterschiedlich, wie Menschen und Kulturen sind, so unterschiedlich ist die Situation der Hungernden, die in dieser monströsen Zahl zu einem Block zusammengefasst werden. 40 % der Weltbevölkerung leben von weniger als zwei US-Dollar am Tag. Schon aufgrund ihrer geringen Kaufkraft sind sie ständig vom Hunger bedroht. Aber auch in eigentlich reichen Gesellschaften, bis hin zu den USA oder Ländern der Europäischen Gemeinschaft, finden sich Menschen, die unter- oder mangelernährt sind.

Dennoch gibt es zwei hervorstechende statistische Merkmale, die zu kennen wichtig ist, wenn man bei den »food summits«, den Gipfeltreffen der Vereinten Nationen zur Welternährung, mitreden und globale Lösungswege für ein globales Problem finden will.

- Die absolute Zahl der Hungernden ist in Asien am höchsten, weil dieser Kontinent den größten globalen Ballungsraum mit der höchsten Bevölkerungsdichte darstellt. Die Weltgegend jedoch, in der nahezu alle Länder in der Rekordklasse auftreten, was den Anteil Unterernährter an der Gesamtbevölkerung angeht, ist Afrika südlich der Sahara. Der mit unendlich scheinenden fruchtbaren Flächen ausgestattete Kongo teilt sich dort die Spitzenposition mit dem kargen Eritrea.
- Zwei Drittel der Hungernden leben nicht etwa in den Slums der Städte, sondern auf dem Land – also dort, wo das Essen erzeugt wird.

Wo Menschen hungern, da gibt es zu wenig zu essen. Und wenn Menschen auf diesem Globus hungern, dann gibt es auf diesem Globus zu wenig zu essen.

Diese naheliegende Schlussfolgerung lässt sich mit Zahlen untermauern, die jedermann leicht zugänglich sind. Im »Grain Market Report« – als Zusammenfassung für jeden im Internet abrufbar – kann man monatlich verfolgen, wie die Prognosen für die Produktion der wichtigsten Getreidearten lauten. Dort ist auch zu lesen, wie sich ihr Verbrauch entwickelt und wie es folglich um die Reserven bestellt ist, mit denen wir Menschen unser Brot backen und unsere Reisschüssel füllen können.

2007, im Jahr vor den Hungerrevolten, wiesen diese Zahlen ein deutliches Defizit aus: an Hauptgetreidearten (Weizen und Futtergetreide) waren ca. 40 Millionen Tonnen weniger geerntet als verbraucht worden, im Jahr davor hatte die Lücke 13 Millionen Tonnen betragen.

Weltgetreideverbrauch und -produktion in Millionen Tonnen					
Anbau- und Erntejahr		Weizen	Mais	Getreide insgesamt	Reis
2007/2008	Ernte	609,00	796,00	1698,00	420,00
	Verbrauch	606,00	776,00	1677,00	420,00
	Saldo	3,00	20,00	21,00	0,00
	Vorräte	129,00	137,00	304,00	77,00
2008/2009	Ernte	686,00	799,00	1802,00	433,00
	Verbrauch	644,00	781,00	1729,00	430,00
	Saldo	42,00	18,00	73,00	3,00
	Vorräte	171,00	155,00	377,00	80,00
2009/2010	Ernte	679,00	815,00	1794,00	448,00
	Verbrauch	652,00	817,00	1766,00	437,00
	Saldo	27,00	-2,00	28,00	11,00
	Vorräte	198,00	152,00	405,00	91,00
2010/2011 (Schätzung)	Ernte	649,00	812,00	1733,00	440,00
	Verbrauch	661,00	843,00	1789,00	437,00
	Saldo	-12,00	-31,00	-56,00	3,00
	Vorräte	186,00	121,00	348,00	94,00
2011/2012 Vorausschau	Ernte	667,00	848,00	1803,00	450,00
	Verbrauch	669,00	853,00	1812,00	448,00
	Saldo	-2,00	-5,00	-9,00	2,00
	Vorräte	185,00	116,00	338,00	96,00

Eigene Zusammenstellung nach den Zahlen des Grain Market Report No. 411 des International Grains Council

Entsprechend waren damals die Weltgetreidevorräte geschrumpft. Der Tabelle ist zu entnehmen, dass sie in den Jahren danach wieder zugenommen haben. Gemessen am durchschnittlichen täglichen Verbrauch liegen sie in der Größenordnung von gut zwei Monaten. Nur wenig größer sind die Vorräte des wichtigsten Grundnahrungsmittels, dem Reis. Oder, anders ausgedrückt: Würde ab sofort auf der Welt nur noch Getreide verbraucht und nirgends geerntet, dann wäre in zwei Monaten Ladenschluss.

Diese Rechnung zeichnet ein grobes, aber dennoch unübersehbar düsteres Bild. Vor allem im Zusammenhang mit drei weiteren Entwicklungen:

- Das Wachstum der Weltbevölkerung, von der geschätzt wird, sie werde von jetzt 6,9 Milliarden auf über 9 Milliarden Erdenbürger bis Mitte dieses Jahrhunderts ansteigen.
- Die Hinwendung von immer mehr zu Wohlstand kommenden Volkswirtschaften zu unserem »westlichen« Lebensstil, der sehr viel mehr landwirtschaftliche Produktionsfläche, Wasser- und Energieeinsatz pro Kopf erfordert.
- Und die zunehmende Verwertung landwirtschaftlicher Erzeugnisse für industrielle und energetische Zwecke.

Der Weltmarktführer für Chemieprodukte, BASF in Ludwigshafen, betreibt einen gut gemachten Internetauftritt für seine Landwirtschaftssparte: www.agrar.basf.de. Hier kann man einen kleinen Film sehen, in dem ohne viel Schnörkel gesagt wird, um was es angesichts dieser Herausforderungen geht: »Nun wird es Zeit, über Produktivität zu sprechen«,[4] heißt es dort in frischem Ton. Diese Schlussfolgerung ist so einsichtig und so zwingend, dass sie den Punkt bildet, auf den irgendwann jedes Gespräch zu diesem Thema kommt.

Eckart Guth ist ein wichtiger Mann. Er ist ständiger Vertreter der EU-Kommission bei den Internationalen Organisationen in Genf. Doch als ich ihn zum ersten Mal sah, saß er auf der

Kante eines Podiums, in dessen Mitte die wirklich Wichtigen saßen. Das war am 17. Januar 2009, im Berliner Kongresszentrum, wo ein Kongressprogramm absolviert wurde, das die Internationale Grüne Woche in Berlin begleitet. Aus gegebenem Anlass war es in diesem Jahr dem Thema »Welternährung« gewidmet.

Da mir auf einer Messe jede Gelegenheit, zu sitzen, recht ist und ich obendrein auf die im Veranstaltungstitel angekündigten »Innovativen Lösungen bei begrenzten Ressourcen« neugierig war, hatte ich mich in dem riesigen Saal niedergelassen. Weit unten auf dem Podium, durch eine Leinwand porenscharf vergrößert, saß die Phalanx der großen Macher und mächtigen Experten: Vorstände der weltgrößten Agrarkonzerne: Kali und Salz (Düngemittel), AGCO (Landmaschinen), Archer Daniels Midland (Verarbeitung landwirtschaftlicher Rohstoffe), BASF (Pflanzenschutzmittel und Gentechnik), die Chefs der Bundesvereinigung der Deutschen Ernährungsindustrie und des Deutschen Bauernverbandes. Kein einziger Vertreter einer Entwicklungshilfeorganisation war vorgesehen! Das war aber auch nicht nötig, denn die geballte Wirtschaftsmacht des Podiums hatte alles gut im Griff. Die Mahnung des EU-Vertreters: »Wir dürfen das Thema hier nicht nur als Geschäftsmodell verstehen«, kam irgendwie deplaziert rüber. Genau darum und um nichts anderes ging es – ums *Geschäft.* BASF-Vorstand Stefan Marcinowski fasste es in seinem Impulsreferat handlich zusammen: Wir müssen, so erklärte er uns, eine zweite »Grüne Revolution« anzetteln: Mit Hilfe von Gentechniksaatgut, Düngemitteln, Pestiziden[5] – den Betriebsmitteln, die eine moderne Landwirtschaft braucht, um produktiv zu sein. Und dazu einen funktionierenden Welthandel, damit die Lebensmittel von dort, wo man produktiv ist (also z. B. bei uns), reibungslos zu denen kommen können, die sie für ihre wachsenden Ernährungsansprüche brauchen.

Damit ist eigentlich alles gesagt: Wenn es zu wenig zu essen gibt, dann muss mehr erzeugt werden. Dafür müssen mehr

Dünger, mehr Pestizide und leistungsfähigeres Saatgut eingesetzt werden. Kurz: Wo zu wenig Output ist, da muss mehr Input geleistet werden.

Die Logik der Konzerne ist scheinbar zwingend. Ich bringe sie noch einmal auf den Punkt: Schon heute erleben wir eine Unterversorgung der Märkte, weshalb Menschen hungern. Die Zahl der Menschen steigt unerbittlich an. Sie essen mehr tierische Proteine, wofür mehr Futter erzeugt werden muss. Die Agro-Treibstoffe brauchen rasant mehr Fläche, sonstige nachwachsende Rohstoffe auch. Die Agrarfläche ist aber kaum noch auszuweiten. Also müssen wir mehr auf derselben Fläche erzeugen. Das geht nur mit Sorten, die gentechnisch an die veränderten Ansprüche angepasst sind. Und mit Düngemitteln, damit die Erträge steigen, und mit immer mehr chemischem Pflanzenschutz, damit die Ernten vor Schädlingen und Verderb geschützt werden.

Ist das nicht glasklar gedacht? Schlagend logisch? Unwiderlegbar richtig? Wer wollte sich dem verweigern? Ja, ist es nicht geradezu unverantwortlich, vor diesen Tatsachen und den daraus zu ziehenden Schlussfolgerungen die Augen zu verschließen?

Wem diese ebenso glatte wie schlichte Argumentationskette genügt, kann an dieser Stelle mein Buch zuklappen und seinen Anschaffungspreis abschreiben. Zur inhaltlichen Feinabstimmung reicht dann die Lektüre der Homepages der obengenannten Unternehmen, die sich gerne und kompetent um des Problems Lösung kümmern werden.

Dass ich dennoch weiterschreibe, zeigt Ihnen, dass ich die Dinge anders sehe. Es zeigt Ihnen, dass ich die Lösung des Problems für sehr viel komplexer halte, weil auch das Problem selbst sehr viel komplexer ist. Und es zeigt Ihnen, dass ich die

Vorstände von BASF, Bayer oder Monsanto nicht für geeignet halte, einen Ausweg aus den Sackgassen von Landwirtschaft und Ernährung zu finden. Sie selbst haben diese Sackgassen angelegt, und ihr Motiv ist es, darin dennoch Gewinnchancen für ihre Aktionäre zu finden.

Ich will Sie einladen, in vier Schritten zu einer Perspektive zu kommen, die eine völlig andere ist als die, die auf dem Podium in der Berliner Kongresshalle eingenommen wurde.

Im dritten Kapitel soll der Frage nachgegangen werden, ob das Welternährungsproblem tatsächlich ein Produktivitätsproblem ist. Ob es also auf einer zu geringen Produktion je Hektar[6] Ackerfläche beruht. Möglicherweise werden wir dabei entdecken, dass schon das Wort »Welternährung« das Problem so falsch beschreibt, dass daraus die falschen Schlussfolgerungen gezogen werden.

Im vierten Kapitel will ich die Landwirtschaft unter die Lupe nehmen, die BASF-Mann Marcinowski beschreibt, um darzulegen, weshalb die Hungernden dieser Welt ihre Hoffnung nicht auf die großen Unternehmen setzen können.

Das fünfte Kapitel beschreibt einen Gegenentwurf: eine Landwirtschaft der »Ökologischen Intensivierung«, die ein gangbarer Weg für die Zukunft unserer Lebensmittelerzeugung ist – ein Weg, den nicht zu beschreiten wir uns nicht leisten können.

Und ganz am Ende, im sechsten Kapitel, soll es um die Instrumente gehen, um die Hebel, mit denen eine falsche Agrar- und Lebensmittelwirtschaft aus den Angeln gehoben und in einen zukunftsfähigen Zustand gebracht werden kann. Und schließlich darum, welchen Beitrag Sie dazu leisten müssen.

Vielleicht legen Sie das Buch jetzt erst mal weg und holen sich – je nach Tageszeit – eine gute Tasse Tee oder ein Glas Rotwein. Dann kommen Sie wieder, blättern um, und dann legen wir zusammen los.

3.
Hunger auf der Welt: Geht's wirklich nur um die Produktionsmenge?

Gewalt macht hungrig: Kriege und Konflikte

Es gibt eine Geschichte, die gerne erzählt wird, um zu illustrieren, wie wichtig die Errungenschaften der modernen Landwirtschaft sind.

Es ist die Geschichte der Iren, die in den 40er und 50er Jahren des 19. Jahrhunderts ihr Vaterland verließen und sich daranmachten, in den Vereinigten Staaten von Amerika zu einer der stärksten Einwanderergruppen zu werden.[1] Sie waren im Wesentlichen Hungerflüchtlinge. In Irland zu bleiben war für sie keine Alternative, obwohl sie wie alle Iren die Grüne Insel heiß und innig liebten. Denn dort gab es nicht genug zu essen für alle. Der Feind, der sie aus dem Land vertrieb, war unsichtbar klein. Er befiel das wichtigste Nahrungsmittel, die Kartoffel. Er ließ das Kraut so früh verdorren, die Pflanze so früh absterben, dass in der Erde kaum mehr als walnussgroße Knollen entstehen konnten. Und die begannen im Lager dann auch noch zu faulen, so dass auch bei strengster Rationierung der Winter kaum vorbei war, als aus den Erdmieten und Kartoffelkellern schon nichts mehr zu holen war. Der Feind hieß *Phytophtora infestans,* »potato blight« auf Englisch. Wir beschreiben seine Wirkung im Namen mit »Kraut- und Knollenfäule«.

Die Schlussfolgerung und Lehre daraus: Hätten die Iren damals schon Wirkstoffe wie Mancozeb, Maneb oder Fluazinam gehabt – oder wie sonst noch die Fungizide (Pilzbekämpfungsmittel) heißen, dann hätten sie nicht gehungert und, wer weiß, John F. Kennedy wäre nie nach Berlin gekommen.

Das ist die Version, die ich schon in manchem Vortrag von Pflanzenschutzmittel-Vertretern gehört habe. Es gibt aber noch eine andere:

In diesen schrecklichen Jahren hatten die englischen Grundherren, die den Iren zu Recht als Besatzer aus einem fremden Land galten, und wohl ebenso die eigenen, irischen Großgrundbesitzer den größten Teil der fruchtbaren Böden unter sich aufgeteilt. Und wo diese nicht Schafe züchteten, um vom Boom der angelsächsischen Textilindustrie zu profitieren, da produzierten sie Weizen und anderes Getreide, das in irischen Häfen auf englische Schiffe verladen und von dort in englische Mühlen gebracht wurde. Auch ihre Pächter mussten Weizen für den Export produzieren, denn nur so ließ sich das Bargeld erwirtschaften, mit dem die Pacht zu bezahlen war.

Für ihre eigene Nahrungsversorgung blieben den irischen Bauern und Landarbeitern nur kleine Flächen, die schlechtesten zudem. Da man mit kaum einer Kulturpflanze so viel Nahrungsenergie je Flächeneinheit erzeugen kann wie mit der Kartoffel, bebauten sie ihre kleinen Parzellen dicht an dicht damit. Und da sie obendrein nicht wussten, dass eine jahraus, jahrein wiederholte Monokultur von Kartoffeln sehr schnell zum Ausbruch von Krankheiten führt, wie eben der »potato blight«, kam, was kommen musste. Ihre Nahrungsgrundlage brach zusammen. Tausende verhungerten und Abertausende verließen das Land.[2]

Dass für die große, irische Hungersnot die Krautfäule verantwortlich ist, erweist sich in Kenntnis dieser Zusammenhänge als eine nützliche Legende. Denn die mörderische Kartoffelkrankheit war nicht Grund, sondern Folge – Folge menschlicher Gewalt, die dann die Bewohner der Grünen Insel in Hungertod und Auswanderung trieb. Und so war es mit vielen Hungersnöten. Auch in unserer mitteleuropäischen Geschichte wurden sie viel seltener durch Missernten oder gar das Nichtwissen der Bauern ausgelöst als vielmehr durch Kriege, Revolutionen und Unterdrückung. Und so ist es auch in unseren Tagen. Die schrecklichen Hungerbilder aus dem Südsudan oder aus Eritrea sind Beispiele dafür. Oft wird das Aushungern der Bevölkerung sogar gezielt als Kriegswaffe eingesetzt.

Die schlimmsten Hungersnöte des letzten Jahrhunderts wurden durch Gewaltherrscher mit ihren menschenverachtenden Systemen verursacht. So war es in den von Hitlerdeutschland besetzten Gebieten. Und so war es im Russland Stalins, im China Mao Zedongs oder im Kambodscha von Pol Pot, wo erst der Bauernstand ausgetilgt und dann Staats- und Gesellschaftstheorien auf bizarre Art auf die Landwirtschaft angewandt wurden. In der Folge verhungerten Millionen Menschen.

Das extremste Beispiel dafür, dass auch heute skrupellose Machtausübung mehr Menschen ihre Nahrungsgrundlage raubt als Heuschrecken und sonstige Plagen der Natur, ist die Republik Kongo. Ich bin Anfang der 90er Jahre in diesem riesigen Land gewesen, um im Auftrag von Misereor ein Entwicklungshilfeprojekt zu begutachten. Von allen Ländern der Dritten Welt, die ich bis dahin gesehen hatte, war Zaire – so hieß der Kongo damals noch – das heruntergekommenste und korrupteste. Obwohl enorme Landflächen ungenutzt waren und reichlich Wasser zur Verfügung stand, lebte die Bevölkerung in großem Elend. Zu meinem großen Erstaunen konnte man stundenlang fahren, ohne jemanden zu sehen, der einem etwas zu essen hätte verkaufen wollen. Den Grund habe ich erst begriffen, als ein Bauer mir erzählte, sein Nachbar sei kürzlich beim Beernten einer Kokospalme abgestürzt und habe sich ein Bein gebrochen. Darauf habe er dem Dorfgewaltigen ein Strafgeld entrichten müssen. Der hatte das damit begründet, dass es verboten sei, vom Baum zu fallen. Da die Geschichte durch zwei Übersetzer musste – von der Dorfsprache in die Bantusprache Kikongo, von dort ins Französische –, glaubte ich, falsch verstanden zu haben. Nach intensivem Nachfragen war aber klar: Ich hatte gerade ein besonders absurdes Beispiel von Machtmissbrauch und Korruption erzählt bekommen. Der örtliche Polizeikommandant hatte sich einfach etwas Kreatives einfallen lassen, um noch ein wenig mehr Geld aus den Bewohnern des Dorfes herauszupressen. Das ließ erahnen, weshalb es in diesem Land nur für die Stärksten möglich ist, sich wirtschaftlich zu entwickeln.

Inzwischen ist im Osten des Landes jener fürchterliche Krieg entstanden, in den auch Ruanda verwickelt ist. Rebellenmilizen und die Interessen derer, die den für den Betrieb unserer Mobiltelefone erforderlichen Rohstoff Coltan unbehelligt von einer funktionierenden Staatsmacht ausbeuten wollen, verhindern, dass Bauern existieren können. Denn das können sie nicht, wenn sie bereits zum Zeitpunkt der Aussaat wissen, dass sie noch vor der Ernte von einer der Parteien aus ihrem Dorf vertrieben werden.

Das Ergebnis dieser Mischung aus schlechter Regierungsführung (»bad governance«), auswärtiger Einmischung und inneren Konflikten ist: *Hunger.* Nach der Statistik der FAO hält der zentralafrikanische Kongo den Rekord, knapp hinter Eritrea: 70 % der Bevölkerung fallen unter die Kategorie »Unterernährt«![3] Obwohl das im Nordosten des Kontinentes gelegene Eritrea ungleich schlechtere landwirtschaftliche Produktionsbedingungen aufweist, ist auch die Unterernährung der eritreischen Bevölkerung eher die Folge einer schlechten Verwaltung und die Nachwirkung des Sezessionskrieges mit Äthiopien. Über der 50 %-Marke liegt ansonsten nur Burundi – das eine sehr hohe Bevölkerungsdichte aufweist und in denselben Konflikt involviert ist wie der Kongo – und Haiti, auf das ich noch an mehreren Stellen zu sprechen kommen werde.

Gewalt macht hungrig: Kriege und Konflikte

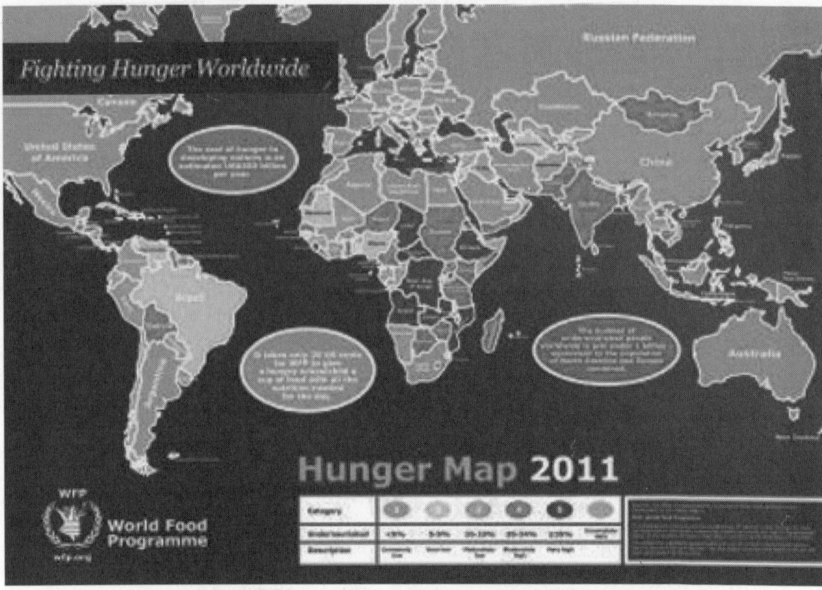

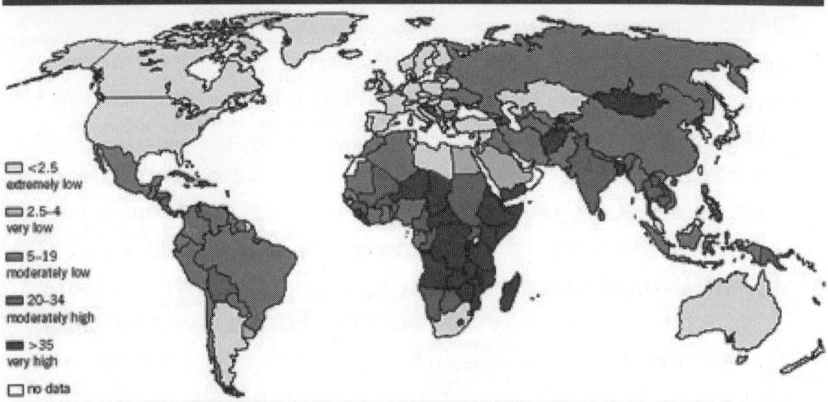

Wer nichts hat, dem wird genommen

Dass zwei Drittel der Hungernden auf dem Land wohnen, also ausgerechnet dort, wo die Nahrung produziert wird, hat einen einfachen Grund. Meist handelt es sich um Menschen, denen weder eigenes Land noch ausreichendes Einkommen zur Verfügung steht. In Brasilien fehlt es einem Fünftel der Bevölkerung an Essen, obwohl auf Millionen von Hektaren Exportgüter oder Zucker für die Ethanolgewinnung angebaut werden. Auf sehr viel weniger krasse Weise gilt das auch für Indien, wo ein Drittel der von der FAO als unterernährt eingestuften Menschen zu Hause ist. Indien exportiert jährlich ca. fünf Millionen Tonnen Reis. Wer keine Kaufkraft hat, weil es an Erwerbsmöglichkeiten fehlt, der ist auch nicht in der Lage, sich Essen zu kaufen.

Das gilt im Übrigen auch für Länder in Nordamerika oder Europa, wo am unteren Rand einer Gesellschaft mit hohen Durchschnittseinkommen bittere Armut existiert. Auch hier ist nicht die mangelnde Produktivität der Landwirtschaft, sondern die ungleiche Verteilung von Einkommen Ursache für Hunger.

Dass aufstrebende und reiche Länder in den letzten Jahren massiv auf globale Einkaufstour gehen, um sich Ackerflächen für die steigenden Bedürfnisse ihrer Bevölkerung zu sichern, verschärft dieses Problem. Denn ab dann dient die Fläche nicht mehr der Ernährung der Bevölkerung vor Ort, sondern dem Export in die Staaten der Investoren. Und in aller Regel folgt auf die Landnahme die Vertreibung der Kleinbauern, die bis dahin dort gewirtschaftet haben. Auf diese Weise kehrt der Kolonialismus zurück, mit einem neuen Gesicht.

China und die Golfstaaten stehen an der Spitze derer, die Millionen von Hektaren dort unter ihre Kontrolle zu bringen versuchen, wo Bodenfruchtbarkeit und Verfügbarkeit von Wasser gute Erträge versprechen.[4] Aber auch unter Kapitalinvestoren hat sich längst herumgesprochen, dass land- und forstwirtschaftliche Flächen eine inflationssichere Anlage mit großen Zukunftschancen bieten. Nur in den wenigsten Fällen dürfte sich die Hoffnung erfüllen, dass auf diese Weise unterkapitalisierte Bauern in Afrika und Asien die nötigen Ressourcen für ihre Entwicklung zugesteckt bekommen. In den meisten Regionen, auf die sich die Begehrlichkeit der Investoren richtet, besitzen die Bauern keine oder doch nur sehr schlecht abgesicherte Rechtstitel auf ihren Landbesitz. Sie müssen deshalb der Willkür der Mächtigen weichen, die an dem Deal verdienen. Wenn dann die industrialisierte Großlandwirtschaft in Gang gesetzt wird, die sich für ein unkompliziertes Ausbeuten der neu erworbenen Flächen am besten eignet, bleibt den vertriebenen Bauern noch nicht einmal der Abstieg zum Tagelöhner. Wo Wasser knapp ist, sind auch die betroffen, denen man ihr Land gelassen hat. Denn dem gut technisierten Neubesitzer gelingt es im Zweifel als Erstem, den alteingesessenen Nachbarn das kostbare Nass abzugraben.

Der globale Feudalismus, der so entsteht, schafft nicht nur Ungerechtigkeit und Armut – und in der Folge Hunger –, er destabilisiert auch ganze Staaten und trägt so zu einem sich selbst verstärkenden Teufelskreis bei, dessen Leidtragende immer dieselben sind: die Ärmsten der Armen.

Der Vollständigkeit halber ist anzufügen, dass Naturkatastrophen – Erdbeben, Überschwemmungen, Wirbelstürme und Tsunamis – ebenfalls diejenigen am härtesten treffen, die ohnehin kaum über Reserven verfügen. So werden solche Ereignisse zeitlich und räumlich punktuell zur Hauptursache von Hunger.

Schließlich ist auch die Verwundbarkeit durch volkswirtschaftliche Faktoren dort am größten, wo Menschen wegen zu geringer Kaufkraft zu wenig zu essen haben. In Deutschland wenden wir gerade einmal 11,2 % unseres Einkommens für die Ernährung auf, die Einwohner in Burundi oder Bangladesch wohl eher drei Viertel. Es ist unschwer vorzustellen, dass Letztere von dem dramatischen Anstieg der Lebensmittelpreise, wie in 2007 und 2008 und auch wieder in 2011, erheblich stärker betroffen sind als wir.

»Wir ernten, was andere säen« war der Titel einer Werbebroschüre, die mir die Allianz auf dem Höhepunkt der Hungerkrise zugeschickt hat. Dort wurde für Fonds geworben, die in landwirtschaftliche Rohstoffe investiert sind. Ich erinnere mich nicht, was mich damals mehr schockiert hat: die Kaltblütigkeit, mit der hier der Vorschlag unterbreitet wird, aus etwas Profit zu schlagen, an dessen Entstehen man gar nicht beteiligt ist. Oder die Taktlosigkeit des Werbetexters, dafür so entlarvend deutliche Worte zu finden. Mir ist wohl bewusst, dass Börsenspekulanten nur sehr begrenzte Möglichkeiten haben, hohe oder niedrige Rohstoffpreise zu erzeugen. Da ist die Wirkung schon entscheidender, die beispielsweise von der Exportsperre ausgeht, die große Getreideerzeuger wie die Ukraine verfügen, um ihre Vorräte für alle Fälle zurückzuhalten. Sicher ist jedoch, dass Preisausschläge wesentlich durch Rohstoffbörsen verstärkt werden, die ein Vielfaches des Volumens in Kontrakten handeln, das tatsächlich als Ware auf dem Markt vorhanden ist. Auf diese Weise mag man Geld vermehren. Essen vermehrt man nicht. Dafür trägt man aber zum Verhungern derjenigen bei, deren Geld nicht reicht, um die Zeit zu überbrücken, bis die Blase platzt.

Wenn meine Ernte längst ein anderer hat

Bangladesch ist eines jener Länder, die in unseren Nachrichten nur dann auftauchen, wenn es eine Katastrophe zu vermelden gibt. Und immer, ganz gleich, ob es sich um eine Flutwelle, eine Monsun-Überschwemmung, ein Erdbeben oder eine Dürre handelt, produziert eine solche Katastrophe die gleichen Bilder. Hungernde Menschen, verzweifelt oder apathisch, die übers Land wandern, in der Hoffnung, irgendwo Hilfe und Essbares aufzutreiben. Ein solches Jahr war das Hungerjahr 1974. Auch in Chittagong füllten sich die Straßen mit frisch zugewanderten, ausgemergelten Bettlern aus dem Umland.

Professor Mohammed Yunus, Dozent für Wirtschaftswissenschaften an der Universität dieser zweitgrößten Stadt des Landes, war einer von jenen Angehörigen der wirtschaftlichen und politischen Elite, die es in allen Ländern der Dritten Welt gibt: Sie leben unter ihresgleichen, gebildet und finanziell abgesichert, so weit weg von der Realität der armen Menschen im Land, als sei es ein anderer Kontinent. Doch an dem Elend, das in diesem Jahr bis vor die Tore der Universität drängte, war kein Vorbeisehen mehr. Yunus beschloss, mit seinen Studenten eines der nahe gelegenen Dörfer zu besuchen, aus dem diese Menschen stammten, um die Ursachen des Elendsmarsches wissenschaftlich zu fassen.

Dort trafen sie auf Sufia Begum, die vor ihrer Hütte saß und Körbe flocht. Die Realität, die hinter dem idyllischen Bild steckte, war folgende: Um das Material für die Körbe zu kaufen, hatte die Frau einen Kredit bei einem Wucherer aufgenommen. Dieser verlangte astronomische Zinsen und nahm ihr zur Tilgung die Körbe in Zahlung. Was ihr verblieb, waren zwei Cent pro Tag – zu wenig, um davon die Familie zu ernähren. Vor allem aber zu wenig, um Kapital zu bilden. In diesem Kreislauf des Elends, so fanden Yunus und seine Studenten heraus, drehte sich nicht nur das ganze Dorf, sondern das ganze Land. Ohne über das fürs Überleben Notwendige hinaus etwas akkumulieren zu können, was die Voraussetzung für wirtschaftliche Entwicklung gewesen wäre, und ohne die Möglichkeit, Reserven zu bilden, warf jede Missernte die ökonomische Existenz der Menschen über den Haufen.

Yunus beschloss – weiterhin ganz Pädagoge und Wissenschaftler –, mit Sufia ein Projekt zu starten. Er lieh ihr 25 Dollar. Eine Summe, von der er herausgefunden hatte, dass sie ausreichendes Startkapital für die Gründung eines eigenständigen Gewerbes war. Als auch weitere Kreditnehmer genug Erfolg hatten, um den Kredit tilgen und ihre Aktivitäten entwickeln zu können, sprach er die großen Banken seines Landes an, um mit ihnen ein Kreditprogramm für die Armen Bangladeschs auf die Beine zu stellen. Die Antwort waren Spott und Ablehnung. Welch absurde Idee, Menschen Geld leihen zu wollen, die keinerlei Sicherheiten zu bieten hatten! Mit einer staatlichen Bank fand sich dann doch noch ein Partner: die Grameen-Bank wurde gegründet. Dreißig Jahre später sind acht Millionen Bangladeschis Mitglieder der Grameen-Bank, halten Guthaben und nehmen Kredite. Sie haben sich damit eine Möglichkeit für wirtschaftliche Entwicklung erschlossen. Fast alle von ihnen sind Frauen – schon früh stellte sich heraus, dass sie besser und nachhaltiger mit den Finanzen umgehen als die Männer –, und alle gehören zu den dörflichen Unterschichten des 150-Millionen-Volkes am Golf von Bengalen. Mittlerweile hat sich die Grameen-Bank auf allen Kontinenten etabliert und auch viele Nachahmer gefunden.

Yunus hat für das Konzept der Mikrokreditbanken und für seine Umsetzung sehr zu Recht den Friedensnobelpreis bekommen. Und doch hat er im tropischen Bangladesch nur neu aufgelegt, was 130 Jahre vor ihm schon einmal in der kühlen Eifel unternommen worden war. Friedrich Wilhelm Raiffeisen hatte dort die ersten *Kreditkassen auf Gegenseitigkeit* aus genau dem gleichen Grund errichtet. Auch er wollte nicht mehr mit ansehen, wie die Wucherer die Not der Bauern ausnutzten, indem sie ihnen die Ernte zu Konditionen vorfinanzierten, die einer Übernahme des gesamten Ertrages gleichkam.

Nicht nur in Bangladesch oder im Hunsrück des 19. Jahrhunderts ist die Abhängigkeit der Bauern von den Lieferanten ihrer Betriebsmittel ein wesentlicher Auslöser für Hunger und Elend. Derselbe Mechanismus findet sich überall, wo Bauernfamilien zu wenig zum Leben haben. Besonders drastisch ist das in Indien, wo ganze Gegenden von Selbstmordwellen heimgesucht werden: Bauern bringen sich um, weil ihre Lage aussichtslos geworden ist und weil sie die Schande nicht mehr ertragen, ihre Familie nicht mehr ernähren zu können. Nicht die mangelnde Produktivität ihrer Felder ist dafür die Ursache, sondern mangelnde Unabhängigkeit:

Je abhängiger Bauern von Betriebsmitteln werden, die sie von außen zukaufen müssen – Saatgut, Düngemittel, Pestizide und Futtermittel –, desto größer wird die Angriffsfläche für die Kredithaie, die schon am Feldrand in ihren Lastwagen laden, was der Bauer eben erst geerntet hat.

Maniok für Untertürkheim

Mit der Wucherfalle für Bauern sind wir auf der Suche nach Bestimmungsgründen für den Hunger der eigentlichen landwirtschaftlichen Produktion schon näher gerückt. Ehe wir ganz auf dem Acker ankommen, gilt es noch Parameter zu betrachten, die ich unter »Infrastruktur« zusammenfassen will.

Was mich bei meinem Aufenthalt im damaligen Zaire besonders beeindruckt hat, war der Zustand der Straßen. Vielleicht reicht es zu deren Beschreibung, zu erzählen, dass wir an einem Tag auf einer der Hauptverkehrsadern für die Strecke von 100 km zehn Stunden lang unterwegs waren. Und nicht etwa wegen Staus auf der Autobahn – wenngleich wir auch zwei Stunden an einem Flussbett warten mussten, bis ein Lastwagen, der sich am Vortag in der Furt eingewühlt hatte, aus dem Weg geräumt war. Es war einfach nicht möglich, schneller zu fahren, so tief waren die Löcher und die von den Rädern in die Straßen gepflügten Furchen. Dabei herrschte vollkommen trockenes Wetter. Die Lastwagen auf dieser Strecke sind gewaltigen Belastungen ausgesetzt, und vor der Geschicklichkeit der Mechaniker, die sie mit primitivsten Mitteln in Gang halten, befällt einen Ehrfurcht. Aber nicht nur sind die Straßen schlecht, die Strecken sind auch noch lang. Über kaum einen der vielen Flüsse, die auf dem Weg nach Kinshasa zu überwinden waren, führt eine Brücke, und das zwingt zu großen Umwegen. All das führt dazu, dass den Bauern kaum etwas von der Wertschöpfung für ihre Produkte verbleibt.

Ich will das – ohne jeden Anspruch an empirische Genauigkeit – an einer Rechnung verdeutlichen. Yamswurzeln sind ein wichtiges Grundnahrungsmittel für die Menschen auf dem Land, aber auch für die Bewohner der Hauptstadt. Dort konkurrieren sie im Preis mit anderen Stärkelieferanten, vor allem dem Weizen, was ihren Preis auf, sagen wir, 20 Zaire[5] begrenzt. Davon gehen acht Zaire nach Untertürkheim, um dort einen namhaften deutschen Nutzfahrzeughersteller für seinen Lastwagen zu bezahlen. Vier Zaire kostet das Diesel. Zwei bekommt der Fahrer und vier weitere der Zwischenhändler. Damit bleiben dem Bauern seinerseits nur zwei Zaire, also gerade einmal 10 % von dem, was der ja immer noch unverarbeitete Rohstoff Yams nach dem Transport kostet. Ich verbürge mich nicht für die Aufteilung der Spanne; die beiden Preise am Anfang und am Ende jedoch waren das, was damals gezahlt wurde. Dass weniger strapazierfähige Lebensmittel für einen solchen Transport gar nicht in Frage kommen und im Zweifelsfall am Erzeugerort verrotten, schmälert die Möglichkeit der Bauern, Wertschöpfung zu realisieren, zusätzlich.

Noch mehr geschieht dies durch schlechte Lagerung. Nahezu alle Grundnahrungsmittel werden zu bestimmten Zeitpunkten geerntet und über lange Zeiträume weg, bis zur nächsten Ernte, verzehrt. Man schätzt, dass 10 bis 30 % des weltweit geernteten Getreides nach der Ernte durch Schädlingsfraß, Pilzbefall oder Feuchtigkeit verloren gehen. Die Tabelle illustriert das am Beispiel für das östliche und südliche Afrika.[6]

Das wäre die unglaubliche Menge von 170 bis 340 Millionen Tonnen der Getreidearten, bei denen im Kapitel 2 von einem Defizit zwischen 10 und 50 Millionen Tonnen zwischen Welterzeugung und -verbrauch die Rede war. Bedenkt man zudem, dass die Nachernteverluste gerade in den Regionen überdurchschnittlich hoch sind, wo es auch die Zahl der Hungernden ist, wird deutlich, welch wichtige Hebel Investitionen in Lagereinrichtungen und das entsprechende Know-how der Bauern darstellen. Noch mehr gilt das für verderbliche Produkte wie Obst und Gemüse. Hier liegen die Nachernteverluste bei bis zu 40 % – so zum Beispiel bei Okraschoten in Indien.

Getreide/Jahr	2003	2004	2005	2006	2007	2008
Mais	22,0	16,4	16,2	17,7	17,8	22,4
Reis	11,1	10,9	11,0	11,0	11,1	–
Sorghum	12,4	12,0	12,1	12,3	12,2	12,5
Teff	11,7	11,7	11,7	11,7	11,7	–
Verlust jährl. Getreide-produktion	17,0	14,4	14,3	14,8	15,1	17,4

Durchschnittliche Gewichtsverluste in Prozent für Getreide im östlichen und südlichen Afrika. Die Verluste beziehen sich auf Ernte, Lagerhaltung nach der Ernte, Transport sowie Lagerhaltung auf den Märkten. Nicht enthalten sind Verluste während der Verarbeitung (Quelle: www.phlosses.net).

Vom Winde verweht und vom Wasser abgeschwemmt

Die Haitianer nennen einen kleinen Stein »Jèn roch«. Einen jungen Stein. Ich habe lange gebraucht, um herauszufinden, was es damit auf sich hat. Nicht dass mich der Beweis eines in unseren Augen etwas sonderbaren Naturverständnisses überrascht hätte. Spätestens seit unsere Köchin Jeanette mich herzlich und mitleidig ausgelacht hat, als ich behauptete, der Regenbogen sei kein Tier – *natürlich* ist er ein Tier, was denn sonst, um alles in der Welt! –, weiß ich, dass naturwissenschaftliche Erkenntnis nicht die einzig mögliche Quelle eines Weltbildes ist. Aber woher kommt die Erfahrung, die einen annehmen lässt, Steine würden wachsen, also klein sein, wenn sie jung sind, und dann größer werden?

Der Grund ist die Mutter aller Katastrophen auf diesem gebeutelten Teil der Insel Hispaniola: die Erosion. Es gibt einige Ebenen dort, die sind fruchtbar und wasserreich. Vor allem aber gibt es Berge. Irgendein berühmter Mann hat behauptet, Haiti sei ein zerknülltes Blatt Papier, das der liebe Gott auf die Erde geworfen hat. Auch der Name, den die Aufständischen 1803 nach der Befreiung aus der französischen Sklaverei ihrem neuen Land gegeben hatten, sagt das Gleiche. Er stammt aus der Sprache der damals längst ausgerotteten indianischen Ureinwohner und bedeutet schlicht »bergiges Land«. Haiti ist aber nicht nur bergiger als die Schweiz, es ist auch dichter bevölkert als Belgien. Die meisten Einwohner sind Bauern, und viele wirtschaften auf Hängen, die viel zu steil für den Ackerbau sind. Ich habe erzählt bekommen, dass es Flächen gibt, auf denen die Bauern sich anseilen, wenn sie mit der Hacke den Boden bearbeiten. Die vielen heftigen tropischen Regengüsse reißen den Boden mit sich, und dann beginnen sie zu wachsen, erst klein, dann groß: die Steine des unfruchtbaren Untergrundes. Wer die Insel überfliegt, sieht das ganze Ausmaß des Elends mit wenigen Blicken: verkarstete, kahle Berge, an den Mündungen der Flüsse weit ins Meer hinauswuchernde, Atompilzen nicht unähnliche braune Fahnen. Es hat gerade einmal vier bis sechs Generationen gebraucht, um aus einem fruchtbaren, waldbedeckten Eiland ein buchstäblich verwüstetes karges Land zu machen, das zum Armenhaus der Welt geworden ist. Nicht die starke Bevölkerungsdichte ist die wesentliche Ursache – auch Bali ist ähnlich dicht besiedelt. Viel hängt an der fehlenden Staatlichkeit einer Gesellschaft, die längst hätte eingreifen müssen. Auch die miserable Eigentumsverfassung trägt Schuld an der Misere: Wer keinen sicheren Rechtstitel auf ein Stück Land hat, der wird auf keinen Fall in Terrassen, Erosionsschutzwälle oder -hecken investieren. Denn dadurch macht er das Land wertvoller. Das wiederum ruft die Begehrlichkeit derer auf den Plan, die über mehr Macht und wenig Skrupel verfügen. Und dann ist nicht nur die

Investition umsonst gewesen, sondern auch das Land weg. Das wissen die Menschen aus bitterer Erfahrung.

Und dann ist da das Weltbild, das Regenbögen für Tiere und Steine für wachstumsfähig hält. Es ist zwar schwer vorstellbar, aber es ist so: Den Bauern ist die Bedeutung der Erosion für den Verlust der Bodenfruchtbarkeit nicht bewusst. Oder jedenfalls nicht bewusst (und wichtig) genug, um trotz der obengenannten Schwierigkeiten etwas dagegen zu unternehmen.

Sollten Ihnen auf meine Schilderung hin diese Bauern jetzt dumm, träge und ungebildet vorkommen, dann bitte ich Sie, einen kurzen Denkstopp einzulegen. Wir müssen uns nicht zu viel auf unsere aufgeklärte Intellektualität einbilden. Denn schließlich haben wir verstanden, was uns die Klimaforscher über den Zusammenhang zwischen der Erderwärmung mit ihren Folgen und unserem Energieverbrauch vorrechnen. Aber wir intelligenten, agilen und gebildeten Europäer bringen es auch nicht ansatzweise zustande, diese Erkenntnis in Handeln umzusetzen.

Viele Menschen glauben inbrünstig daran, der Mensch werde schon etwas erfinden, wenn die Not groß genug sei. Das sei ihm schon immer gelungen, und das werde auch künftig für die Lösung unserer Probleme sorgen, ehe es zu spät ist. In Haiti kann man besichtigen, dass das eine Illusion ist. Dort ist der »point of no return« längst erreicht: Das Problem hat ein Ausmaß erreicht, das keiner Lösung mehr zugänglich ist. Der Boden, der im Meer ist, liegt dort und kehrt nicht zurück. Er vernichtet so ganz nebenbei im Bereich der Mündungen mehr und mehr die Fauna des Meeresbodens und damit die Reproduktionskraft ganzer Fischbestände. Und damit die Möglichkeit der Fischer, sich und ihre Mitmenschen durch Fischfang zu ernähren …

»Man braucht sich nicht wundern, wenn die Haitianer das Meer nehmen, wenn der Boden das Meer nimmt«, ist eine Formulierung, die nur die Bewohner der Insel verstehen können. »Prann lamè« kann nämlich zweierlei heißen: »als Boat-People versuchen, die USA zu erreichen« und auch: »ins Meer geschwemmt werden«. Ich hatte diesen Satz auf dem Weg zu einer Veranstaltung im Institut Français mitgenommen, ein alter Missionar hatte ihn mir gesagt. Ich sollte dort einen Vortrag halten, in dem ich die Abholzung im Oberlauf des Bewässerungssystems der Ebene von Les Cayes öffentlich machen wollte, im letzten Bergregenwald der Insel rund um den 3000 m hohen Pic Macaya. Das war sehr viel heikler als der Inhalt meines Vortrags, in dem es um einfache Zusammenhänge wie den Wasserkreislauf, die Erosion, die Gründe für das Versiegen von Quellen und die sich häufenden Überschwemmungen ging. Der Auftraggeber der Abholzung war nämlich der Schwiegervater des Präsidenten.

Als deshalb nach dem Satz mit der doppelten Bedeutung erst ein sekundenlanges atemloses Schweigen und dann ohrenbetäubender Applaus folgten, war das ein nahezu revolutionärer Vorgang. Für mich als Redner war es ein magischer Moment, den ich nie vergessen werde. Doch leider ging es um sehr viel mehr als die Wirkung meiner Redekunst. Es ging um die Zukunft des haitianischen Volkes. Das zu behaupten ist nicht pathetisch, sondern realistisch.

Denn die Abfolge von falscher landwirtschaftlicher Nutzung, Erosion und Exodus hat sich im Lauf der Menschheitsgeschichte oft und oft wiederholt. Der amerikanische Geologe David R. Montgomery hat das in einem Buch beschrieben, das überaus hilfreich ist, wenn man die Entwicklung verstehen will, die unser von Menschenhand gestalteter Planet nimmt. Es trägt den schlichten Titel »Dreck« und beschreibt, wie schon vor Jahrtausenden im Zweistromland der Sumerer und im Quellgebiet des Gelben Flusses wenige Jahrhunderte einer erosionsfördernden Nutzung reichten, um den Menschen ein für alle Mal die Lebensgrundlage zu entziehen. Und es zeigt, wie nach der langen Geschichte des Werdens und Vergehens von Zivilisationen der Mensch heute zu einer industriellen Meisterschaft der Effektivität gelangt ist. Wir zerstören mit unserer großflächigen, modernen und leistungsfähigen Landwirtschaft heute mehr an Boden als alle Generationen vor uns.

Dabei geht es nicht nur um Boden, der auf ohne Erosionsschutz bearbeiteten Hängen zu Tal geschwemmt wird, sondern um einen vielgesichtigen Komplex, der unter dem Begriff »Degradation« zusammenzufassen ist. Auch Wind kann Erosion bewirken, so wie im berüchtigten »dust bowl«, im Mittleren Westen der USA. Dort wurde in den 20er Jahren des 20. Jahrhunderts der umgepflügte und durch keinerlei Windschutzhecken geschützte Prärieboden in gigantischen Staubstürmen binnen weniger Tage fortgetragen. Dieser Boden ist verschwunden, ein für alle Mal – auch wenn die Farmer in der Folge dieser Katastrophe dazu übergingen, nur noch schmale lange Streifen zu bewirtschaften und sich mit Hecken und Feldrainen vor der zerstörerischen Kraft des Windes zu schützen. Der Gründer des World Watch Institute, Lester Brown, machte im Januar 2011 in einem Beitrag in *Foreign Policy*[7] darauf aufmerksam, dass auf Satellitenbildern die Ausbildung von zwei »dust bowls« erkennbar sei, vor denen sich die amerikanischen Bodenstürme der 1930er wie Zwerge ausnähmen: der eine über der westlichen Mongolei, Nordwestchina und Zentralasien, der andere über Zentralafrika. Sie tragen Millionen von Tonnen fruchtbaren Oberbodens davon. Und sie hinterlassen Hunger.

Eine viel greifbarere Einführung ins Thema hat uns Deutsche eine Verkehrsnachricht Mitte April 2011 gebracht. Acht Tote, 40 Verletzte – das war die Bilanz einer spektakulären Massenkarambolage auf einer Autobahn in Mecklenburg-Vorpommern. Der Auslöser war ein veritabler Sandsturm. Er hatte zu schlechten Sichtverhältnissen geführt. Sandsturm? In Mecklenburg? Was in den Nachrichten nicht gemeldet wurde, war die Katastrophe hinter der Katastrophe. Dieser Sandsturm kam nämlich nicht aus der Sahara und auch nicht vom Strand in Heiligendamm. Der kam aus den Weiten mecklenburgischer Äcker. Die sind nämlich so rationell geschnitten, dass man mit größten Maschinen größte Flächenleistungen bekommt.[8] Und jede Menge Angriffsfläche für den Wind, der dort nichts anderes macht als in der Mongolei, in Zentralafrika oder dem amerikanischen Mittelwesten. Er trägt die Ackerkrume fort. »Ja, das war schon immer so«, sagte mir dazu ein junger Landwirt aus dieser Region, als wir den Vorfall besprachen. »Wenn aber ein Mehrfaches an Boden weggetragen wird, als neu entsteht?« – »Dann haben wir ein Problem ...«, war seine Einsicht, und ich hoffe, dass ihn jetzt die Frage umtreibt, ob es auf lange Sicht nicht rentabler ist, die Flächenleistung seiner Maschinen durch Einziehen von Windschutzhecken zu vermindern.

Neben falschem Ackerbau kann auch Überweidung Ursache für Erosion sein. Zu viele Weidetiere schädigen die Grasnarbe so stark, dass nicht mehr genügend Pflanzenbewuchs und Wurzeln bleiben, um den Boden festzuhalten. Das Gleiche gilt für Entwaldung.

Ebenso folgenreich wie das Verschwinden des Bodens ist die Versalzung. Sie wird durch Wasser bewirkt, das in den feinen Kapillaren des Bodens aufsteigt, an der Oberfläche verdunstet und die im Wasser gelösten Salze an der Oberfläche zurücklässt. Insbesondere falsche Bewässerungstechniken haben schon Millionen von Hektar auf diese Weise unfruchtbar gemacht.

Versalzung kann auch durch Eindringen von Meerwasser bewirkt werden. Das prominenteste Beispiel dafür ist gerade erst dabei, sich zu entwickeln. Ich hatte davon schon gehört und gelesen, gesehen hatte ich sie noch nicht: die Plastikwüsten an der Küste von Almería in Andalusien. Dort wachsen Tomaten, Gurken, Salat und Paprika und sorgen für bunte Vielfalt auf unserem Teller, unabhängig von der Jahreszeit.

Im Herbst 2010 haben wir eine unserer Töchter besucht, die in Granada ein Auslandssemester absolvierte. In der irrigen

Annahme, es gäbe zwischen Almería und Málaga etwas zu besichtigen, sind wir den etwa 200 km langen Küstenstreifen entlanggefahren. Nach zwei Stunden herrschte in unserem Auto nur noch bleiernes, bedrücktes Schweigen. Der Anblick von Plastik-Gewächshäusern von Horizont zu Horizont raubte uns die Worte, und dies nicht nur wegen der Vernichtung einer Landschaft, die man vor wenigen Jahrzehnten wenigstens zu bestimmten Jahreszeiten wohl noch als »lieblich« wahrgenommen hätte. Sondern auch weil wir wussten, dass es das Wasser für den Betrieb der Anlagen gar nicht gibt. Da über viele Jahre erheblich mehr Wasser entnommen wurde, als durch Regen und Zufluss aus dem Binnenland ersetzt wird, sank der Grundwasserspiegel in nahezu unerreichbare Tiefen. Mittlerweile wird das meiste Wasser aus fossilen Vorkommen, die über 1000 m unter der Erdoberfläche liegen, heraufgepumpt. Diese in längst vergangenen erdgeschichtlichen Epochen entstandenen Wasservorräte kann man nutzen. Einmal. Dann sind sie weg. Aber wenigstens haben wir bis dahin noch höchst erschwingliche Tomaten im Dezember …

Durch den mangelnden Gegendruck des Grundwassers beginnt nun das Meerwasser unter die Ebene einzusickern und dort die Reste der sich natürlich regenerierenden Wasservorkommen zu versalzen. Eigentlich ist dieses Beispiel schlecht gewählt, denn von versalzenden Böden wird die Produktion in den Gewächshäusern nicht beeinträchtigt. Dort keimt der Samen längst nicht mehr im Boden, sondern in Plastikschläuchen, sogenannten »grow bags«. Die sind mit einem Substrat aus Steinwolle gefüllt, so dass die Wurzeln den Boden nicht mehr zu erreichen brauchen. Nach einer Nutzung wandern die gefüllten Schläuche – Plastik und Substrat – auf die Deponie (oder in die Schlucht hinter dem Gewächshaus).

Vielleicht hätte ich deshalb eher an die Bilder aus Russland erinnern sollen, die sich mir so stark eingeprägt haben. Die von den Schiffen, die in staubigen, unfruchtbaren Sandwüsten liegen, die einst vom Aralsee bedeckt waren, von dem nach wenigen Jahrzehnten dauernder Übernutzung der Zuflüsse zur Bewässerung von Baumwollfeldern nur noch eine seichte stinkende Pfütze übrig ist. Und rundum eine riesige wertlos gewordene Fläche, auf der Salzkristalle im Abendrot glitzern. Im einen wie im anderen Fall endet es mit dem gleichen Ergebnis wie einst in Mesopotamien: Sind die Lebensgrundlagen aufgebraucht, bleibt nur noch die Auswanderung.

In der Summe aller Degradationsformen verliert die Menschheit auf diese Weise jedes Jahr fruchtbare Böden im Umfang von zehn Millionen Hektar[9] – fast so viel, wie die gesamte Ackerfläche der Bundesrepublik Deutschland. Professor Pimentel, der an der Universität von Cornell für Ökologieforschung zuständig ist, beziffert alleine in den USA den jährlichen volkswirtschaftlichen Schaden, der durch den Verlust landwirtschaftlicher Produktionskapazität verursacht wird, auf 37,6 Milliarden US-Dollar. Weltweit summiert sich diese Zahl auf 400 Milliarden – genug, um einmal jährlich eine Bankenkrise abzuwenden! In ihrem »Millennium Ecosystem Assessment Report« schätzen die Vereinten Nationen, dass zwischen 1950 und 1990 ein Drittel aller fruchtbaren Böden weltweit durch Degradation verlorengegangen sind. In Büchern sind keine Megafone integriert, sonst würde ich das jetzt mal auf 100 Dezibel stellen: *ein Drittel!*

Liebe Mitmenschen auf diesem Planeten, deren Kinder noch etwas zu essen vorfinden sollen: Finden Sie wirklich, dass die Erhöhung der Produktivität die erste Priorität hat, während all das passiert? Oder wäre es nicht eher an der Zeit, die hoch produktiven Produktionsverfahren, mit denen wir all das angerichtet haben, grundsätzlich in Frage zu stellen?

Die betonierte Zukunft

Leider ist eine gierige Landwirtschaft – oder eine dilettantische –, die den Boden, von dem sie lebt, nicht schützt, nicht die einzige Methode, mit der wir den Grund dezimieren, auf dem die Zukunft unserer Ernährung steht. Nur das geschulte und bewusst sehende Auge wird wahrnehmen, dass auch von unseren Äckern, hier in Deutschland, Boden abgetragen wird. Aber niemand kann übersehen, wie rund um uns herum Jahr für Jahr landwirtschaftliche Nutzfläche unter Straßen, Baugebieten und Tennisplätzen verschwindet.

Dass in Ländern mit exorbitantem Bevölkerungswachstum Städte in die Landschaft wuchern und Feld um Feld verschlingen, weil die neu hinzugezogenen oder hinzugeborenen Menschen zu Bewohnern werden wollen, ist wenig erstaunlich. Ich habe neulich Luftbildaufnahmen von indonesischen Metropolen gesehen, die innerhalb weniger Jahrzehnte förmlich in ihre Umgebung explodiert sind.

Fatal ist, dass fast überall auf der Welt ausgerechnet die fruchtbarsten Böden auf diese Weise unter Asphalt und Beton verschwinden. Denn historisch haben sich die meisten großen Städte an Flussläufen gebildet, wo es genügend Wasser gab und wo der Gütertransport durch Schiffe vorgenommen werden konnte. Auch baut es sich in der Ebene leichter als am Hang. Nur im Oman – einem in vieler Hinsicht bemerkenswerten Land – habe ich gesehen, wie jeder Quadratmeter fruchtbaren Oasenbodens von der Bebauung freigehalten bleibt, während die Häuser mit hohem Aufwand in die felsigen Hänge gebaut werden. Obwohl dieses an Öl und Gas so reiche Land seinen Lebensmittelbedarf problemlos durch Importe decken könnte, ist den Menschen (und ihrer Regierung) offenbar der Wert ihres Ackerbodens bewusst.

Das ist ein Kompliment, das man uns nur schwerlich machen könnte. Obwohl in Deutschland die Bevölkerung stagniert, entziehen wir Tag für Tag die Fläche eines großen Bauernhofes – ca. 100 Hektar – der landwirtschaftlichen Nutzung, um sie zu bebauen oder für andere Zwecke der Infrastruktur zu nutzen. An politischen Bekundungen, diesen Skandal beenden zu wollen, fehlt es nicht. Doch erreicht wurde bislang nur wenig.

Unser landwirtschaftlicher Betrieb liegt in der Gemeinde Otzberg in Südhessen. Wir sind von der Natur begünstigt, denn es regnet ausreichend und unsere Böden sind tiefgründig und gut. Um die 70 Bodenpunkte, lautet die Bewertung meiner Löss-Lehm-Böden – eine erfreulich hohe Zahl. Unsere Gemeinde ist ebenso ländlich wie kapitalschwach, weshalb an der Ansiedelung von Gewerbebetrieben hohes Interesse besteht. Zwar ist leider das Interesse von Gewerbebetrieben nicht so riesig, aber die Entwicklung eines neun Hektar großen Gewerbegebietes Ende der 1990er Jahre sollte das ändern. Ziel war es, dort kleine, möglichst aus den Dörfern unserer Großgemeinde stammende Unternehmen anzusiedeln. Das gelang zwar so gut wie nicht, aber weil die Erschließungskosten zu einer unerträglichen Belastung der Gemeindefinanzen zu werden drohten, wurde der brachliegende Rest des Gebietes an einen Großinvestor abgegeben, der eine scheußliche, riesige Halle in den Acker setzte. So weit, so unerfreulich. Als nun dieser beschloss, seine Halle zu erweitern, kam es zur Diskussion und Abstimmung darüber, ob nun weitere sechs Hektar zur Verfügung gestellt werden sollten. Nur eine Handvoll Vertreter im Gemeindeparlament wandten sich gegen diese Pläne. Denn das Argument: »Wir können doch jetzt nicht noch mehr wertvollen Ackerboden zubetonieren«, zählte nicht gegen den Wunsch, durch Erweiterung der Gewerbefläche endlich zu höherem Einkommen für unsere klammen Gemeindekassen zu kommen. Warum ich Sie mit Otzberger Kommunalpolitik langweile? Weil das Beispiel zeigt, dass es nichts nützt, wenn wir uns in der Erkenntnis einig sind, dass es ein Skandal ist, wie wir mit unseren fruchtbaren Böden umgehen. Denn dort, wo die Entscheidungen getroffen werden, die zu diesem Skandal führen – und das sind in diesem Fall eben die Kommunen –, spielen ganz andere Blickwinkel eine Rolle als der der globalen Ernährungssicherheit. Ganz offensichtlich ist es uns nicht gelungen, unseren Ackerböden den Wert zuzumessen, der ihre bedenkenlose Reduzierung verhindern würde.

Die Deutsche Stiftung Weltbevölkerung bezifferte 1999 den jährlichen Verlust an fruchtbaren Böden durch Besiedelung und Infrastruktur-Maßnahmen auf 2,5 Millionen Hektar. Auf dieser Fläche würde bei einer Getreideernte von vier Tonnen je Hektar genau die Menge wachsen, die im Saldo des Hungerjahres 2008 auf den Märkten der Welt fehlte.

Wo Pessimisten zu optimistisch sind

Ich muss gelegentlich nach Bonn fahren, weil dort immer noch das Landwirtschaftministerium sitzt. Im vorletzten November war wieder eine Reise dorthin fällig; es war frühlingshaft warm, und als ich im Taxi saß, kam das Gespräch naheliegenderweise auf das Wetter und seine Eskapaden. Plötzlich drehte sich der Taxifahrer mit ernstem Gesicht zu mir: »Was ich nicht verstehe: Es gibt doch heute gar nicht *soo* viel mehr Treibhäuser als früher?« Wir haben dann noch ca. acht Taxameter-Euro lang über den Treibhauseffekt gesprochen, und er setzte mich mit herzlichem Dank, er habe jetzt etwas dazugelernt, vor der Pforte des Ministeriums ab.

Diese Episode soll niemand glauben machen, ich sei ein Fachmann auf dem Gebiet des Klimawandels. Genau genommen weiß ich davon genauso viel und verstehe genauso wenig wie die überwiegende Mehrzahl meiner Leser. Wenn deshalb die Diskussion zu führen ist, ob es a) wirklich einen Klimawandel gibt und b) ob wir Menschen damit tatsächlich etwas zu tun haben, dann kann ich nur wiedergeben, was ich in Zeitungen, Vorträgen oder Fernsehsendungen aufgeschnappt habe. Wem ich Glauben schenke, hängt zwar stark vom Vertrauen oder Misstrauen ab, das ich einer Informationsquelle entgegenbringe. Es ist aber auch für den Laien nicht unmöglich, bei einem Klimaskeptiker nachzufragen, in welchem wissenschaftlichen Journal er veröffentlicht hat – oder ob seine Positionen nur dort zu finden sind, wo sie sich wissenschaftlicher Begutachtung (»peer review«) entziehen, also in Internet und Tageszeitungen.

Diesseits davon gibt es dann noch den gesunden Menschenverstand. Und der sagt mir Folgendes:

- Die weltweite Durchschnittstemperatur ist seit Beginn der Industrialisierung nachprüfbar stetig und deutlich angestiegen.
- Ich erinnere mich an keine der Vorhersagen, was die Folgen dieser Erwärmung betrifft, die nicht eingetreten wäre – einschließlich des Abschmelzens von Gletschern und Polkappen oder der zunehmenden Stärke tropischer Stürme. In vielen Fällen wurden die Annahmen übertroffen.
- Die Spezies Homo sapiens hat den von ihr bewohnten Planeten nahezu flächendeckend geformt. Kaum ein Winkel des Globus ist vom Menschen unberührt geblieben. Selbst in den entferntesten Winkeln des Pazifischen Ozeans sammelt sich noch sein Müll. Dass all dies ohne irgendeine Wirkung auf ein so komplexes, d. h. von vielen Faktoren beeinflusstes Geschehen wie das Wetter bleiben sollte, scheint mir nicht plausibel.
- Zudem haben wir seit Beginn der Industrialisierung gewaltige Mengen an Gasen produziert, die die Rückstrahlung der in die Atmosphäre eindringenden Sonnenwärme behindern. Selbst wenn es nicht möglich sein sollte, exakt vorauszusagen, in welche Richtung die dadurch veränderte Zusammensetzung des uns umgebenden Gasgemisches wirkt – dass dadurch **nichts** bewirkt würde, kommt mir ebenfalls unwahrscheinlich vor.

Wenn ich also eine Wirkung unserer Produktion von Treibhausgasen nicht ausschließen kann, dann geht es um eine Risikoabwägung, die auch all diejenigen Menschen anstellen müssen – und ich kenne davon nicht wenige –, die die ganze Klimawandel-Diskussion für Panikmache halten und die sich durch die hin und wieder hochkommenden Berichte zu überinterpretierten oder gar gefälschten Daten freudig in ihrer Ansicht bestätigt sehen. Diese Abwägung muss zwischen zwei möglichen Irrtümern erfolgen.

Irrtum 1: *Wir glauben, der Klimawandel entsteht durch uns und unsere Treibhausgasproduktion.*

Daraufhin mühen wir uns, fossile Energie durch erneuerbare zu ersetzen, Humusverluste in Böden oder die Produktion von Methan und Stickoxiden zu verhindern.

Dann aber stellen wir fest, dass wir unrecht hatten. Wir haben uns umsonst bemüht, denn es wäre auch ohne unsere Anstrengungen nichts Schlimmes passiert – oder umgekehrt: Trotz der Anstrengungen passiert Schlimmes, weil in Wirklichkeit die Sonnenflecken, eine zyklische Klimaerwärmung oder sonst irgendetwas die entscheidenden Faktoren sind.

Irrtum 2: *Wir glauben, dass es den Klimawandel entweder gar nicht gibt oder, wenn es ihn denn gibt, dass wir Menschen damit nichts zu tun haben.*

Daraufhin unternehmen wir nichts – oder zu wenig –, um ihn aufzuhalten, und machen einfach so weiter.

Dann aber stellen wir fest, dass wir unrecht hatten, denn es sind doch wir Menschen, die den Klimawandel verursachen. Die Erde erwärmt sich so stark, dass die »tipping points« ausgelöst werden – also der plötzliche Abbruch einer Vielzahl natürlicher Gleichgewichte im globalen Ökosystem. Eine Umkehrung dieser Entwicklung ist nicht mehr möglich.

Es liegt doch auf der Hand, dass den ersten Irrtum begangen zu haben sehr viel risikoärmer ist als den zweiten! Zumal wir im ersteren Fall durch Energieeinsparung etwas getan hätten, worum wir angesichts schwindender Reserven an fossiler Energie so oder so nicht herumgekommen wären.

Ich halte es also für vernünftig, davon auszugehen, dass wir den Klimawandel mit unserem Tun beeinflussen und dass wir alle erforderlichen Anstrengungen unternehmen, ihm entgegenzuwirken. Da auch die Landwirtschaft einen erheblichen Anteil an den Ursachen des Klimawandels hat, müssen wir darauf zu sprechen kommen, welches Landbausystem welche Klimawirkung entfaltet. Das wollen wir im vierten Kapitel tun.

Im Moment sind wir aber noch dabei, zu untersuchen, welche Faktoren die Verfügbarkeit von Nahrungsmitteln und ihre weltweite Ab- oder Zunahme beeinflusst. Und auch da kommt man am Klimawandel nicht vorbei.

Professor Hans Joachim Schellnhuber, Direktor des *Potsdam Instituts für Klimafolgenforschung*, gehört zu den Experten, die mir Vertrauen einflößen. Das liegt nicht daran, dass er wichtige Menschen wie Bundeskanzlerin Angela Merkel oder EU-Kommissionspräsident José Manuel Barroso berät, sondern an seiner stocknüchternen, bisweilen humorvollen und nie dramatisierenden Art, mit der er seine und seiner Kollegen Erkenntnisse vorträgt. Dass er es nicht versäumt, die oft breiten Wahrscheinlichkeits-Spielräume seiner Prognosen zu benennen, führt nicht zu unklaren Aussagen – im Gegenteil.

Auf der Herbsttagung des Bund Ökologische Lebensmittelwirtschaft (BÖLW) im November 2010 habe ich ihn mit sehr klaren Positionen erlebt. Er zeigte uns das Ergebnis einer Simulation, die einen Anstieg der globalen Durchschnittstemperatur von 5,4 °C unterstellt – ein Szenario, das angesichts der völlig unzureichenden Beschlüsse der letzten Klimakonferenzen nicht unwahrscheinlich wäre. Das würde ein so starkes Niederschlagsdefizit im Süden Europas, im Nordwesten Afrikas, in

Zentralamerika und dem Nordosten Südamerikas sowie in Indonesien und Teilen Ozeaniens mit sich bringen, dass dort die landwirtschaftliche Produktion kaum noch aufrechtzuerhalten wäre.

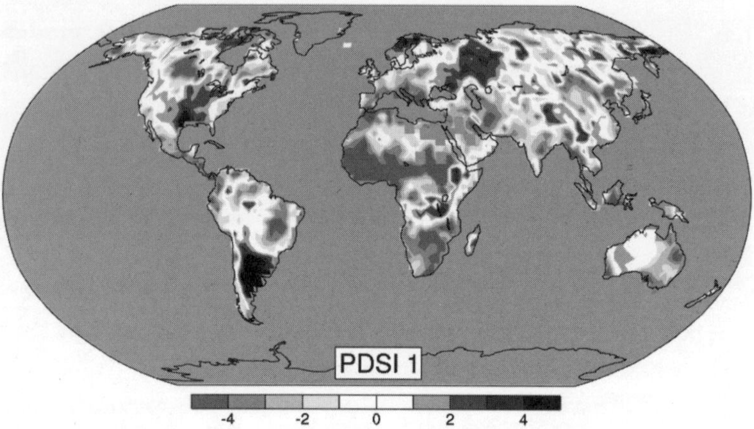

Veränderung des Palmer Drought Severity Index 1900–2000. Der Palmer Drought Severity Index ist ein Maßstab für die Bodenfeuchte, abgeleitet aus Niederschlag und groben Schätzungen der Verdunstung. Oben: Dunkle Flächen zeigen zunehmend feuchtere, helle Flächen zunehmend trockenere Bedingungen. Seit 1900 sind vor allem die Sahelzone, Südafrika, der Mittelmeerraum, Nordostbrasilien und das östliche Australien deutlich trockener geworden. Dagegen zeigen Nordeuropa, die südöstlichen USA und das westliche Russland feuchtere Verhältnisse.
Quelle: Hamburger Bildungsserver: Abb. verändert nach IPCC (2007): Climate Change 2007, Working Group I: The Science of Climate Change, FAQ 3.2, Figure 1

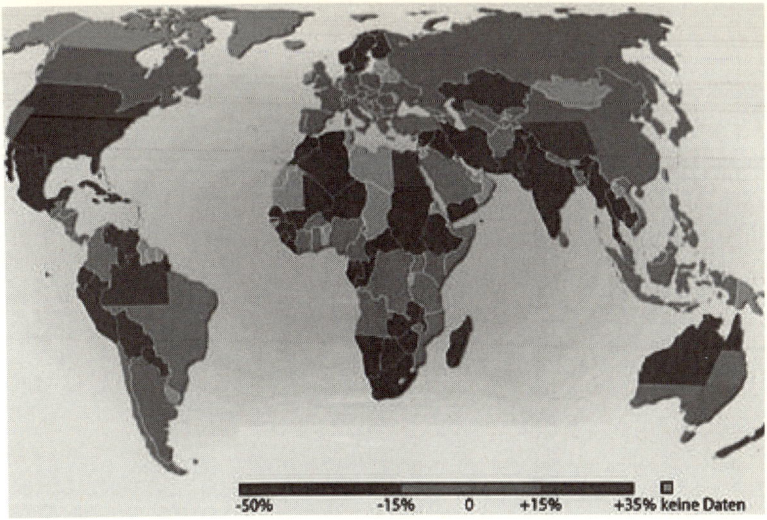

Veränderung der Agrarproduktion bis 2080 durch den Klimawandel.
Quelle: Hamburger Bildungsserver: http://wiki.bildungsserver.de/klimawandel/index.php/Globale_Produktion

Es kann verständlicherweise nur Hochrechnungen für die Auswirkungen auf Produktionsmenge und -wert geben, die von vielen unbekannten Parametern abhängen. Es ist jedoch davon auszugehen, dass diese Produktionsrückgänge ein Vielfaches dessen betragen würden, was durch höhere Niederschläge und Temperaturen im Norden der USA und Europas, in Zentralasien und im Süden des südamerikanischen Subkontinents an Zugewinn zu erwarten wäre. Dies umso mehr, als die höheren Niederschläge auch Überschwemmungen und schlechtes Erntewetter mit sich bringen, was ebenfalls zum Rückgang landwirtschaftlicher Produktion führt.

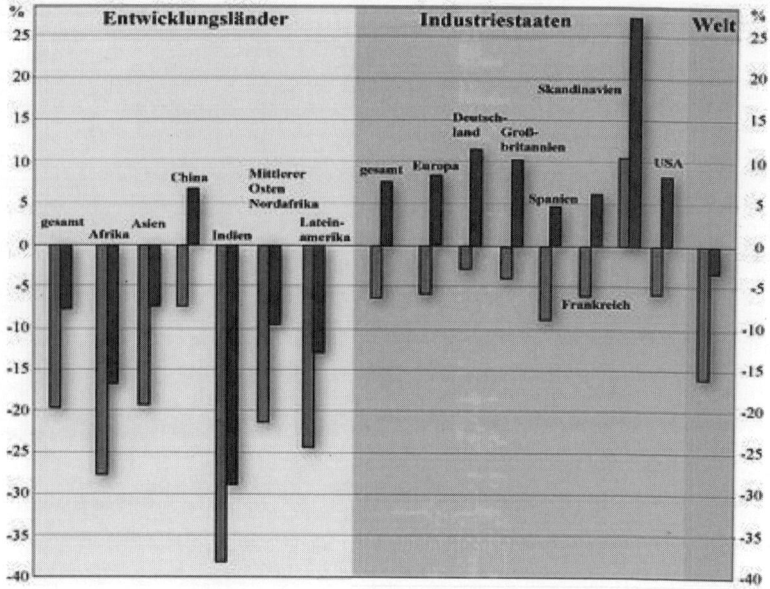

Veränderung der landwirtschaftlichen Produktion bis zu den 2080er Jahren durch Änderungen klimatischer Faktoren (hell) sowie klimatischer Faktoren und des CO_2-Gehalts der Atmosphäre (dunkel). Quelle: Hamburger Bildungsserver, http://wiki.bildungsserver.de/klimawandel/index.php/Globale_Produktion

Beide Grafiken wurden auf Grundlage folgender Quelle erstellt: Parry, M. L., C. Rosenzweig, A. Iglesias, M. Livermore and G. Fischer (2004): Effects of climate change on global food production under SRES emissions and socio-economic scenarios. Global Environ. Change, 14, 53–67

Mechanismus	Anstieg in m
Thermische Ausdehnung	0,4–0,09
Gebirgsgletscher	0,2–0,4
Grönland	0,9–1,8
Westantarktis	1–2
Summe	2,5–5,1

Geschätzter globaler Meeresspiegelanstieg bis zum Jahr 2300 bei einer auf 3 °C begrenzten globalen Erwärmung (Quelle: WBGU 2006)

In die gleiche Richtung wirkt der Verlust an fruchtbaren Küstenflächen, z. B. in Bangladesch, die einem Anstieg des Meeresspiegels zum Opfer fallen, wie er unweigerlich Folge einer solchen Erwärmung wäre. Das wird nicht nur durch das Abschmelzen von Gletschern und polarem Eisschild, sondern auch durch die Ausdehnung des Wasserkörpers bewirkt – ganz so, wie wir das einmal im Physikunterricht gelernt haben.

Staaten geordnet nach Bevölkerung in niedrig gelegenen Küstenregionen – Top Ten			**Staaten geordnet nach Bevölkerungsanteil in niedrig gelegenen Küstenregionen – Top Ten**		
Staat	Bevölkerung in niedrig gelegenen Küstenregionen (103)	Anteil der Bevölkerung in niedrig gelegenen Küstenregionen	Staat	Bevölkerung in niedrig gelegenen Küstenregionen (103)	Anteil der Bevölkerung in niedrig gelegenen Küstenregionen
1. China	127 038	10 %	1. Malediven	291	100 %
2. Indien	63 341	6 %	2. Bahamas	267	88 %
3. Bangladesch	53 111	39 %	3. Bahrain	501	78 %
4. Indonesien	41 807	20 %	4. Surinam	325	78 %
5. Vietnam	41 439	53 %	5. Niederlande	9590	60 %
6. Japan	30 827	24 %	6. Macao	264	59 %
7. Ägypten	24 411	36 %	7. Guyana	419	55 %
8. USA	23 279	8 %	8. Vietnam	41 439	53 %
9. Thailand	15 689	25 %	9. Dschibuti	250	40 %
10. Philippinen	15 122	20 %	10. Bangladesch	53 111	39 %

Anmerkungen: Länder, in denen weniger als 100 000 Einwohner in den niedrig gelegenen Küstenregionen leben, wurden ausgenommen. 15 kleine Inselstaaten, die ausgenommen wurden, haben Bevölkerungsanteile von mehr als 39 % in den niedrig gelegenen Küstenregionen und zusammen genommen eine Gesamtbevölkerung von 423 000 Einwohnern.

»In der besonders gefährdeten Zone, die weniger als 5 m über Meeresniveau liegt, leben bereits heute 275 Millionen Menschen. Bis zum Ende des 21. Jahrhunderts wird diese Zahl schätzungsweise auf 410 Millionen Menschen steigen. Für Europa wird geschätzt, dass bei einem Meeresspiegelanstieg von 1 m etwa 13 Millionen Menschen bedroht wären.«[10] Wie stark davon einzelne Volkswirtschaften betroffen wären, ist der Tabelle zu entnehmen, die aus der gleichen Quelle wie das vorangestellte Zitat entstammt.

Die Strategen in den Regierungszentralen der Welt wissen, dass schon heute der Mangel an Wasser weltweit das größte Friedensrisiko darstellt. Nach Angaben der deutschen Gesellschaft für Technische Zusammenarbeit[11] haben schon jetzt 884 Millionen Menschen keinen Zugang zu sauberem Trinkwasser. Für noch viel mehr Menschen fehlt Wasser für die ausreichende Bewässerung ihrer landwirtschaftlichen Kulturen.[12] Zahllose Konflikte innerhalb von Ländern oder zwischen Völkern werden durch den Anspruch an diese knappe Ressource verursacht. Wenn nach und nach die großen Gletscher des Himalaya der Erderwärmung zum Opfer fallen, dann entsteht daraus eine Katastrophe apokalyptischen Ausmaßes. Denn aus ihnen speisen sich die großen Flüsse Zentral- und Ostasiens, aus denen Hunderte von Millionen Menschen das Wasser für ihre Felder und ihren täglichen Lebensbedarf schöpfen.

All diese Bedrohungen, die sich längst als ausgesprochen real erwiesen haben, zeigen, dass Investitionen in die Abmilderung des globalen Temperaturanstieges um ein Vielfaches rentabler sind, als Investitionen in eine Produktivitätssteigerung es je sein können.

Tank oder Teller?

Schon ehe die weltweit steigenden Preise für landwirtschaftliche Produkte das Jahr 2008 zum Jahr der Hungerrevolten werden ließ, machte ein Vorbote dieser Ereignisse Schlagzeilen. Griffige Worte lassen sich leicht einprägen, und deshalb verbreitete sich die Nachricht von steigenden Maispreisen in Mexiko unter dem Titel »Die Tortillakrise«. Die Maismehlfladen, die mit allerlei pikanten Köstlichkeiten gefüllt werden, sind auch den weltgewandten Feinschmeckern hierzulande durchaus ein Begriff. In Mexiko sind sie das wichtigste Grundnahrungsmittel. Sie sind es so sehr, dass man im Vaterunser im Land der Azteken eher um tägliche Tortillas als ums tägliche Brot bitten müsste. Laut Weltbank sind weniger als 20 % der Mexikaner arm. Aber diese 20 Millionen Menschen müssen den Großteil ihres Einkommens für Nahrungsmittel aufwenden. Steigt der Kilopreis für Tortillas von 40 auf 75 Euro-Cent, dann bedeutet das, dass sie hungern. Entsprechend groß war die politische Sprengkraft, als in den Straßen der Millionenmetropole Mexico City wütende Menschen auf die Barrikaden gingen. Am Ende sah sich Präsident Felipe Calderón sogar genötigt, mit den Agrarunternehmen einen Höchstpreis für den Mais auszuhandeln.

Der Grund für die Krise war eine weltweite Verknappung der Maisvorräte. Zwar gibt der *Grain Market Report* für 2006/2007 ein Defizit von nur 2 % des Weltverbrauches an. Das sind 16 Millionen Tonnen. Da das aber der Jahresration von 80 Millionen Menschen mit mexikanischen Essgewohnheiten entspricht, reichte dieses Defizit, um die Preise explodieren zu lassen.

An die Kommentare, die während dieser Monate in Zeitungen und Blogs erschienen, erinnere ich mich noch gut. Sie wiesen auf die enorme Steigerung der amerikanischen Ethanolproduktion hin, die damals bereits ein Fünftel der amerikanischen Maisernte beanspruchte, und schilderten, wie diese

Industrie in ihrem rasanten Wachstum den Maismarkt buchstäblich leer saugte.

An keiner Stelle ist der direkte Zusammenhang zwischen leeren Tellern und vollen Tanks so deutlich geworden wie im Mexiko der Tortillakrise. Aber dieses Beispiel zeigt auch, dass die Verhältnisse komplexer sind, als sie auf den ersten Blick scheinen und als sie Zeitungskommentaren und Reportagen erkennbar machen. Denn noch wenige Monate vor den ersten Meldungen, dass wegen der Verteuerung des amerikanischen Maises in Mexiko der Hunger ausgebrochen sei, hatte ich etwas ganz anderes gelesen: Der billige amerikanische Mais vernichte die mexikanischen Bauern! Denn diese könnten mit den niedrigen Produktionskosten einer industrialisierten Großflächenlandwirtschaft im nördlichen Nachbarland nicht mithalten. Und mit den Bauern werde die Ernährungssouveränität der Mexikaner zugrunde gerichtet – also die Fähigkeit, das Grundnahrungsmittel der eigenen Bevölkerung selbst zu erzeugen.

Was stimmt denn nun? Die Geschichte vom zu billigen Mais? Oder die vom zu teuren? Oder ist das einfach nur wieder ein Beleg dafür, dass die Vereinigten Staaten tun können, was sie wollen, es wird ihnen so oder so zum Vorwurf gemacht?

Obwohl dieser Abschnitt ja eigentlich davon handeln soll, wie sich die landwirtschaftliche Energieerzeugung auf die Ernährungssituation der Menschen auswirkt, muss ich auf ein später zu behandelndes Thema vorgreifen, um aus diesem Knäuel einen erkennbaren Faden zu gewinnen. Es stimmt nämlich beides.

Seit 1994 das nordamerikanische Freihandelsabkommen zwischen Kanada, USA und Mexiko (NAFTA) geschlossen wurde, konnten Waren zwischen diesen drei ungleichen Volkswirtschaften frei gehandelt werden. Das hat insbesondere für einige Industrieunternehmen des südlichsten Partners wichtige wirtschaftliche Impulse gebracht, weil sie ihre Ausfuhren nach Norden vervielfachen konnten. Die mexikanischen Bauern gerieten allerdings unter erheblichen Druck. Denn ihre Betriebe sind erheblich kleiner und weniger rationalisiert als die der amerikanischen Farmer und müssen dazu meist unter erheblich schwierigeren natürlichen Voraussetzungen arbeiten. Sie erhalten darüber hinaus auch deutlich weniger staatliche Unterstützung. Deshalb konnten und können sie bei den niedrigen Preisen nicht mithalten, zu denen die Amerikaner produzieren. Viele von ihnen zogen sich auf »Subsistenzwirtschaft« zurück – bauten also nur noch für den eigenen Bedarf an. Andere verließen Haus und Hof und vergrößerten durch ihre Landflucht die Slums der Städte. Nicht wenige begaben sich gleich auf die Flucht in die USA.

Seit Mitte der 1990er Jahre hat Mexiko, die genetische Wiege der Maispflanze, die Souveränität über die Erzeugung seines wichtigsten Grundnahrungsmittels verloren. Dass dazu auch das Bevölkerungswachstum und die bei niedrigen Preisen attraktive Verfütterung von Mais in großen mexikanischen Produktionsanlagen an Schweine und Rinder beigetragen haben, macht das Bild um eine weitere Facette komplizierter.

Nun sollte man denken, dass die steil ansteigenden Maispreise sofort die Produktion ankurbeln und damit das Problem hätten wieder beseitigen müssen. Eine solche Schlussfolgerung rechnet aber nicht ein, dass landwirtschaftliche Produktion nicht so schnell reagieren kann wie die von Stahl oder Plastik. Mehr noch als die langen Zyklen von Saat und Ernte ist dafür das Verschwinden der Bauern (und damit auch ein Verschwinden von Arbeitskraft) in den entlegenen Gegenden des Landes verantwortlich. Zudem können die unterbliebenen Investitionen in die Infrastruktur von Lager, Transport und Verarbeitung nur sehr langfristig wettgemacht werden – was im Übrigen auch deshalb nicht geschieht, weil die Preise nicht dauerhaft und verlässlich hoch bleiben, sondern im Gegenteil immer größeren Schwankungen unterworfen sind. Es ist deshalb im höchsten Maße unwahrscheinlich, dass die Armen in

Mexikos Großstädten, die von diesen Schwankungen am härtesten betroffen sind, in ihre Berge und Täler zurückkehren können, um dort selbstbestimmt und ohne Angst vor Not und Hunger als freie Bauern zu wirtschaften.

Ist also »Ethanol im Tank statt Tortilla auf dem Teller« gar kein Problem? Wie das Beispiel Mexikos zeigt, bedarf diese Frage einer sehr differenzierten Antwort.

Dazu müssen noch zwei weitere Aspekte betrachtet werden: erstens der Einfluss der Ethanolproduktion auf den Weltmarkt für Getreide und zweitens die Klimabilanz – also der Vergleich zwischen der durch Ethanoleinsatz eingesparten CO_2-Produktion und dem Entstehen von Klimagasen bei der Erzeugung von Ethanol.

Die Menschheit hat seit Beginn der Industrialisierung die Methoden perfektioniert, dem Boden fossile Energieträger zu entnehmen. Das hat uns in die Lage versetzt, die Vorkommen von Erdöl und Erdgas in immer noch zunehmendem Tempo zu leeren. Es gibt sehr widersprüchliche Aussagen darüber, wie lange die Vorräte noch reichen. Aber die Tatsachen, dass die US-amerikanische Regierung schon wenige Monate nach der Katastrophe von »Deep Horizon« im Golf von Mexico die Tiefenbohrung für Öl wieder freigegeben hat, dass im Mittelmeer sogar an noch deutlich tieferen Stellen gebohrt wird und dass auch die extreme Empfindlichkeit des Ökosystems in der Arktis nicht davor abschreckt, dort die Erdölgewinnung voranzutreiben, zeigen, dass es mit der Verfügbarkeit zu Ende geht. Es kann aber doch niemand ernsthaft glauben, dass wir den Rückgang der Erdölförderung einfach durch den verstärkten Anbau von Energiepflanzen auf dem Acker wettmachen können. Dass wir also jetzt, nachdem wir unter dem Boden alles abgeräumt haben, munter dazu übergehen können, über dem Boden abzuräumen!

Es gibt viele verschiedene Methoden, aus Pflanzen Energie zu erzeugen. Die älteste ist das Verfüttern von Gras und gegebenenfalls Hafer an Zugtiere.[13] Im weltweiten Maßstab entfällt auf die Gewinnung von Ethanol durch die Vergärung von Mais, Zuckerrohr und auch aus Soja der bedeutendste Teil der landwirtschaftlichen Energieproduktion. Bei uns sind die Gewinnung von Methangas aus Biogasanlagen und die Produktion von Biodiesel aus Raps am wichtigsten. In tropischen Ländern werden für diese Art Treibstoff Palmölplantagen angelegt oder, in trockeneren Regionen, Jatropha angebaut. Es gibt dann noch die Verbrennung von biogenen Feststoffen. Dazu zählt die Verbrennung von Pflanzen oder Pflanzenteilen – wie beispielsweise von Getreide, von Hackschnitzeln oder von Pellets aus Miscanthusgras und anderen in Plantagen auf dem Acker angebauten Energieträgern in Heizungsanlagen. Manche räumen der Erzeugung von Treibstoff im sogenannten »Biomasse to Liquid (BtL)«-Verfahren große Zukunftschancen ein.[14]

Es würde am Thema dieses Buches vorbeigehen, eine detaillierte Bewertung des Bioenergiesektors vorzunehmen. Es ist mir allerdings daran gelegen, ein Missverständnis auszuräumen, dem ich nicht selten begegne. Mit Biolandwirtschaft, also Ökologischen Landbau, haben die Begriffe Biogas, Bioenergie und Konsorten nichts zu tun. Sie kennzeichnen nur die pflanzliche Herkunft der Rohstoffe. Der Bezug zu unserem Thema liegt darin, dass die Produktion von Bioenergie im Wesentlichen auf eine Weise geschieht, die eine direkte Konkurrenz zur Nahrung darstellt: Auf Flächen, auf denen Mais für Ethanol angebaut wird, könnte auch Weizen für Brot wachsen. Darüber hinaus hat der Anbau dieser Rohstoffe unmittelbare Auswirkung auf die ökologischen Grundlagen unserer Lebensmittelerzeugung. So fördern Mais-Monokulturen die Erosion und mindern so die langfristige Ertragskraft der Böden. Und wenn Urwald umgebrochen wird, um dort Palmölplantagen zu errichten, dann vernichtet das Biodiversität und vermindert den Anteil an organischer Substanz im Boden. Letzteres geschieht, weil durch die Unterbrechung des natürlichen Nährstoffkreislaufs des Urwaldes Humus abgebaut und damit riesige Mengen an CO_2 freigesetzt werden.

Um die Dimension dieser Wirkungen zu verdeutlichen, will ich mich auf die Ethanolproduktion und die Entwicklung der Biogasproduktion konzentrieren.

Alkohol im Straßenverkehr: Ethanol als Treibstoff

In 2011 werden weltweit 88,7 Mrd. Liter Ethanol produziert. Tendenz: stark steigend.

Den größten Anteil daran haben die USA mit 51 Mrd. Liter. 2010 waren es dort noch 45 Mrd. Liter. Der Ausgangsstoff ist dort im Wesentlichen Mais, während in Brasilien, dem zweitgrößten Ethanolproduzenten, vor allem Zuckerrohr Verwendung findet.

Um eine Einschätzung vornehmen zu können, welche Bedeutung diese Zahlen in Bezug auf die weltweite landwirtschaftliche Produktion haben, könnte man vereinfachend folgende Rechnung anstellen:

Um einen Liter Ethanol herzustellen, braucht man 2,4 kg Körnermais (Frischmasse). Für 88,7 Mrd. Liter braucht man 212,88 Mrd. kg Körnermais, also 212,88 Mio. Tonnen. Auf einem Hektar kann man – gute Böden und Wasserversorgung vorausgesetzt – neun Tonnen Körnermais (Frischmasse) erzeugen. Das bedeutet, dass man 23,65 Mio. Hektar Land braucht, um diesen Mais zu erzeugen. Das entspricht ungefähr dem Doppelten der Ackerfläche der Bundesrepublik Deutschland!

Wenn man von einem durchschnittlichen Weizenertrag von sechs Tonnen pro Hektar und Jahr (getrockneter Weizen) ausgeht, so bedeutet das, dass auf dieser Fläche 142 Mio. Tonnen Weizen pro Jahr geerntet werden könnten. Das ist ungefähr das Fünffache der Versorgungslücke, die sich im Schnitt der beiden Krisenjahre 2007 und 2008 zwischen Erzeugung und Verbrauch aufgetan hat.

Daraus ist ersichtlich, dass es trotz aller gegenteiligen Beteuerungen schon jetzt einen erheblichen Einfluss des Energiepflanzenanbaus auf die Versorgung der Welt mit Nahrungs- und Futtergetreide gibt. Dieser Einfluss wird in den nächsten Jahren stark anwachsen, wenn die Entwicklung entsprechend der Prognosen verläuft. So zeigen die Nationalen Aktionspläne für Energie und Verkehr in der EU, dass der Verbrauch an Biokraftstoffen in Europa signifikant zunehmen wird. 2020 werden Biokraftstoffe 9,5 % des Gesamtenergieverbrauchs im Verkehrssektor ausmachen, 92 % dieser Kraftstoffe werden aus Nahrungspflanzen gewonnen werden (z.B. Ölsamen, Palmöl, Zuckerrohr, Zuckerrübe, Weizen).[15]

Nun ist es schlimm genug, wenn die 120-Liter-Tankfüllung eines Geländewagens mit der Ernährung eines Menschen für ein ganzes Jahr bezahlt werden muss.

Dass aber obendrein die Produktion von Ethanol keinerlei Entlastung für die Klimaerwärmung mit sich bringt, macht sie zu einem Skandal. Zu diesem Ergebnis kam schon im Januar 2008 eine Studie des »Joint Research Center«, des wissenschaftlichen Dienstes der Europäischen Union. Die Wissenschaftler haben bei ihrer Berechnung berücksichtigt, dass bei den einzelnen Produktionsschritten von Ethanol auf dem Acker und in der Fabrik bereits zwei Drittel der Energie verbraucht werden, die durch diesen Treibstoff erzeugt werden soll. Sie haben aber zusätzlich die Wirkung von Stickoxiden eingerechnet, die als Folge der Stickstoffdüngung aus dem Acker gasen. Diese entwickeln eine Treibhauswirkung, die um das 300-Fache[16] über der von CO_2 liegt. »Es ist wahrscheinlicher, dass die amerikanische Ethanolproduktion die globale Erwärmung eher verursacht, als sie zu lindern«, ist die wahrhaft bestürzende Schlussfolgerung in dem Bericht an die EU-Kommission. Diese Sichtweise wird immer häufiger geteilt, unter anderem in einer Studie der amerikanischen Perdue University[17], die 2010 im Fachmagazin *BioScience* veröffentlicht wurde.

Der deutsche Bund für Umwelt und Naturschutz (BUND) stellte die Effizienz der Bioenergie in seinem Papier »Energetische Nutzung von Biomasse« in Relation zu anderen technischen Lösungen und kommt dabei zu einem verblüffenden Ergebnis: »Die Gesamtanalyse der energetischen Erzeugung und Nutzung zeigt, dass bei der Umwandlung von Sonnenenergie in Biomasse-Energie auf dem Acker oder im Wald ein relativ geringer Jahresertrag erzielt wird, im Vergleich zu anderen technischen Systemen. Der typische Ertrag liegt hier bei 1 bis 3 kWh Primärenergie/Quadratmeter oder ca. 1000 bis 3000 l Öläquivalent pro Hektar. Demgegenüber weisen Solarkollektoren einen Jahresertrag von ca. 400 kWh_{th}/m^2, PV-Anlagen von 100 kWh_{el}/m^2 und Windparks von ca. 50 kWh_{el}/m^2 bezogen auf die jeweilige Gesamtfläche auf.«[18]

Im Dezember 2010 konnte man in einem Beitrag der Nachrichtenagentur Reuters lesen, zu welcher Einschätzung ein ehemaliger Förderer der Ethanolwirtschaft gelangt ist: Der frühere amerikanische Vizepräsident Al Gore bedauert heute, sich in den 1990er Jahren so stark für den Ausbau der Ethanolwirtschaft eingesetzt zu haben. Man müsse jetzt feststellen, so die späte Einsicht des engagierten Klimapolitikers, dass der Energiemais-Anbau, der mit Milliarden von Steuergeldern in die Höhe getrieben worden sei, definitiv Anteil am Ansteigen der Nahrungsmittelpreise haben würde. Während dieses Buch in Druck geht, zeichnet sich eine Änderung ab: Offenbar erwägt man in den USA – möglicherweise wegen der drückenden Staatsschulden –, aus der Subvention von Ethanol auszusteigen. Das wäre in der Tat ein wichtiges Signal!

Die Ölscheichs auf dem Acker

Was Al Gore auf einer Umweltkonferenz in Athen dem Reuters-Korrespondenten anvertraut hat, bewegt auch die deutschen Umweltpolitiker, die sich vor einem knappen Jahrzehnt für den Sprit vom Acker starkgemacht haben.

Als sich im Dezember 1999 herausstellte, dass entgegen allen Beschwichtigungen auch in Deutschland Rinder an dem vor allem in England grassierenden »Rinderwahnsinn« BSE erkrankt waren, sah sich Landwirtschaftsminister Funke gezwungen, von seinem Amt zurückzutreten. Neue Landwirtschaftsministerin wurde – zu ihrer eigenen freudigen Überraschung – die Grünen-Politikerin Renate Künast. Mit ihrer Ankündigung, es müsse jetzt eine Agrarwende und fortan so etwas wie ein Reinheitsgebot für Futtermittel geben, entsetzte sie die Mehrzahl der konservativen Bauern und insbesondere deren Berufsvertreter, den Deutschen Bauernverband. Die fühlten sich an den Pranger der öffentlichen Meinung gestellt. Seinen Funktionären schwante düster, dass ihr Einfluss in einem Ministerium jetzt wohl schwinden würde, in dem sie über Jahrzehnte sozusagen mitregiert hatten. Beim Bauerntag in Münster im Juli 2001 musste die neue Ministerin gegen ein Pfeifkonzert anreden und mit ansehen, wie Künast-Puppen verbrannt wurden.

Umso wichtiger war für sie, den Bauern etwas anbieten zu können, das sie nicht als Beschränkung und Beschneidung ansehen würden. Das im April 2000 in Kraft getretene Erneuerbare-Energien-Gesetz (EEG) steckte ihr diesen Trumpf ins Blatt. Damit konnte sie den Bauern landauf, landab versprechen, sie würden die Ölscheichs des 21. Jahrhunderts werden. Denn auf ihren Äckern würde künftig die Wertschöpfung stattfinden können, an der bislang nur die neureichen Wüstenbewohner teilhatten. Ich habe damals oft mit Bauern gesprochen, die mir vollmundig versicherten, Künast habe ihnen ganz schlimm geschadet (wobei übrigens keiner auf meine interessierte Rückfrage, auf welche Weise das geschehen sei, eine Antwort wusste). Aber eine Einschränkung müsse man doch machen: Mit dem EEG habe sie den Bauern doch sehr geholfen.

Doch leider glänzt die Medaille dieses Ehrenpreises nur auf der einen Seite. Ihre stumpfe Gegenseite wird in den letzten Monaten und Jahren immer deutlicher. Es zeigt sich, dass in der Euphorie des bäuerlichen Ölbooms erhebliche Fehler gemacht wurden. Diese Fehler hat zwar die damalige rot-grüne Regierung – und somit auch Künast – politisch zu verantworten. Aber ich habe auch nicht in Erinnerung, dass wir als die Vertreter des Ökologischen Landbaus oder unsere Kollegen in den Umweltverbänden damals verstanden hätten, wie weit das Geschoss übers Ziel hinaus geraten würde. Zehn Jahre später müssen wir nun feststellen, dass die Biogasanlagen in vielen Gegenden Deutschlands so zahlreich aus dem Boden gestampft wurden, dass die sie umgebende Landschaft zu veritablen Maiswüsten verkommt. Die Rückführung des Gärsubstrates findet oft nicht flächendeckend, sondern – wegen der hohen Transportkosten – in der Nähe der Anlagen statt. Dann sind die Felder um die Anlage herum überdüngt, während die weiter weg liegenden mit Kunstdünger (mineralischer Stickstoffdünger) produktiv gehalten werden müssen. Die mit Mais-Monokultur bestellten Äcker – dort, wo also Jahr für Jahr und ohne Fruchtwechsel Mais angebaut wird – büßen Bodenfruchtbarkeit und Humus ein, weil Boden durch Erosion abgetragen und organischer Substanz nicht ausreichend ersetzt wird. Solche Landschaften bieten weder ein vielfältiges Landschaftsbild noch einen Lebensraum für Pflanzen und Tiere (außer für Wildschweine, die sich ihr eigenes Maislabyrinth anlegen, in dem sie kein Jäger findet).

Immer deutlicher wird zudem, dass die Förderung, die durch das Einspeisungsentgelt für Biogas-Strom an den Bauern fließt, zu einer enormen Wettbewerbsverzerrung zwischen »normalen« Bauern und den Produzenten von Energiemais geführt hat. Das hat unter anderem die Konsequenz, dass von Letzteren Pachtpreise gezahlt werden können, bei denen die Erstgenannten nicht mehr mithalten können. So wird ausgerechnet der Ökolandbau zum Verlierer in der Konkurrenz um Anbauflächen. Ökobauern können nämlich vieles sehr gut, nur können sie kein billiges Futter für Biogasbakterien erzeugen. Je nach Rechengang, Hektarertrag und einzukalkulierendem Marktpreis für Getreide ergibt sich ein Subventionseffekt für Biogas-Mais zwischen 1000 und 2000 Euro pro Hektar. Das ist das Zehnfache dessen, was – je nach Bundesland – an Prämien an die Biobauern gezahlt wird, damit diese ihre umweltschonende Wirtschaftsweise ausüben.

Auch dem Anbau von Raps für die Gewinnung von Öl, das dann dem Dieseltreibstoff beigemischt wird, sind hohe Subventionen zuzurechnen. Doch wenigstens ist Raps nicht so »selbstverträglich« wie Mais. Gemeint ist damit Folgendes: Raps kann man nur in stetigem Wechsel mit anderen Kulturen anbauen, sonst nimmt der Befall mit Krankheiten und Schädlingen überhand. Mais hingegen kann man über Jahre auf demselben Acker anbauen, ohne dass sich dadurch ähnliche Probleme entwickeln – vom schädlichen Schmetterling Maiszünsler und seinen Verwandten abgesehen, von denen sehr viel später noch die Rede sein wird. Die Konzentration auf den Anbau nur einer Pflanze auf riesigen Flächen, die immer mehr als eine »Vermaisung« der Landschaft beklagt wird, hätte man unter Anwendung eines einzigen Hebels verhindern können und könnte dies in künftigen Novellierungen auch noch tun: Das Erneuerbare-Energien-Gesetz (EEG) darf nur noch dann eine Gebühr für die Einspeisung des Stroms garantieren, wenn bei der Produktion der Energiepflanzen eine wenigstens viergliedrige Fruchtfolge eingehalten wurde. Denn wenn nur noch jedes vierte Jahr auf einer Fläche Mais für Biogasanlagen angebaut würde, dann würde auf jedem Hektar auch der Subventionsvorteil nur noch jedes vierte Jahr ankommen und somit im Schnitt der Jahre nur noch ein Viertel betragen. Zudem würden die negativen Auswirkungen des jetzigen Daueranbaus von Mais wegfallen.

Wo Biogas-Fermenter mit dem Grasaufwuchs von Streuobstwiesen oder stillgelegten Flächen, mit Abfällen aus Schlachtereien oder Gaststätten, mit sonstigen pflanzlichen Reststoffen oder mit Gülle aus der Tierhaltung gefüttert werden, steht diese Art der Energieerzeugung nicht in Konkurrenz zur Produktion von Nahrungspflanzen. Das ist aber nur bei einem geringen Teil der durch das EEG geförderten Anlagen der Fall. Denn immerhin 69 % der in 2007 aus Biogas hergestellten Megawattstunden wurden mit Substraten hergestellt, die ausschließlich für diesen Zweck angebaut werden.[19]

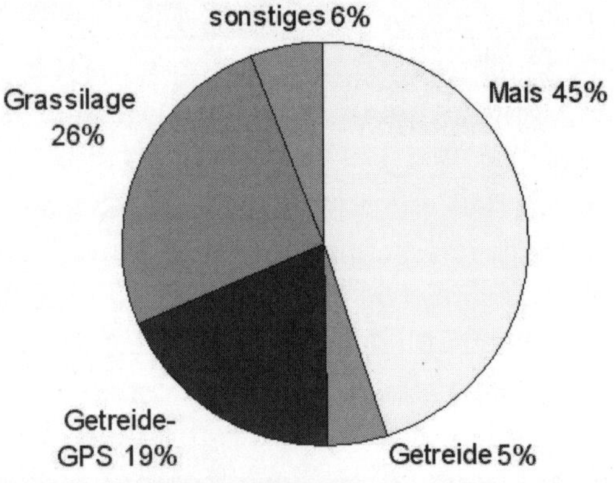

Bisherige Flächenanteile der nachwachsenden Rohstoffe zur Biogas-Erzeugung
Quelle: Statistisches Bundesamt 2007

Zählt man alle Flächen für die Erzeugung von Energiepflanzen zusammen, kommt man in Deutschland im Jahr 2010 auf stolze 1,83 Millionen Hektar (siehe Tabelle FNR rechts).

Anbau nachwachsender Rohstoffe in Deutschland (in ha)

Pflanzen	Rohstoff	2009	2010*
Industriepflanzen	Industriestärke	130 000	160 000
	Industriezucker	22 000	10 000
	technisches Rapsöl	120 000	125 000
	technisches Sonnenblumenöl	8500	8500
	technisches Leinöl	2500	2500
	Pflanzenfasern	1000	1000
	Arznei- und Farbstoffe	10 000	10 000
	Summe Industriepflanzen	294 000	317 000
Energiepflanzen	Rapsöl für Biodiesel / Pflanzenöl	942 000	940 000
	Pflanzen für Bioethanol	226 000	240 000
	Pflanzen für Biogas	530 000	650 000
	Pflanzen für Festbrennstoffe (u. a. Agrarholz, Miscanthus)	3500	4000
	Summe Energiepflanzen	1 701 500	1 834 000
Gesamtanbaufläche NR in ha		1 995 500	2 151 000

Quelle: FNR 2010; * vorläufige Schätzung

Wie bei der Erzeugung von Biogas gibt es übrigens auch hier eine Alternative, die keine oder wenigstens nur eine geringe Konkurrenz zwischen Nahrungs- und Energiepflanzenproduktion darstellt und die im Wesentlichen von Ökobetrieben entwickelt wurde. Gerold Rahmann, Direktor des Bundesinstituts für Ökolandbauforschung[20] im schleswig-holsteinischen Trenthorst, und seine Mitarbeiter haben sich der Weiterentwicklung dieser Idee verschrieben. Das Ziel ihrer Forschung ist ein landwirtschaftlicher Betrieb, der ökologisch wirtschaftet und gleichzeitig ohne Flächenverbrauch energieautark ist. Das erfordert die Kombination verschiedenster Energiequellen, darunter die Produktion pflanzlicher Treibstoffe. Die Trenthorster testen verschiedene Varianten der Mischkultur zwischen Nahrungs- oder Futtergetreide einerseits und Energiepflanzen andererseits. Geerntet wird dann ganz biblisch: Weizen und Leindotter – zwei der in Frage kommenden Mischungskandidaten – wandern zusammen durch den Mähdrescher, werden in die Scheuer gefahren und dort in Siebanlagen voneinander getrennt. Wer zusammen mit Prof. Rahmann auf dem Hänger sitzt, um die Versuchsflächen des Instituts zu besichtigen, wundert sich über den Grillgeruch, der am helllichten Wochentag aufsteigt – bis sich herausstellt, dass dieser Duft aus dem Trecker vornedran kommt. Denn der wird mit dem Öl betrieben, das aus dem Leindotter-Samen gewonnen wird. Durch die unterschiedlichen Nährstoffansprüche der Mischungspartner, ihre verschieden tief reichenden Wurzeln und über teilweise noch unbekannte Synergieeffekte sinken die Hektarerträge der Hauptfrucht Getreide nur geringfügig. Und das, obwohl sich der Weizen den Acker mit dem Leindotter teilen muss, aus dem auf einem Hektar die gesamte Energie gewonnen werden kann, die Schlepper und Mähdrescher für ca. zwei Hektar benötigen. Es reicht also aus, auf der Hälfte der Fläche des Betriebes solche Mischkulturen anzubauen, um den für den gesamten Betrieb erforderlichen Treibstoff herzustellen.

Ist Energie vom Acker unmoralisch?

Als in Mexiko die Menschen auf die Straßen gingen, die sich die tägliche Tortilla nicht mehr leisten konnten, schaffte es auch die Frage in die Schlagzeilen, ob die Energieproduktion auf den Äckern der Welt am Hunger in der Welt Schuld hätte. Im Zusammenhang mit der missglückten Einführung des neuen Treibstoffes »Super E10« an den deutschen Tankstellen im Frühjahr 2011 wurde sie erneut aufgegriffen. Nicht nur die Vertreter des Ölsaatenhandels und anderer interessierter Wirtschaftsbereiche, sondern auch Politiker, die sich für die Förderung der Energie aus nachwachsenden Rohstoffen eingesetzt hatten, vertraten vehement die Ansicht, einen solchen Zusammenhang dürfe und könne man nicht konstruieren. Die oben dargestellten Zahlenverhältnisse sprechen jedoch eine andere Sprache.[21] Noch überzeugender ist ein Blick auf die Preiskurven von Weizen und Öl. Hier wird deutlich, dass der Anbau von Energiepflanzen längst einen maßgeblichen Einfluss auf das globale Geschehen auf den Agrarmärkten nimmt. Wären es die hohen landwirtschaftlichen Produktionskosten, die zu hohen Preisen bei landwirtschaftlichen Produkten führen, dann könnte man den offensichtlichen Zusammenhang der beiden Kurven mit den steigenden Kosten für Stickstoffdünger erklären – denn dieser wird mit hohem Energieaufwand hergestellt. Die Agrarmärkte, auf denen wenige große Abnehmer vielen kleinen Erzeugern gegenüberstehen, nehmen jedoch keinerlei Rücksicht auf deren Kosten. Deshalb ist der wirkliche Zusammenhang offensichtlich: Steigt der Ölpreis, dann steigt die energetische Verwertung landwirtschaftlicher Produkte und damit die Nachfrage nach ihnen.

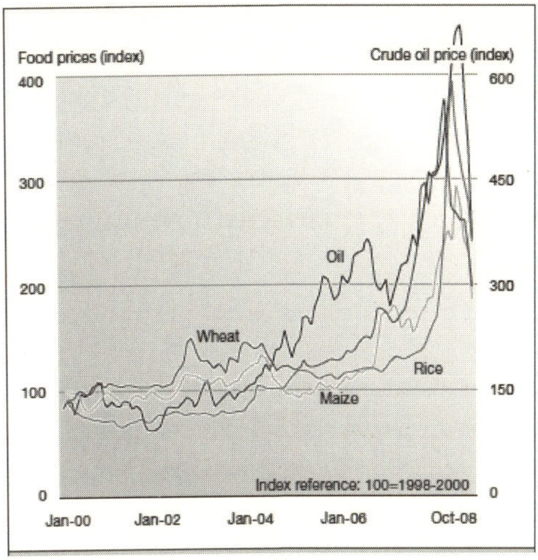

Preisentwicklung bei Nahrungsmitteln und Rohöl
Quelle: Nordpil, Ahlenius (2009)

Trotzdem halte ich die Forderung für voreilig, auf dem Acker dürften nur Nahrungsmittel, auf keinen Fall aber Energie wachsen. Wie immer, ist auch hier die Wirklichkeit zu komplex für einfache Schlussfolgerungen.

Ein Beispiel dafür bietet die Geschichte vom Öl und vom Beimischungszwang. Lange Zeit war pflanzliches Öl, das als Treibstoff genutzt wurde, von der Mineralölsteuer befreit. Das brachte ihm einen Preisvorteil vor dem an der Tankstelle verkauften Mineralöl. Viele dezentrale Projekte entstanden, in denen Pflanzenöl produziert und verwendet wurde. Antriebssysteme wurden entwickelt, die mit unraffiniertem Pflanzenöl zurechtkamen, bei dessen Herstellung Pressen und Filtern die einzigen Verarbeitungsschritte sind. Bei solchen Technologien ist der Energieaufwand, der nach der Ernte entsteht, gering – im Gegensatz zu den Verfahren, mit denen heute Öle in einen Zustand gebracht werden, in dem sie dem normalen Diesel beigemischt werden können.

Eine der ersten Handlungen der neuen schwarz-roten Regierung unter Angela Merkel im Jahr 2005 war die Abschaffung dieser Steuerbefreiung. Die weitere Nutzung von Treibstoffen aus Pflanzenöl sollte stattdessen durch einen Beimischungszwang sichergestellt werden: Treibstoffen auf Mineralölbasis muss ein bestimmter Anteil Pflanzenöl zugesetzt werden. Das hatte eine Reihe von schwerwiegenden Folgen:

- Die kleinen, dezentralen Projekte scheiterten.
- Unraffiniertes Pflanzenöl wurde wirtschaftlich uninteressant.
- Das Geschäft mit dem Pflanzenöl kam in die Hände der Öl-Multis.

Damit wurde ein Mechanismus in Gang gesetzt, durch den unter Knappheitsbedingungen die Treibstoffverwertung von Pflanzenöl immer Vorrang vor der Nahrungsverwertung bekommt. Denn der Zwang, die Beimischungsquoten einzuhalten, ist auch ein Zwang, immer den höheren Preis zu zahlen, wenn zu wenig Angebot auf dem Markt ist – jedenfalls bis zu der Höhe, ab der es rentabler für die Mineralölunternehmen ist, eine Strafzahlung in Kauf zu nehmen. Auf diese Weise siegt in der Regel der Tank über den Teller.

Was in diesem Fall ebenso wie im Fall der Ethanolproduktion in den USA und der Biogasproduktion in Deutschland die Nahrungsproduktion in Bedrängnis bringt, ist nicht die Tatsache, dass überhaupt Energie auf dem Acker erzeugt wird, sondern dass dies unter Verzerrung der Wettbewerbsbedingungen durch Subventionen, gesetzliche Rahmenbedingungen und Ausbeutung der Umwelt geschieht. Die Subventionierung des Ethanols in den USA beläuft sich auf 7,7 Mrd. US-Dollar jährlich – ein Betrag, der noch beträchtlich ansteigen dürfte, wenn die Nachrichten zutreffen, nach denen sich die Streitkräfte der größten Militärmacht der Welt von saudischem Öl unabhängig machen und auf Ethanol-Treibstoff umrüsten wollen. Von dem übermäßigen Subventionseffekt für Biogas war bereits die Rede. Was hier von deutschen bzw. amerikanischen Steuerzahlern aufgebracht wird, sind jedoch nicht die einzigen Subventionen, durch die die Energie vom Acker verbilligt wird. Es kommen nämlich noch andere Kosten hinzu, die sich nicht im Preis dieser Energie wiederfinden, die aber doch – und zwar von uns allen – bezahlt werden müssen: vor allem Umweltkosten wie diejenigen, die durch die Zerstörung der Böden unter den Mais-Monokulturen oder den für Palmölplantagen abgeholzten Urwäldern angerichtet werden.

Aber die Wurst bleibt hier

Einer der vielen dummen Sprüche, die meine Kinder im Laufe ihres Schülerdaseins aus ihrer jeweiligen Bildungsstätte an den Mittagstisch brachten, bezog sich auf den Namen einer großen kirchlichen Hilfsorganisationen: »Brot für die Welt! – Aber die Wurst bleibt hier …!« Damit ist zunächst der Verdacht in

Worte gefasst, wir seien beim Teilen nicht ganz so altruistisch, wie wir sein sollten. Erst lange nachdem ich diesen Spruch zum ersten Mal gehört habe, ist mir klargeworden, dass es um mehr gehen könnte. Dass nämlich unsere Wurst andere ihr Brot kostet.

Das hat etwas damit zu tun, dass sowohl wir selbst als auch unsere Nutztiere in den letzten 50 bis 100 Jahren den Speisezettel deutlich geändert haben.

Schafe, Ziegen und Rinder und andere Wiederkäuer sind Tiere, die etwas können, was wir Menschen nicht können: Sie sind in der Lage, in Zusammenarbeit mit den Mikroorganismen in ihrem Pansen Zellulose zu verdauen, weshalb sie von den Flächen wie Grünland ernährt wurden, die auf direktem Weg für die menschliche Ernährung nichts beitragen. Sie fraßen Gras, knabberten an den Blättern von Bäumen und Büschen und an dem, was nach Aberntung der Felder auf dem Acker noch zu finden war. Dazu kam Ackerfutter, das als Zwischenfrucht oder in Jahren der Bodenruhe im Rahmen der Fruchtfolge angebaut wurde.

Auch Gänse und Hühner wurden so gehalten. Wenn aber das, was die Tiere im Hof und Garten aus dem Boden kratzen oder an Grünem an den Weg- und Bachrändern abzupfen konnten, nicht ausreichte, dann wurden ihnen schon mal Körner vorgestreut – am liebsten die, die sich beim Dreschen nicht aus der Spreu gelöst hatten oder die durchs Sieb gegangen waren, als das Getreide für die Mühle oder das neue Aussäen aufbereitet wurde.

Ähnlich war das bei den Schweinen. Auch sie lebten von den Abfällen der Menschen, mit denen sie umso mehr anfangen können, als sie ein Verdauungssystem haben, das dem menschlichen sehr ähnlich ist. Zu bestimmten Jahreszeiten wurden sie in den Wald getrieben, um sich dort mit Eicheln und Bucheckern und allem anderen zu mästen, was man aus einem lebendigen Waldboden wühlen kann.

Der Moment lässt sich wohl nicht festmachen, an dem man

damit begonnen hat, Futterpflanzen für die Nutztiere anstelle von Nahrungspflanzen anzubauen. Wann wurde die Runkelrübe vom Arme-Leute-Essen zum Leistungssteigerer für die Milchleistung der Kühe? Und ab wann diente die Gerste nicht mehr zur Produktion von Fladenbrot, sondern der Gewichtszunahme der Schweine? Sehr wahrscheinlich hat das auf den großen Gutsbetrieben begonnen, in denen die Fläche zur Eigenversorgung eine ebenso untergeordnete Rolle spielte wie die häuslichen Abfälle. Das waren Betriebe, in denen schon früh die Betriebswirtschaft das Ruder in die Hand nahm, um zu bestimmen, was wo und wie erzeugt wird.

Der Beginn unserer modernen Futterwirtschaft mag schwer zu fassen sein – dafür ist schnell zu beschreiben, wo die Nutztierfütterung heute angekommen ist (dabei beziehe ich mich auf die in der konventionellen Tierhaltung übliche Fütterung und Haltung und auf Zahlen für Deutschland):

Im Jahr 2010 wurden 1 536 695[22] männliche **Rinder** als Bullen und 36 702 als Mastochsen geschlachtet. Für sie gibt es grundsätzlich zwei Haltungsformen. In der »Mutterkuhhaltung«, für die man meist extensivere Rassen wie die schwarzen Angus-Rinder einsetzt, bleiben die Kälber mit den Müttern auf der Weide. Die entscheidende Begegnung der Kühe mit dem Bullen (oder dem Tierarzt und seinem Besamungsröhrchen) erfolgt zeitlich so koordiniert, dass alle Kälber in einem möglichst engen Zeitraum zwischen Dezember und Februar das Licht der Welt erblicken und gemeinsam aufwachsen. In unserem rauhen Klima verbringen die Kühe den Winter im Stall und kommen im Frühjahr wieder hinaus ins Grüne. Dort stehen sie zusammen mit ihren Kälbern, die ihre Milch trinken und dazu Gras fressen, wenn sie es einmal gelernt haben. Im Alter von acht bis zehn Monaten werden die Jungtiere aus der Winterkalbung von den Müttern getrennt. Sie wiegen jetzt etwa 250 kg. Nun beginnt die Mastphase. Damit hohe Tageszunahmen von durchschnittlich 1,1 kg erzielt werden, wird die Diät umgestellt. Die tägliche Ration besteht jetzt aus Grundfutter wie beispielsweise Heu und zusätzlich eiweißreicherem Kraftfutter – vor allem Sojaschrot und Getreide. Aus dieser naturnäheren Haltungsform stammen ca. 15 % der in Deutschland geschlachteten Mastrinder.

Beim Rest geht es deutlich intensiver zu: Wenige Tage nach dem Kalben werden die Kälber von der Mutter getrennt und mit Milchaustauschern gefüttert. Die bestehen aus Magermilch und pflanzlichen Fetten oder sogenannten Nullaustauschern ohne Milchbestandteile. Letztere haben mit Milch nichts mehr zu tun, ermöglichen aber, dass die Kälber nicht auf die teure Kuhmilch angewiesen sind. Ab dem Alter von acht bis zehn Wochen beginnt man, Heu und auch ein bisschen Getreide zuzufüttern. Die Tiere werden in Boxen auf Stroh oder auf Vollspaltenböden gehalten, wo jedem von ihnen je nach Variante (Einzel- oder Gruppenboxen) und Alter zwischen 1 und 1,8 m^2 zur Verfügung stehen.

Das erlaubt zwar nicht viel Bewegung, hilft aber, die Zielgröße von 1200 g täglicher Gewichtszunahme zu erreichen: Wer sich wenig bewegt, setzt leicht an. Wenn ein Mastbulle im Alter von 16 bis 18 Monaten schlachtreif ist, hat er ein Gesamtgewicht von 600 bis 700 kg erreicht, was ca. 350 bis 450 kg verwertbarem Schlachtkörper entspricht. Alles in allem hat er bis dahin 850 kg Kraftfutter und 2000 kg Silomais gefressen und mehr als 13 000 l Wasser gesoffen.[23]

171 000 **Milchkühe** standen 2010 im Jahresdurchschnitt in Deutschlands Ställen und lieferten mehr als 1,42 Millionen Tonnen Milch. Auch sie haben längst aufgehört, vom Aufwuchs von Wiesen und Weiden zu leben. Zwar fressen sie in den Grünlandgebieten als Teil ihrer täglichen Ration noch Gras in Form von Heu oder Silage, in wenigen Fällen sogar noch durch selbständiges Grasen auf der Weide oder wenigstens frisch nach der täglichen Grünguternte durch den Bauern. Den größeren Teil ihrer Nahrungsenergie aber bekommen sie aus dem »Kraftfutter« bzw. dem Silomais.

Berechnet man, welcher Anteil der Milch, die eine Kuh gibt, aus welchem Anteil Futter stammt, das sie gefressen hat, dann zeigt sich, dass von den knapp 7000 Litern, die uns die durchschnittliche deutsche Kuh im Jahr 2010 zur Verfügung stellte, nur noch 40 % aus dem sogenannten »Grundfutter« stammen; und dazu zählt neben dem Gras auch der auf dem Acker angebaute Silomais. Der Rest stammt aus Getreide und Soja, alles Pflanzen, für deren Verzehr weder die Kuh noch ihr Verdauungsapparat eigentlich eingerichtet sind. Auf diese Weise sind die Grasfresser Rind und Schaf vom *Nahrungspartner,* der für die unmittelbare Produktion menschlicher Lebensmittel ungeeignete Grünlandflächen in Fleisch und Milch umwandelt, zum *Nahrungskonkurrenten* des Menschen geworden.

Die intensive Fütterung von Rindern mit Futtermitteln, für die sie eigentlich gar nicht gemacht sind, hat scheinbar vorteilhafte Folgen: Viel Milch kann zu geringen Kosten erzeugt werden, und auch dicke Steaks in argentinischen Steakhäusern kosten samt Beilage so viel, wie einem der Klempner für eine Viertelstunde abverlangt. Doch was ist der Preis für diesen Vorteil? Anita Idel, Tierärztin und Dozentin an der Universität Kassel hat darüber ein Buch geschrieben, dessen sperriger Titel bezeichnet, in welche Diskussion es eingreifen will: »Die Kuh ist kein Klimakiller«.[24] Darin kann man nachlesen, wieso sich die Fütterung von Rindern mit energiekonzentrierten Futtermitteln gegen die Natur dieser Grasfresser richtet. Und dass sie ihrer Gesundheit nicht guttut, auch wenn hohe Milchleistungen, beziehungsweise bei den Mastrindern Tageszunahmen, dieses System erfolgreich erscheinen lassen. Ich habe ein knappes Jahrzehnt einen Milchviehbetrieb geleitet und dabei die Folgen erlebt. Klauenkrankheiten beispielsweise, also Entzündungen an und zwischen den Klauen, sowie schlechte Gelenke oder Euterentzündungen würden bei einem artgerecht gehaltenen Rind nicht zur Regelkrankheit werden. Sie sind mittelbare und z.T. auch unmittelbare Folge davon, dass Kühe wie Schweine gefüttert werden und durch das Turbo-Futter zu Turbo-Milchleistern werden. Dem Tierarzt verschafft das zwar eine regelmäßige Beschäftigung – der Kuh aber ein kurzes Leben.

Es gibt Milchbauern, die legen nicht Wert auf die Höhe der »Laktationsleistung« (also der Milchmenge, die zwischen zwei Kalbungen ermolken wird), sondern auf hohe Lebensleistung (also die Milchmenge, die in der Summe ihres Lebens zustande kommt). Danach suchen sie sich die Zuchtlinien aus, von denen ihre Herde abstammt. Ganz wenige gibt es, die bestehen sogar darauf, ihren Kühen ausschließlich Rauhfutter zu füttern – von einem solchen Beispiel werde ich im letzten Kapitel noch berichten. Während in konventionell wirtschaftenden Betrieben in Deutschland die Kühe durchschnittlich gerade einmal 2,5 Kälber zur Welt bringen (also ca. 4,5 Jahre alt werden), werden Kühe solcher Betriebe ohne weiteres doppelt so alt und können auf diese Weise sechs- oder siebenmal kalben und entsprechend lange Milch geben.

Eine der Folgen der geringen Nachwuchszahl je Kuh ist, dass die Milchbauern praktisch aufgehört haben, selbst zu züchten. Dazu muss man wissen, dass seit jeher die Bauern selbst und nicht irgendwelche Züchtungsunternehmen für den genetischen Fortschritt der Rinder verantwortlich waren. Sie wählen den Bullen aus, der ihren Kühen zugeführt wird (oder dessen Sperma der Tierarzt appliziert), und sie entscheiden, welche ihrer jetzigen Kühe zur Mutter ihrer künftigen Kühe werden sollen. Wenn man davon ausgeht, dass nur die Hälfte aller Kälber weiblich ist, dann braucht man mindestens drei Kälber je Kuh (und wegen der möglichen krankheitsbedingten Ausfälle bei der Nachzucht sogar noch mehr), um auswählen zu können. Hat man die nicht, dann muss jedes weibliche Kalb wieder aufgestellt werden. Den Zuchtfortschritt bestimmen dann nur noch die Bullen, denn deren Sperma ist nahezu unbegrenzt. Damit aber wird die genetische Vielfalt der Züchtung immer geringer. Es gibt Hochleistungsbullen, die können auf die stolze Zahl von 200 000 Nachfahren blicken (wenn sie denn von ihnen wüssten).[25]

Ich weiß nicht, wie vielen Milchbauern bewusst ist, was ihnen die Hochleistungsfütterung von südamerikanischem Soja und Getreide alles beschert: eine Mengenproduktion, in deren Folge die Preise auf ein Niveau gesunken sind, mit dem kaum noch einer auf seine Kosten kommt. Einen Haufen an tiermedizinischen Problemen im Viehbestand. Daraus den Zwang, immer größer zu werden und immer verrücktere Arbeitsbelastungen auf sich zu nehmen. Und dann auch noch den Verlust der Souveränität über die eigene Züchtung – auf die ihre Väter und Mütter mit Recht immer stolz gewesen sind!

Was die Haltungsformen betrifft, so sind die meisten Milchkühe deutlich besser dran als Mastrinder oder gar Schweine. Denn Milchkühe haben das Glück, wenigstens zweimal täglich etwas abliefern zu müssen: ihre Milch. Abholen ist längst zu arbeitsaufwendig geworden. Deshalb sind moderne Milchviehställe heute so gebaut, dass ihre Bewohner sich frei darin bewegen können, um zur gegebenen Zeit den Melkstand aufzusuchen. Weder für die zur Mast bestimmten Kälber noch für die großen Mastrinder besteht solcher Bedarf an Freizügigkeit – weshalb sie in Boxen gehalten werden, deren Boden aus Schlitzen besteht (»Spaltenböden«), durch die ihre Ausscheidungen direkt in die Güllegrube gelangen.

Das ist auch bei **Schweinen** so. Rund 53 Millionen von ihnen beginnen jedes Jahr ihr Leben als Ferkel auf Lochblechen und beenden es sechs Monate später als Mastschweine auf Vollspaltenböden. Da der Ferkelproduzent, der Ferkelaufzieher und der Mäster meist verschiedene Bauern sind, hat jedes Ferkel allerdings bis dahin meist schon zwei Reisen hinter sich. Wenn es dann die dritte Reise antritt, wo es durchschnittlich 95 kg auf die Viehwaage und 76 kg Fleisch zum Metzger bringt, hat es 250 kg Mastfutter vertilgt[26], aufgeteilt in 175 kg Getreide (Gerste, Weizen, Mais), über 60 kg Raps- und Sojafuttermittel und 15 kg Mineralfutter.[27] Dazu hat das Schwein im Laufe seines kurzen Lebens über 1000 l Wasser getrunken.

Der Weg der 57 Millionen **Masthähnchen** ist noch deutlich kürzer. Wenn es der Kükenproduzent zum Mäster geliefert hat, ist es einen Tag alt. In einem Stall, in dem jedem Tier nur eine Fläche von 19 x 19 cm zur Verfügung steht – das ist weniger als ein A4-Blatt Papier – und den es sich standardmäßig nicht selten mit 20 000 bis 30 000 anderen Tieren teilt, frisst es 2600 g sogenanntes Alleinfuttermittel für Masthähnchen – bestehend aus fett- und proteinreichen Pellets (Mais, Soja, Weizen), ehe es bei der üblichen Kurzmast im Alter von 32 Tagen eingefangen und in das Fließband des Schlachthofes gehängt wird. Dort wiegt es 1500 g, wovon sich dann etwa 1 kg an den Spießen der Grillwagen am Bonner Hauptbahnhof dreht. Dort sehe ich sie hin und wieder, wenn ich auf dem Weg ins Landwirtschaftsministerium, regelmäßig wegen Zugverspätung in Eile, an dem Wagen vorbeihaste, auf den ausgelassen fröhliche Hühner auf grüner Wiese gemalt sind.

Ganz ähnlich ergeht es den jährlich 38 Millionen geschlachteten **Puten,** deren Fleisch sich in Streifen auf bunten Salaten oder als sauber eingeschweißte Schnitzel im Kühlregal zunehmender Beliebtheit erfreut. Sie erreichen ihr Endgewicht von 22 kg innerhalb von unglaublichen 150 Tagen. Dass sie sich wegen ihres übergroßen Brustmuskels und einer Besatzdichte von drei Hähnen bzw. fünf Hennen/m^2 kaum bewegen können, kommt diesem Leistungserfolg entgegen. Eine Pute vertilgt fast 60 kg Mastfutter, das zu 50 % aus Getreide besteht. Dazu knapp 30 % Soja, außerdem Raps und Erbsen.

Bleiben noch die **Legehennen,** von denen jährlich 29,8 Millionen dafür sorgen, dass elf Milliarden Eier für den Frühstückstisch, die Sauce hollandaise und jede Menge verarbeitete Produkte zur Verfügung stehen. Sie leben in Kleingruppen in Käfigen (15,7 %), in Volieren oder – wie die Masthähnchen – in Bodenhaltung (63,5 %). Erfreulicherweise wächst die Nachfrage nach Eiern aus Freilandhaltung, so dass immerhin 15 %

der Legehennen wissen, wann es Tag und wann es Nacht und ob es kalt oder warm ist. Sie kommen als Eintagsküken in den Aufzuchtbetrieb, der sie 20 Wochen (140 Tage) später als legereife Junghennen an den Eierproduzenten abgibt. In dessen Stall – durchschnittlich zusammen mit 30 000 Kolleginnen (von den 1139 Betrieben hatten in 2010 862 Betriebe 30 000 und mehr Legehennen) – verbringen sie dann 15 Monate, in denen sie 310 Mal über ein Ei zu gackern haben, ehe sie als Suppenhühner abtransportiert werden. Um ca. 19 kg Eigewicht und ein Schlachtgewicht von 1700 g produziert zu haben, brauchen sie 37 kg proteinreiches Futter, bestehend aus zwei Dritteln Getreide, Sojaschrot, Kalk, Sojaöl und speziellem Mineralfutter.[28]

Zwar werden **Schafe** nach wie vor im Wesentlichen auf Grünland gehalten, was aber nicht verhindert, dass es auch Lämmer gibt, die in den letzten Monaten ihres kurzen Lebens in Boxen gesperrt werden, wo man ihnen Heu und Mischfutter aus eiweißhaltigen Pflanzen wie Soja, Raps oder Erbsen sowie Getreiden, Mineralstoffen und Fett zufüttert, damit sie möglichst geschwind ein möglichst hohes Schlachtgewicht erreichen.

Jedes Gramm Futter, das Schweinen und Geflügel in den Trog geschüttet wird, wächst auf dem Acker, also dort, wo Nahrungsmittel für den Menschen hergestellt werden könnten. Zwar finden auch Futtermittel Verwendung, die Abfälle von Prozessen der Lebensmittelverarbeitung sind oder sich aus einem sonstigen Grund nicht mehr für menschliche Nahrung eignen, sie fallen aber aufs Ganze gesehen nicht wirklich ins Gewicht.

Deutschland verfügt über eine Ackerfläche von knapp zwölf Millionen Hektar. Knapp die Hälfte davon wird für den Anbau von Futtermitteln genutzt. Das ist augenscheinlich trotzdem zu wenig, um sowohl die Bevölkerung mit Brotgetreide, Kartoffeln und Gemüse zu versorgen, als auch die Tiere mit Futter. Diese Rechnung geht nur deshalb auf, weil ein erheblicher Teil dessen, was wir zu Eiern, Fleisch und Milch »veredeln«, nicht bei uns, sondern sonst wo auf diesem Planeten wächst. All das gilt auch für die anderen Staaten der Europäischen Union und vor allem für das wichtigste Eiweißfuttermittel, die Sojabohne. Damit Deutschlands Bauern und Agrarindustrielle die oben vorgestellten tierischen Produkte erzeugen können, müssen insbesondere in den USA, in Argentinien (Sojaanbaufläche 18 Mio. ha) und Brasilien (Sojaanbaufläche 24 Mio. ha) – das sind zwei Länder, die Jahr für Jahr Millionen von Hektaren an Urwald abholzen[29] und an Grasland umbrechen – Millionen Hektar für den Magen der Tiere bestellt werden, die in unseren Ställen stehen. Und von deren Produkten exportieren wir wiederum weltmeisterliche Mengen: Über drei Millionen Tonnen Fleisch[30] landen auf Märkten in Europa, und darüber hinaus nicht selten dort, wo eine ähnlich preisgünstige Produktion wie hierzulande nicht möglich ist. Was das in diesen Volkswirtschaften anrichtet, davon wird noch die Rede sein.

Was uns in diesem Kapitel aber interessiert, ist die Auswirkung auf die weltweite Verfügbarkeit von Nahrungsmitteln. Dies ist nicht nur wichtig, um zu ermessen, welche Dimension die Umwandlung von pflanzlichen Kalorien in tierische Kalorien heute schon hat. Die Agrarindustrie wird nicht müde, die sich wandelnden Konsummuster der aufstrebenden Volkswirtschaften Asiens und Lateinamerikas als Begründung dafür aufzuführen, weshalb wir unsere Produktion intensivieren müssen. Denn schließlich müssen ja all die Tiere gefüttert werden …

Um beurteilen zu können, ob das überhaupt eine Option ist, genügt es, ein paar Zahlen zu einer kleinen, überschaubaren Rechnung zusammenzuführen:

Derzeit werden weltweit 1,73 Milliarden Tonnen Getreide (Weizen und Grobgetreide wie Roggen, Hafer oder Mais) pro Jahr geerntet.[31] Für das Jahr 2011 gehen Marktbeobachter davon aus, dass 758,1 Mio. Tonnen davon in die Futtertröge wandern werden.[32] Dazu kommen 245,7 Mio. Tonnen an Ölschroten (173

Mio. Tonnen davon sind Sojaschrot), die für Futterzwecke angebaut werden. Das macht zusammen über eine Milliarde Tonnen Körner, die in den Mägen unserer Nutztiere landen.

Die Einwohner der USA vertilgen jährlich 137 kg an Fleisch und sind damit uns Europäern um einiges voraus.[33] Die Deutschen beispielsweise »begnügen« sich mit 88 kg im Jahr.[34] Das bevölkerungsreichste Land der Erde, China, hat es allerdings auch schon zu beachtlichen 54 kg pro Kopf und Jahr[35] gebracht. Diese Mengen umfassen die Hauptfleischarten Schwein, Rind und Geflügel, die Tabelle zeigt, zu welchen Anteilen. Sie führt außerdem auf, wie viel kg Futter bei der jeweiligen Tierart erforderlich sind, um 1 kg Fleisch zu erzeugen. Dabei ist bei Rindern lediglich in Ansatz gebracht, was an »Kraftfutter« zugefüttert wird – nicht also Grünfutter von der Wiese und auch nicht der Silomais vom Acker. Dazu kommt der Verbrauch an Eiern und Milch. Auch hierzu wird jeweils berechnet, welche Getreidemengen zu ihrer Erzeugung erforderlich sind.

Futterbedarf der Fleisch-, Eier- und Milcherzeugung

	Futterverbrauch in kg	Verbrauch je Einwohner in kg, l oder Stück					Futterverbrauch in Millionen Tonnen		
Produkt	je kg Schlachtgewicht, je Ei und je l Milch	USA	D	China	Indien	Welt ges.	Welt bei USA-Verbrauch	Welt bei D-Verbrauch	Welt Ist
Schwein	2,8	29	54	33	0,4	15	560	1043	290
Geflügelfleisch	2	52	17	12	0,6	13	718	235	179
Rindfleisch	5,8	41	12	5	1,5	10	1641	480	400
Milch	0,2	253	247	28	68	84	349	341	116
Eier	0,02	248	211	290	33	143	34	29	20
							3302	2128	1005
Weltbevölkerung 6900 Millionen Menschen									

Getreideverbrauch weltweit 2008/09

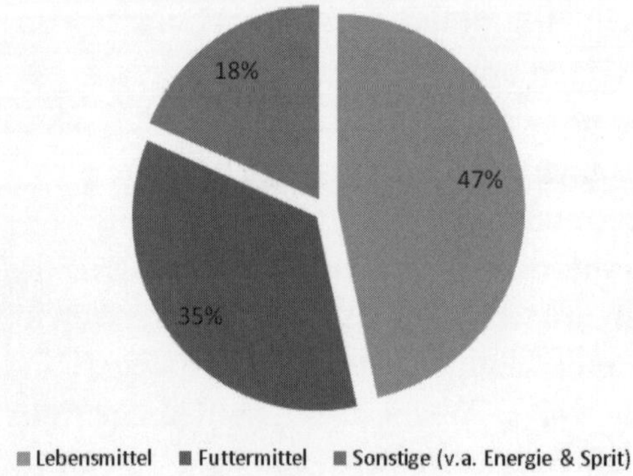

Diese Rechnung ist außerordentlich grob und lässt sowohl kleinere Futterquellen, wie z. B. Nebenprodukte aus der Müllerei, als auch die Futteransprüche weniger wichtiger Tierarten außer Acht. Sie kann aber eine Vorstellung von der Größenordnung liefern, mit der wir es zu tun haben: Würden alle 6,9 Milliarden Menschen, mit denen wir derzeit auf dem Globus zusammenleben, so leben und essen wollen wie die US-Amerikaner, dann bräuchte man in etwa das Doppelte der derzeitigen Weltgetreideproduktion für nichts anderes als dafür, die dazu erforderlichen Tiere zu füttern. Aber selbst wenn sich die Bewohner der westlichen Industrienationen mit einem Konsumverhalten bescheiden würden, das etwa 20 % unter dem der Deutschen liegt, alle anderen aber zu dieser Quote an Fleischkonsum aufschließen wollten, wäre das Ergebnis nicht darstellbar. Denn dann müsste immerhin noch die gesamte derzeitige Weltgetreideernte an Tiere verfüttert werden. Für das Müsli von Vegetariern, für Brot oder Spaghetti bliebe dann schlichtweg nichts mehr übrig. Und dabei ist noch nicht einmal einberechnet, dass die Weltbevölkerung weiterhin deutlich wächst und ihr Anstieg auf neun Milliarden Menschen durchaus noch in die Lebensspanne meiner Kinder fallen könnte.

Die Summe ist leicht zu ziehen: Es muss gelingen, unseren Fleischkonsum zu reduzieren und schwerpunktmäßig auf Fleisch umzulenken, das auf Grünland erzeugt wurde, also auf Flächen, auf denen keine Nahrungskonkurrenz zum Menschen stattfindet. Und es muss alles getan werden, damit nicht große Anteile der Weltbevölkerung ihren Fleischkonsum so entwickeln, wie wir das getan haben. Denn sonst kippt das System der Welternährung aus den Angeln – egal, wie groß unsere Erfolge in der Produktivitätssteigerung auch ausfallen mögen.

Wie meine einfachen Zahlenspiele zeigen, muss man kein Studium der Mathematik absolviert haben, um zu diesem Schluss zu kommen. Es reicht, ein paar öffentlich zugängliche Zahlen mit Hilfe die Grundrechenarten miteinander zu verbinden. Wenn man weniger mathematisch, sondern eher visuell veranlagt ist, hilft ein Blick in die Statistiken der FAO[36], um zu verstehen, welch zentrale Bedeutung der Fleisch/Futtermittel-Komplex für die Verfügbarkeit von Nahrungsmitteln hat. Aus den Diagrammen wird ersichtlich, dass nicht einmal die Hälfte des weltweiten Getreideverbrauches auf den unmittelbaren Verzehr als Lebensmittel entfällt. Dabei ist hier sogar der Reis mit eingerechnet, der nach wie vor zu 100 % auf den Tisch der Menschen kommt und in unseren Betrachtungen zur Fleischproduktion bisher keine Rolle spielte.

Und doch ist es offenbar nicht einmal selbstverständlich, das Selbstverständliche auch öffentlich auszusprechen. Als die zu diesem Zeitpunkt neue Agrarministerin Ilse Aigner im Vorfeld der Internationalen Grünen Woche 2009 einem Journalisten anvertraute, es sei wünschenswert, wenn wir alle etwas weniger Fleisch essen würden, gab es ein Raunen in den Reihen der alternativen Landbau- und Umweltverbände.

»Endlich sagt es mal jemand«, war der Grundtenor, und viele begannen sich auf eine Ministerin mit Profil und eigener Position zu freuen. Doch diese Freude hielt nur wenige Tage an. Zu groß war der Sturm der Entrüstung bei den Gewaltigen der

Branche. Jürgen Abraham, der nicht nur Vorsitzender der Bundesvereinigung der Deutschen Ernährungsindustrie, sondern auch ein höchst erfolgreicher Schinkenhersteller ist, konnte für solch leichtfertige Rede kein Verständnis aufbringen. Und auch der mächtige Bauernverbandspräsident Gerd Sonnleitner war fassungslos. Es gehe doch wohl nicht darum, den Menschen Verzicht predigen zu wollen. Es war deshalb nicht überraschend, dass in der Eröffnungs-Pressekonferenz das Statement vor der versammelten Medienlandschaft zur »Ente« wurde.

Was mich an so einer Haltung verstört, ist nicht nur die Weigerung, der Wirklichkeit ins Auge zu sehen.

Schließlich hätte die Ministerin anführen können, dass etwas nicht stimmt, wenn für uns Europäer in Argentinien und Brasilien auf mehr als der Ackerfläche Deutschlands, nämlich 16 Millionen Hektar, Sojabohnen als Eiweißfuttermittel angebaut werden. Dass es schlicht nicht sein kann, wenn unsere Exporte auf vielen Märkten der Welt Schaden für die Landwirtschaft vor Ort anrichten. Dass unser globales Ökosystem zusammenbricht, wenn dem Vorbild unserer Ernährungsgewohnheiten nachgeeifert wird.

Sie hätte zumindest darauf verweisen können, dass die Deutsche Gesellschaft für Ernährung zu weit geringerem Fleischkonsum rät als dem, was der Durchschnitt der Bevölkerung zu sich nimmt. Sie empfiehlt einen Konsum von Fleisch (inkl. Wurst) von 300 bis 600 g wöchentlich, was weniger als einem Viertel bis der Hälfte (bei 600 g wären es 31,8 kg pro Jahr … also weit weniger als die Hälfte bei 87 kg!) des durchschnittlichen Konsums der Deutschen entspricht.[37] Denn schließlich werden nicht wenige Krankheiten zu Volkskrankheiten, die auch mit einer Überversorgung mit tierischem Fett und Eiweiß zu tun haben: Übergewicht, Gicht, Cholesterinungleichgewichte, Arterienverkalkung etc. Als Christsoziale hätte sie auch dem Katholiken Sonnleitner vorhalten können, dass Verzicht keineswegs außerhalb der Handlungsmöglichkeiten von uns Menschen liegt. Selbst eingefleischten Hedonisten müsste das Argument zugänglich sein, dass ein Verzicht auf etwas, wovon man zu viel hat, in aller Regel die Lebensqualität erhöht. Doch nichts dergleichen geschah, denn schließlich ging es um ein so hohes Gut wie die Performance der deutschen Ernährungswirtschaft und unsere Position als Exportweltmeister!

Wie Frau Aigner und Herr Sonnleitner bin auch ich in einem kleinen bayerischen Dorf aufgewachsen. Wie in vielen Dörfern haben sich auch in Etterschlag geschichtsbewusste Bürger anlässlich eines Ersterwähnungsjubiläums über Dokumente aus vergangenen Zeiten hergemacht und einen dicken Band zur Dorfgeschichte verfasst.

Hof für Hof kann man darin durch das Dorf und seine Vergangenheit blättern. Ein bestimmter Typus an Dokumenten taucht dabei immer wieder auf: die Altenteilerverträge. Darin wird bei einer Hofübergabe der Alten an die Jungen vor allem festgelegt, wo die Austragswohnung ist und welche Naturalleistungen des Hofes den Eltern des Hoferben zustehen. Einer der großen Höfe in meinem Heimatdorf war der Königbauerhof. Dort wird in einem Vertrag aus dem 19. Jahrhundert Folgendes festgelegt: »Sollte sie die Kost über Tisch nicht mehr nehmen wollen, so bekommt sie täglich ein Maß Milch, jährlich … sechsunddreißig Pfund Schmalz, fünfzehn Pfund Butter, zweihundert Eier … außerdem *zur Kirchweih jeden Jahres jedes Mal zehn Pfund Rindfleisch, zu Weihnachten jedes Mal fünf Pfund Rindfleisch … zu Ostern und Pfingsten jedes Mal drei Pfund Rindfleisch.*« Auf dem stattlichen Anwesen des Königbauern hatte – im Gegensatz zu manchem Arbeiterhaushalt dieser Zeit – sicher niemand Hunger zu leiden, auch die Mutter nicht. Aber dass jeden Tag bei drei Mahlzeiten Fleisch oder Wurst auf dem Tisch hätte stehen müssen, das wäre dort niemand in den Sinn gekommen. Ich erinnere mich auch nicht daran, das Wort »Sonntagsbraten« als Gegensatz zu »Werktagsbraten« gehört zu haben. Nein, es gab eben Braten am

Sonntag, weil das ein besonderer Tag war, und an den anderen Tagen gab's keinen!

Umweltverbände lassen in diesem Zusammenhang auch einen Nebenkriegsschauplatz nicht unerwähnt: die Haltung von Haustieren.

Schauen wir auch da den Realitäten ins Auge: In den Industrienationen summiert sich das Futter für Hunde und Katzen auf nicht unerhebliche Mengen. Für den Fleischverbrauch dieser Hausgenossen – fünf Millionen Hunde und fast acht Millionen Katzen – sind Zahlen nicht zu ermitteln. Das Statistische Bundesamt gibt eine Gesamtfuttermenge für diese beiden Haustierarten von 1,16 Millionen Tonnen an – da damit Fleischfresser gefüttert werden, ist das nicht wenig. Spätestens seit der BSE-Krise wissen wir, dass es keineswegs nur minderwertige, für den Menschen nicht brauchbare Fleischteile sind, die an diese Tiere verfüttert werden. Damals stellte sich heraus, dass die Tierfutterwerke das sogenannte »Risikomaterial«, bei dem am ehesten mit einer Infektion zu rechnen gewesen wäre, längst aus der Produktion genommen hatten, ehe die Industrie das tat, die Fleisch für den menschlichen Verzehr verarbeitet. Müssen wir die Waldis und Miezes tatsächlich als unsere Nahrungskonkurrenten betrachten?

Was uns krank macht, macht andere hungrig

Wenn wir mit den Kindern ins Kino gehen und genügend Zeit für ein ausgedehntes Abendessen einplanen können, dann landen wir nicht selten in einem Restaurant, in dem man zusehen kann, wie aus dem Fernen Osten stammende Köche mit Schweiß auf der Stirn auf einer riesigen heißen Platte das zubereiten, was sich die Gäste dafür ausgesucht haben. Das schmeckt nicht schlecht, und man isst mit dem guten Gefühl, dass man sein Essen erst in rohem Zustand besichtigt und dann erlebt hat, wie es frisch und zischend gegart wurde. Während man darauf wartet, kann man entweder dem Koch zusehen oder verstohlen die anderen Gäste mustern oder, was noch spannender ist, versuchen zu raten, welcher der Haufen auf der Grillplatte zu welcher Person in der Schlange gehört. Natürlich spekulieren wir nicht immer richtig, aber doch ganz oft: der Leibesumfang des Wartenden verhält sich proportional zur Größe des Grillguthaufens. Leider arbeitet das Lokal nach dem Prinzip »All you can eat«. Und »All I can eat« ist in aller Regel »More than I need«. Das wirkt sich kurzfristig in konzentrationsstörendem Völlegefühl im Kinosessel und bei ausreichender Wiederholung langfristig in ungünstiger Entwicklung des Body-Mass-Index aus.

Der Mikrokosmos unseres mongolischen Restaurants entspricht ziemlich genau dem Makrokosmos unserer Industriegesellschaften. Ein immer im Überfluss vorhandenes Nahrungsangebot signalisiert uns: »Iss, was du kannst«, und wir tun es mit Hingabe. Fast jeder Mensch nimmt bei uns mehr Nahrungsenergie zu sich, als er durch Grund- und Leistungsumsatz verbraucht. Zusätzlich besteht diese Energie aus viel zu leicht verdaulichem Zucker und Kohlenhydraten, durch die der Körper Fettpolster für schlechte Zeiten anlegt.

Die Folge dieser Fehl-Überernährung ist an der Theke unseres Restaurants ebenso sichtbar wie in den Fußgängerzonen. 70% Prozent der Männer und 50% Prozent der Frauen in Deutschland sind übergewichtig, jeder Fünfte gar fettsüchtig. Noch dramatischer ist diese Entwicklung in den USA, England oder den Golfstaaten; aber auch in Ländern wie China oder Indien grassiert die Fettleibigkeit in den Bevölkerungsgruppen, die die Not hinter sich gelassen und westliche Ernährungsstile übernommen haben. Die Auswirkung davon ist weit mehr als der unerfreuliche Anblick und die Einschränkung der Lebensqualität bei den Betroffenen. Längst wird zum Beispiel der dramatische Anstieg der Diabeteskranken zu einem volkswirtschaftlichen Problem. Schon heute leiden europaweit 100 000 Kinder unter 15 Jahren an einer Diabetes-Form, die eigentlich nur alte Leute haben, und in weiteren zehn Jahren rechnen die Ärzte mit 160 000 Patienten in dieser Altersklasse.

Es hat etwas Zynisches, dass die Anzahl der krankhaft fettleibigen Menschen auf der Erde annähernd gleich ist mit der Zahl der Hungernden. Die Welt ist komplizierter, als sich mit einer einfachen Subtraktion der Überkalorien bei den einen und der Addition auf die Unterkalorien der anderen ausdrücken lässt. Und doch wird deutlich, welch gewaltige Reserven hier schlummern. Auch hier kommt in erster Linie unserem Lebensstil und nicht der Produktivität unserer Anbausysteme die entscheidende Bedeutung zu.

Das Butterbrot im Mülleimer

Ich gehöre unglücklicherweise nicht zu den Menschen, die sich sehr detailreich an ihre frühe Jugend erinnern. Sollte ich in dieser Zeit wesentliche Erziehungsbotschaften erhalten haben, so prägen sie mich entweder über mein Unterbewusstsein oder weil irgendjemand so nett war, sie mir in regelmäßigen Abständen zu wiederholen. Was ich aber noch weiß, als wär's gestern gewesen, was ich geradezu noch im Ohr habe, ist ein kategorisches Gebot: »Brot wird nicht weggeschmissen!« Für die Generation meiner Eltern, die die Hungerzeiten der 40er Jahre miterlebt hatten, war der Gedanke unerträglich, respektlos mit Lebensmitteln umzugehen. Nicht von ungefähr besaß meine Mutter – und sie besitzt sie bis heute – virtuose Fähigkeiten darin, aus Resten köstliche Aufläufe und Eintöpfe zu machen, so dass gegen Ende der Woche zwar nicht der Genuss am Essen, wohl aber dessen Wiedererkennungswert stieg. Diese Kunst rechnete sich allerdings an einem Tisch mit sieben Kindern, einem hungrigen Ehemann, etlichen

Lehrlingen und zusätzlich hereingeschneiten Tischgenossen deutlich besser als in einem Singlehaushalt in Frankfurt/Main, wo mehr als die Hälfte der Einwohner nur für sich selbst den Herd anwerfen.

Dass die Lebens- und Ernährungsstile, die mit einer solchen Entwicklung einhergehen, nicht nur die Esskultur und, wie oben gezeigt, die Essensqualität negativ beeinflussen, sondern auch zu einem gewaltigen Anstieg des Anteils an Nahrungsmitteln führt, die nicht im Kochtopf, sondern in der Mülltonne landen, ist längst keine vage Vermutung mehr. Im Jahr 2009 hat das britische »Waste & Resources Action Programme« eine ebenso umfangreiche wie detaillierte Studie darüber verfasst, wie viel Lebensmittel von schottischen Haushalten weggeworfen werden. Bedenkt man, dass Schotten eigentlich als sparsame Menschen gelten, dann ist das Ergebnis bestürzend: Im Durchschnitt produziert jeder der 2,3 Millionen Haushalte 240 kg Essensmüll pro Jahr. Davon sind 160 kg vermeidbar. Davon, das haben Untersuchungen ergeben, ist ein Sechstel gar nicht erst aus der Verpackung geholt worden, in der es eingekauft wurde. Wären den Schotten ihre Lebensmittel eine sorgfältigere Planung und Nutzung wert, könnte jeder Haushalt 500 Euro im Jahr sparen.

Auch in Wien gibt es ein Institut, das sich intensiv mit diesen Fragen befasst. Dort hat man auch die andere Seite der Ladentheke ins Visier genommen und recherchiert, wie viel schon weggeworfen wird, ehe es überhaupt verkauft wird. Nach einer im Herbst 2010 ausgestrahlten Sendung der ARD, die sich auf die Studien der Wiener Universität für Bodenkultur bezog, addiert sich der Abfall über die verschiedenen Stufen auf unglaubliche 50 % aller Lebensmittel, die auf dem Acker, in der Bäckerei oder anderen Stätten der Lebensmittelverarbeitung erzeugt werden. Zusammengerechnet ergibt das einen Betrag von zwischen 10 und 20 Milliarden Euro jährlich in Deutschland – etwa das Dreifache dessen, was für Ökolebensmittel ausgegeben wird.

In absoluten Zahlen ausgesuchter Beispiele von Lebensmitteln – diese wieder aus Großbritannien – ausgedrückt, heißt das: Allein im Haushaltsmüll der Briten landen pro Tag 4,4 Millionen Äpfel, 2,8 Millionen Tomaten, 1,3 Millionen ungeöffnete Joghurts, 1,2 Millionen Würstchen, 700 000 Tafeln Schokolade sowie 300 000 Fertiggerichte.

Ein weiteres, ganz besonders plastisches Beispiel für diesen Wahnsinn ist die Verschwendung von Brot. Denn eigentlich ist das ein Lebensmittel, das sich – wenigstens stimmt das für gutes Brot – durch lange Haltbarkeit auszeichnet. Im ARD-Bericht wurde erklärt, dass die in Supermärkten eingemieteten Bäckereifilialen vertraglich verpflichtet werden, ihre Brotregale bis zum Abend vollzuhalten. Da das Brot aber nur am Tag der Herstellung verkauft wird, landet der Rest im Müll. Auf Deutschland hochgerechnet sind das ca. 500 000 Tonnen pro Jahr (knapp 10 % der Gesamtproduktion). Für die Produktion der »Müll-Brote« sei eine Fläche von 200 000 Hektar erforderlich. Dass 20 % des Deponieraumes auf diese Weise für Lebensmittel benötigt werden und dort Unmengen des besonders klimaschädlichen CH_4 (Methangas) produziert werden, sei der Vollständigkeit halber angemerkt.

Interessanterweise ist der Anteil dessen, was tatsächlich gegessen wird, an dem, was auf dem Acker erzeugt wurde, ähnlich hoch in ganz armen wie in ganz reichen Ländern. In beiden Fällen beträgt der »Verlust« ungefähr 50 %. In den reichen Ländern wird dieser Schwund vor allem durch das oben beschriebene Wegwerfen bewirkt. In den armen Ländern sind die schlechten Lager- und Transportbedingungen auf allen Stufen – vom Acker bis zur Küche – für dieses Missverhältnis verantwortlich.[38]

Steuergeld für Marktzerstörung

Eines der vordringlichsten Anliegen der Gründungsnationen, die 1957 mit den Römischen Verträgen die Europäische Wirtschaftsgemeinschaft ins Leben riefen, war die sichere Versorgung ihrer Bevölkerungen mit Lebensmitteln. In Erinnerung an die entbehrungsreichen Nachkriegsjahre wurden Instrumente gesucht, um die Bauern zu hoher Produktivität und den Markt zu lebhaftem Austausch anzuregen.

Ab 1962 wurde dann ein Bündel an Instrumenten entwickelt, das diesem Ziel dienen und außerdem die Einkommen der Bauern stabilisieren sollte. In 22 Produktbereichen wurden »Marktordnungen« eingerichtet. Sie bewirkten, dass der Staat zu einem jeweils festgelegten *Interventionspreis* alle Produkte aufkaufen musste, die ihm angeboten wurden. Auf diese Weise war gesichert, dass der Erzeugerpreis nie unter ein bestimmtes Niveau sinken konnte. Gleichzeitig wurde ein Außenhandelsschutz aufgebaut. Ein flexibles System von Zöllen ermöglichte, dass unter einem bestimmten Schwellenpreis niemand in die Gemeinschaft importieren durfte. Die solchermaßen stabil auf ordentlicher Höhe gehaltenen Preise bewirkten, was sie bewirken sollten. Die Bauern kauften eifrig Düngemittel und Pestizide und produzierten mit voller Kraft. Doch aus dem anfänglichen Erfolg wurde langsam, aber sicher ein Fluch. Als die Lagerhäuser immer voller, die Butterberge immer höher und die Milchseen immer tiefer wurden, stiegen die Kosten der Agrarpolitik ins Unermessliche. Als Ende der 80er Jahre die Bestände dessen, was die EU zur Stabilisierung der Preise aufgekauft hatte *(Interventionsbestände),* auf die unglaubliche Menge von 20 Mio. Tonnen Getreide, 337 000 Tonnen Magermilch und 512 000 Tonnen Rindfleisch angewachsen waren, flossen fast 70 % des gesamten EU-Haushaltes in die Agrarpolitik.[39]

Was während dieser Zeit nicht gelang, war die Sicherung der bäuerlichen Existenzen. So haben seit Beginn der Gemeinsamen Agrarpolitik 80 % der damals in Deutschland wirtschaftenden Betriebe aufgegeben oder wurden im Generationswechsel nicht mehr weitergeführt. Das ist nicht weiter verwunderlich, wenn man bedenkt, dass praktisch alle Zahlungen der EU an ihre Bauern – heute sind das fast 60 Milliarden Euro jährlich – so berechnet wurden, dass ein Betrieb umso mehr Zuschüsse erhielt, je größer er war.

Der enorme Zugewinn an Produktivität je Arbeitskraft führte dazu, dass der Anteil des Einkommens, den ein Bürger auf den Erwerb von Lebensmitteln aufwenden muss, stetig sank. Lag er in den 50er Jahren noch bei 50 %, so ist der Haushaltsposten »Ernährung« heute mit 12 % geringer geworden als der Haushaltsposten »Mobilität«. Das ist erfreulich für die Verbraucher. Es hatte aber für die Höfe, die Dörfer, die sie umgebende Natur und am Ende auch für die Qualität der Nahrungsmittel erhebliche Konsequenzen, auf die die Rede noch kommen wird.

Die Auswirkung der Agrarpolitik beschränkte sich aber durchaus nicht auf die Bewohner der Europäischen Wirtschaftsgemeinschaft und der auf sie im Jahr 1992 folgenden Europäischen Union.

Ursprünglich sollten durch die Interventionslagerung stabile Preise und ein gleichmäßig versorgter Markt erhalten werden. Ähnlich wie einst bei Josef in Ägypten, sollte in fetten Jahren aufgekauft und in mageren Jahren wieder auf den Markt gebracht werden. Die fetten Jahre wollten aber nicht mehr enden. Der technische Fortschritt im Stall und auf dem Acker und die mit Hilfe des überseeischen Futtermitteleinkaufes immer mehr ausgeweitete Viehwirtschaft führten zu ständig steigenden Produktionsmengen. Und die mussten ja irgendwie untergebracht werden. Die Wirtschaftsgemeinschaft zahlte deshalb *Exporterstattungen*, mit deren Hilfe der Unterschied zwischen den hohen Preisen des Binnenmarktes zu den niedrigen Preisen des Weltmarktes ausgeglichen werden konnte. Auf diese Weise konnten die Überschüsse der europäischen Produktion auf den Märkten der Welt konkurrenzfähig gemacht werden. Weil auch andere Industrienationen außerhalb Europas für einen Außenschutz sorgten, der den Weltmarkt von ihren Bauern fernhielt, blieb als Ziel des EU-Agrarramsches nur die »Dritte Welt«.

Diese Entwicklungsländer sind in der Konkurrenz zu den Großen im weltweiten politischen Geschäft jedoch weder stark genug, noch verfügen sie über die administrativen Voraussetzungen, um die gleichen Barrieren an ihren eigenen Grenzen aufzubauen. Dazu kommt, dass auch der ärgste Diktator – und schon gar jeder gewählte Politiker – auf die gute Stimmung seiner städtischen Massen angewiesen ist. Deshalb würde kaum ein Land in Afrika, Asien oder Lateinamerika die Möglichkeit ausschlagen, billig an Grundnahrungsmittel zu kommen. Schon gar nicht dann, wenn es sie überhaupt nichts kostet. Das ist der Fall, wenn wegen einer akuten oder chronischen Hungersnot im Lande Lebensmittelhilfen geschickt werden. Oft ist das bitter notwendig. Manchmal aber hat es den faden Beigeschmack einer Entsorgung im Interesse des Überschussabbaus.

Welche Auswirkungen unsere Agrarexporte für die Bauern in diesen Ländern haben, kann man sich unschwer vorstellen. Davon konnte ich mich nicht nur in vielen Diskussionen, sondern auch zweimal »im Feld« überzeugen. Das erste Mal im Jahr 1983 in Haiti. In der kleinen Provinzhauptstadt Les Cayes war – natürlich mit Hilfe von Entwicklungshilfegeldern – eine kleine Molkerei errichtet worden. Die sammelte Milch von den vielen Bauern ein, die oft nur eine Kuh haben. Die grast an den Wegrändern und auf Brachflächen oder knabbert das Stroh nach der Mais- oder Hirseernte ab. Die Milchmengen waren zwar nie groß, aber ein paar Dollar in der Woche zusätzlich zu haben ist für all die haitianischen Bauern, die eigentlich über gar kein Bareinkommen verfügen, nicht wenig. So wie die etwas betuchteren Bewohner von Les Cayes konnten auch wir dort hin und wieder Milch, Butter und Joghurt erwerben, bis eines Tages die Molkerei ihre Tore schließen musste. Denn mit dem Preis für Milch aus amerikanischem Milchpulver konnte sie nicht mithalten. Es stammte aus großen Kartons mit der Aufschrift »Gift of the United States of America. Not to be sold«[40].

Das zweite Mal begegnete mir das Problem Anfang der 90er Jahre im Kongo, der damals noch Zaire hieß. Ich hatte im Auftrag von Misereor ein großes ländliches Entwicklungsprojekt zu evaluieren. Das Projektgebiet war die Diözese von Idiofa, etwa 400 km von Kinshasa entfernt. In einem der Dörfer hatten die Projektverantwortlichen eine sehr kreative Idee umgesetzt, mit der gleichzeitig drei Probleme gelöst werden sollten: die Verbesserung der Versorgung mit Grundnahrungsmitteln, die Einführung einer »cash crop«, also einer Kulturart, mit der sich Geld verdienen lässt, und die Verbesserung der Situation der Frau. Dazu muss man wissen, dass in dieser Region des Riesenlandes (ich fürchte, es ist allerdings fast überall in Afrika genauso) die gesamte Last des Wirtschaftens und der häuslichen Arbeit den Frauen obliegt. Sie versorgen die Kinder, kochen das Essen, halten die Unterkunft sauber und machen die Feldarbeit.

Der Mann hat eine Rolle, die von der Geschichte überholt worden ist: Er ist für die Rodung des Urwaldes zuständig. Zu Zeiten, in denen die Bauern die Fruchtbarkeit ihres Ackers nur durch Inanspruchnahme von frischem Urwald herzustellen wussten, der nach ein paar Jahren der Nutzung wieder aufwachsen konnte, gab es ständig etwas zu roden. Heute ist das vorbei, und die meisten Männer haben sich auf die Produktion und den Konsum von Palmwein spezialisiert – was so recht nichts zum Wohlstand der Familie beiträgt.

Die Idee des Projektes war es nun, mit Trockenfeldreis (also Reis, der auch gedeiht, ohne ständig im Wasser zu wachsen) eine neue Kultur einzuführen. Den Menschen wurde erläutert, dies sei eine sehr komplizierte Pflanze, die nur unter höchst kompetenter Pflege zum Ertrag geführt werden kann. Und die hat natürlich der Mann beizusteuern. Dieses Kalkül ging tatsächlich auf. Die im Sozialprestige aufgewertete Pflanze wurde auf geradezu fanatische Art und Weise zum Hobby der Männer des Dorfes, die auf keinen Fall ihre Frauen daran lassen wollten. Ich erinnere mich noch an die schöne neue Lagerhalle, gefüllt mit Reis aus der ersten Ernte. Wenig später habe ich vom Ende des Projektes erfahren – in den USA hatte es eine gute Reisernte gegeben, die Preise für Importreis waren so tief gefallen, dass die einheimische Produktion keine Chancen mehr hatte.

Nun hat sich in den 20 Jahren, die seitdem vergangen sind, etliches zum Besseren gewandelt. Die Europäische Union hat die Marktordnungen fast vollständig abgeschafft. An die Stelle von Preisstützungen und Dumpingexport ist ein System von produktunabhängigen, an die Fläche gebundenen Zahlungen getreten. Es gibt keine Interventionslager mehr, die mit Hilfe von Exporterstattungen geleert werden müssen, und selbst in Katastropheneinsätzen versucht man jetzt, die zu verteilenden Lebensmittel auf den einheimischen Märkten zu besorgen. Gerade den ärmsten Ländern wird ein privilegierter Zugang auf den Europäischen Markt geboten – z. B. für Zucker.

Das jedenfalls hört man zur Beruhigung der Kritiker durch die Verantwortlichen in Politik und Interessensverbänden. Doch leider stimmt das nur zum Teil. Denn als im Jahr 2008 die europäischen Schweinepreise ebenso in den Keller gerauscht waren wie die Milchpreise, wurde die Exporterstattung flugs wieder aus der Mottenkiste gekramt. »Nichts davon ging in arme Entwicklungsländer«, versicherte Agrarministerin Aigner immer wieder.

Doch offensichtlich ist es angesichts globalisierter Märkte unmöglich, die Wirkung von Dumpingexporten auf bestimmte Zielländer zu beschränken. Und so beklagen die Vertreter von

Entwicklungshilfeorganisationen, dass nach wie vor gerade die Bauern der ärmsten Länder es nicht schaffen, eine Produktion für den einheimischen Markt auf die Beine zu stellen. Denn für sie ist es unmöglich, gegen die großen Agrarexporteure und ihre Marktmacht anzukommen.

Derzeit werden jedes Jahr 365 Milliarden Euro von Mitgliedsstaaten der *Organisation für wirtschaftliche Zusammenarbeit und Entwicklung* OECD für verschiedenste Stützungsmaßnahmen ausgegeben. Damit stammen 21 % der Einnahmen dieser Landwirte aus staatlichen Zahlungen. Das jedenfalls geht aus dem Bericht »Agricultural Policies in OECD Countries« hervor, den die Organisation 2009 in Paris veröffentlichte. Der überwiegende Anteil dieser Zahlungen habe in den Jahren 2006 bis 2008 noch direkt marktverzerrende Wirkung gehabt.

Aber selbst, wenn keinerlei Zahlungen mehr an Produkte wie Reis, Zucker oder Rindfleisch gekoppelt wären, würde das Problem für bestimmte Länder bestehen bleiben. Und zwar für die, die es sich nicht leisten können, ihren Bauern mit staatlichem Geld unter die Arme zu greifen. Denn jeder Dollar, jeder Euro, der in den Industrienationen an die Bauern gezahlt wird, ermöglicht, mit geringeren Kosten zu produzieren. Billiger, als ein Kollege in einem der anderen Länder je produzieren könnte.

Nur wenn keine reinen Einkommen-Stützungen gezahlt, sondern die Bereitstellung sonstiger öffentlicher Güter entlohnt werden, entsteht dieser Effekt nicht. Wenn also ein oberbayerischer Bauer eine Prämie bekommt, weil er mit seinen Kühen eine Alm beweidet, wenn jemand Geld dafür bekommt, dass er Hecken anlegt und pflegt oder durch den Verzicht auf Pestizide und synthetische Düngemittel das Grundwasser schont, wird er für eine Mehrleistung an die Allgemeinheit entlohnt. Dann bleibt die schädigende Wirkung der Subventionen für Bauern in Drittländern aus.

Die Frage der Subventionen hat ja schon eine Rolle gespielt, als wir die Bedeutung des Energiepflanzenanbaus für die Verfügbarkeit von Lebensmitteln diskutiert haben. Und wir werden sie noch ein drittes Mal aufgreifen müssen, wenn es im letzten Kapitel um die politischen Hebel geht, mit denen Lösungen herbeizuführen sind.

Ich hoffe, dass ich zeigen konnte, dass auch die Agrarsubventionen der Industrienationen erheblichen Anteil daran haben, dass dort nicht genug produziert werden kann, wo Hunger herrscht. Hinzuzufügen bleibt, dass unsere unfaire Subventionspolitik auf zweierlei Weise wirkt: Erstens bringt die unmittelbare Bremswirkung von zu geringen Marktpreisen die Bauern dazu, nur noch für den Eigenbedarf, nicht aber mehr für den Markt zu produzieren. Zweitens – wie schon am mexikanischen Beispiel gezeigt – unterbleiben in einer solchen Situation auch die Investitionen, die für eine Entwicklung der Landwirtschaft nötig sind. Moderne Land- und Lagertechnik, Transportkapazitäten, Straßen und Brücken – all das kann nur beschafft werden, wenn Bauern durch Erzeugung von Überschuss Geld einnehmen und wenn durch Verarbeitung und Handel mit diesen Überschüssen zusätzliches Einkommen entsteht.

Wie zu Lande, so zu Wasser

Auch wenn die Frage im Vordergrund steht, wie Land bewirtschaftet werden muss, damit sich dauerhaft alle Menschen ausreichend und gut ernähren können, muss im selben Zusammenhang zwingend auch über Fischerei und den Zustand der weltweiten Fischbestände gesprochen werden.

Der durchschnittliche Binnenlandbewohner dürfte nicht vor Augen haben, welch große Bedeutung Fisch in den Statistiken der Welternährung spielt. Sehr ausführlich beschrieben wird das in »The State of World Fisheries and Aquaculture 2010«, einem Bericht der FAO, der im Internet zugänglich ist.[41]

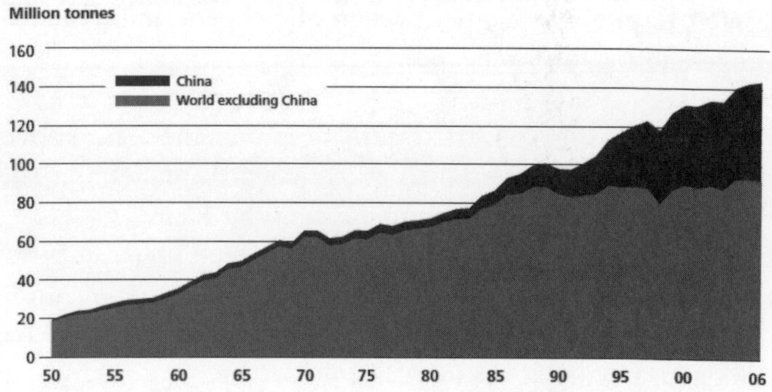

Weltproduktion Fischfang und Aquakultur

Fisch trägt 10 % zum Kalorienverzehr der Menschheit bei. Weil da auch Völker mitgerechnet sind, die ein Leben lang keinen Fisch zu sehen bekommen, Tibeter zum Beispiel oder die Bewohner der Sahara, gibt es Weltgegenden, in denen Fisch einen noch sehr viel wichtigeren Platz auf der Speisekarte einnimmt. Das trifft insbesondere für die asiatischen Meeresanrainer, allen voran für China zu. In Kilogramm pro Jahr und Kopf ausgedrückt: Auf jeden der 6,9 Milliarden Erdenbürger entfallen 17,1 kg Fisch. Am meisten verzehren die Bewohner der Industrienationen (29,3 kg), am wenigsten die Länder, die in der Statistik der Vereinten Nationen als »LIFDCs« bezeichnet werden: Low-Income Food-Deficit Countries, welche – es war nicht anders zu erwarten – die Länder sind, die die Rangfolge der Hungerstaaten anführen. Ziemlich weit vorne in der Fischverzehrs-Statistik rangiert das Reich der Mitte: 1,2 Milliarden Chinesen essen im Schnitt immerhin 26,7 kg Fisch im Jahr. So wie beim Fleischverzehr hat es auch hier eine rasante Entwicklung innerhalb der letzten 50 Jahre gegeben, denn 1960 lag der Weltdurchschnittsverbrauch von Fisch noch bei 9,9 kg. 1960 war das Jahr, in dem ich in die Volksschule kam. In dieser Zeit brachte man uns bei, dass es drei Milliarden Menschen auf der Erde gibt. Wenn also die Bevölkerung sich mehr als verdoppelt und der Verbrauch pro Kopf sich fast verdoppelt hat, dann braucht es viermal so viel Fisch, um diese Nachfrage zu decken.

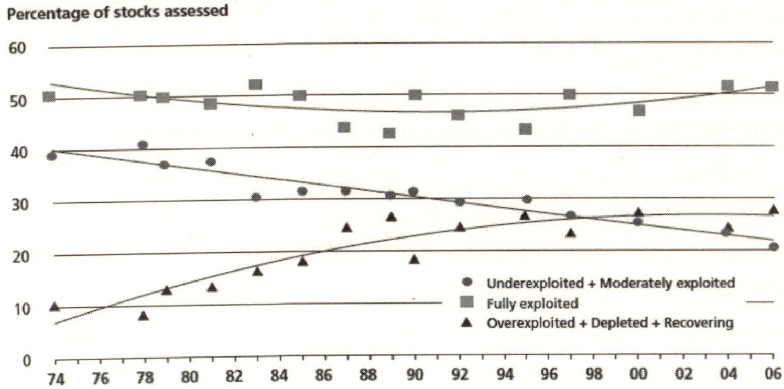

Entwicklung der weltweiten Meeres-Fischbestände seit 1974

Tatsächlich hat sich, wie das Schaubild zeigt, die Fischproduktion seit dieser Zeit sogar verfünffacht – heute werden jährlich 142 Millionen Tonnen Fisch aus den Meeren, Seen und Flüssen gezogen oder in Aquakulturen produziert. Davon dienen allerdings nur 115 Millionen Tonnen dem unmittelbaren Verzehr – frisch, tiefgefroren oder verarbeitet. Die restlichen 27 Millionen ordnet die Statistik dem Non-Food-Bereich zu.

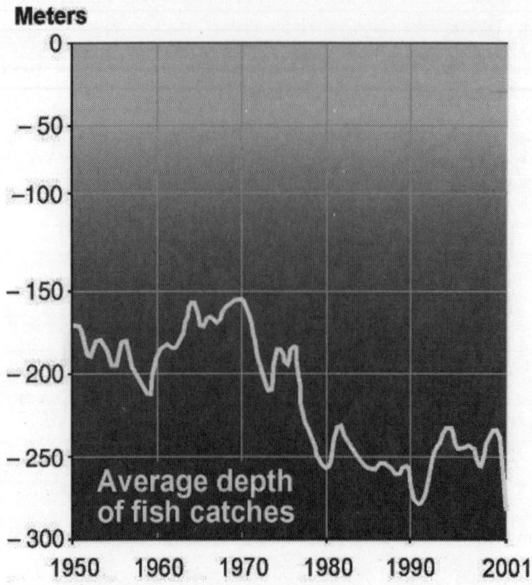

Entwicklung der durchschnittlichen Fangtiefen im Hochsee-Fischfang
Quelle: Millennium Ecosystem Assessment

Da Fisch hochwertiges Eiweiß liefert und seine Omega-3-Fettsäuren auch irgendwie gut für Herz und Hirn sind, ist es ja sehr begrüßenswert, wenn mehr Menschen mehr Fisch essen. Nur stellt sich die Frage, ob es eigentlich auf Dauer genug Fisch für all diesen Verzehr gibt. Auch hier gibt der FAO-Bericht detaillierte Antworten. Beruhigenderweise sind die meisten Bestände in den Seen und Flüssen der Kontinente, aus denen ca. 7 % der Weltfischproduktion gezogen werden, stabil. Das heißt, es werden nur so viele Fische gefangen, wie nachwachsen. Das gilt leider nicht für die marinen Bestände. Hier sieht es ganz im Gegenteil sehr unerfreulich aus: Ein knappes Drittel der Bestände ist deutlich übernutzt, was einen ständig zurückgehenden Beitrag der jeweiligen Fischart zur Welternährung bedeutet. Bei über der Hälfte der Bestände ist die Nutzung »am Anschlag« und darf nicht weiter gesteigert werden. Nur ein Fünftel gilt als so nachhaltig genutzt, dass man den Umfang der Fänge beibehalten oder eventuell noch steigern könnte. Zwar erweist sich das Verhältnis dieser Kategorien zueinander in den letzten Jahren als weitgehend stabil – aber eben stabil auf einem Niveau, auf dem eine Abnahme der Fischbestände vorprogrammiert ist. Das lässt sich auch an der durchschnittlichen Fangtiefe ablesen.[42] Denn seit Mitte des letzten Jahrhunderts mussten die Netze immer tiefer herabgelassen werden und damit zunehmend ganz neue Bestände und Fischarten ins Visier genommen werden, um immer größere Fischmengen anlanden zu können. Da es der Staatengemeinschaft trotz aller Verhandlungen übernationaler Behörden zum Management der Fischbestände und auch trotz der Wachsamkeit von Umweltorganisationen nicht gelungen ist, die Schleppnetzfischerei abzustellen, werden nach wie vor Quadratkilometer um Quadratkilometer von den oft jenseits jeder Quote und Legalität arbeitenden schwimmenden Fischfabriken zerstört. Ihre schwer über den Meeresboden schleifenden Netze nehmen alles mit und hinterlassen totes Gelände.

Aber selbst durch solche Raubbaumethoden war es nicht möglich, den Ozeanen all den Fisch abzuringen, der für den steigenden Bedarf benötigt wurde. Seit Mitte der 80er Jahre hat sich deswegen weltweit in rasantem Tempo die Aquakultur, also die Zucht von Fischen in Becken, Teichen oder im Meer schwimmenden Gehegen verbreitet. Mittlerweile stammen 46 % aller Fische aus der Aquakultur. Auch hier ist China Spitzenreiter und produziert 62 % oder 32,7 von weltweit 55 Millionen Tonnen. Der starke Anstieg der Fischerzeugung der letzten 20 Jahre geht fast ausschließlich aufs Konto der Aquakultur, in der neben Fisch auch Krustentiere und Muscheln gezüchtet werden. Der Wildfang in Salz- und Süßwasser hingegen blieb währenddessen mit ca. 90 Millionen Tonnen konstant.

Aquakulturen gibt es bei uns schon seit Hunderten, mag sein bei den Chinesen schon seit Tausenden von Jahren. Angesichts der Begrenztheit natürlicher Fischvorräte sind sie ein guter Ausweg, um eine wachsende Bevölkerung mit Fisch zu ernähren.[43]

Ein besonders großes Potenzial besteht in den afrikanischen Ländern südlich der Sahara, mit dessen Ausschöpfung einzelne Länder auch schon beherzt begonnen haben. Außer Guatemala gehören nur Länder dieser Region zu den sechs am stärksten wachsenden Aquakultur-Nationen[44]: Uganda, Mosambik, Malawi, Togo und Nigeria. Nur zeigt sich leider auch hier, dass unendliches Wachstum und bedenkenlose Intensivierung nicht möglich sind, ohne die natürlichen Lebensgrundlagen zu schädigen oder zu zerstören. Welche Parameter hier eine Rolle spielen und ob es Alternativen für eine nachhaltige Produktion gibt, entscheidet darüber, welche Rolle der Fischzucht in der Welternährung künftig zufallen wird. Darauf werden wir im übernächsten Kapitel noch zurückkommen.

Im Hinblick auf Unterernährung und Verlust von Ernährungssouveränität spielt im Moment der Fischfang auf dem Meer die größere Rolle. Denn zum einen ist in unserer globalisierten Welt auch die verderbliche Ware Fisch zu einem internationalen Handelsgut in einem stark wachsenden Markt geworden. 101 Milliarden US-Dollar pro Jahr beträgt das Volumen des weltweiten Im- und Exportgeschäftes. Die mit Abstand größten Importeure sind die Industrienationen – alleine USA, EU und Japan stehen für 72 % der Importe. Die wichtigsten Exporteure finden sich jedoch unter den ärmsten Ländern. Aus der Gruppe der »Low-Income Food-Deficit Countries« stammen Fischexporte im Wert von 24,6 Milliarden US-Dollar oder 19,4 % – ein Wert, der vor gut 30 Jahren noch bei 1,8 Milliarden US-Dollar lag. Die FAO schätzt die Anzahl der Menschen, die weltweit von der Fischerei leben, auf eine halbe Milliarde. Der Großteil davon lebt als kleine, »handwerkliche« Fischer in den Entwicklungsländern. Unter zwei Voraussetzungen könnten die stark gestiegenen Exporte in die Industrienationen für diese Menschen einen Gewinn darstellen: Wenn ihnen erstens ein wesentlicher Teil der Wertschöpfung zugute kommen würde. Zweitens müssten die lokalen, regionalen und internationalen Systeme für ein nachhaltiges Management der Fischbestände stark genug sein, um eine Wirkung zu entfalten. Beides jedoch ist nicht der Fall.

Ein besonders schlimmes Beispiel dafür bietet die westafrikanische Küste. Sie ist über Tausende von Kilometern von Fischern besiedelt, die dort seit Menschengedenken sich und ihr Hinterland mit dem Fischfang ernähren. Seit den 1980er Jahren hat Brüssel mit mehr als einem Dutzend Staaten weltweit Abkommen zur Fischerei unterzeichnet. Die Staaten der Europäischen Union sichern sich in Verträgen auch mit den Regierungen der westafrikanischen Staaten die Fangrechte vor der Küste Westafrikas. Mit riesigen Schiffen, die schwimmenden Fabriken gleichen – sie verarbeiten den Fang gleich an Ort und Stelle –, wird nun höchst effizient von diesem Recht Gebrauch gemacht.

Zwar zahlen die EU-Staaten für das Fischen in fremden Gewässern jedes Jahr 160 Millionen Euro.[45] Doch scheint die Rechtslage auf dem offenen Meer nicht immer eindeutig. Vor Marokko, das der EU jährlich Fischereirechte für über 35 Millionen Euro verkauft, nehmen es die ausländischen Trawler nicht immer ganz genau mit der Einhaltung von Grenzen. Sie fischen auch fleißig vor den Küsten des Staates Westsahara, der seit 35 Jahren von Marokko besetzt ist. Dazu kommt noch IUU: das *Illegal, Unreported and Unregulated Fishing:* also die Fangflotten von weltweit operierenden Kriminellen, die sich an keinerlei Quote halten, gezielt die seltensten – weil wertvollsten – Fischarten anvisieren und sich auch sonst keinen Regeln unterwerfen, seien sie ökologischer, sozialer oder fiskalischer Art. Angesichts der Tatsache, dass auch diese IUUs irgendwann, irgendwo in Häfen anlegen müssen, ist kaum zu verstehen, weshalb der internationalen Gemeinschaft immer noch die Entschlossenheit fehlt, sie wirksam zu bekämpfen. Es ist leicht vorstellbar, welche Folgen die Kombination aus vertraglich vereinbarter und illegaler Räuberei und eine auf Export getrimmte Fischwirtschaft für die Armen in den LIFDC-Ländern hat. Mit ihren kleinen Booten und einer Ausrüstung, die sich nicht eignet, um fern der Küsten und in großen Tiefen dem Fisch nachzustellen, sind die traditionellen Fischer im Wettbewerb hoffnungslos unterlegen.

Ein Ersatzgeschäft für ihre Boote schafft es hin und wieder in unsere Nachrichten. Nämlich immer dann, wenn wieder eines von ihnen gekentert ist: Sie werden zum Beispiel zum Transport von Flüchtlingen genutzt, um die Menschen aus Afrika an die zu Spanien gehörenden Kanarischen Inseln vor der Küste von Marokko zu schleusen. Übrigens sind auch die berüchtigten somalischen Piraten zu einem großen Teil Fischer, denen man das Handwerk gelegt hat, indem man ihre Fischgründe ausräuberte.

So wie eine gerechte und von ökologischer Vernunft gesteuerte Fischereipolitik die sinnvollere Investition in die Ernährungssicherung der Hungergebiete darstellen würde, als es die Intensivierung der Bodennutzung in den betroffenen Küstenregionen sein kann, so würde sich auch eine effektive Klimapolitik für deren Zukunftschancen rechnen. Denn der Anstieg des Meeresspiegels durch das Abschmelzen der Polkappen und – noch stärker – durch die Erwärmung und dadurch Ausdehnung des Wasserkörpers der Ozeane ist nur eine der Auswirkungen auf die marinen Ökosysteme. Dass diesem Prozess ganze Inselgruppen zum Opfer fallen werden, die von Fischervölkern bewohnt sind, ist mittlerweile sicher. So sicher, dass diese Völker schon jetzt darangehen, neue Siedlungsgebiete auf den Kontinenten ausfindig zu machen.

Darüber hinaus wird bei einem Anstieg der Meerestemperatur mit einer Verlagerung der Fischbestände gerechnet. Und die Gewinner sind – ähnlich, wie das bei den Produktionsbedingungen in der Landwirtschaft ist – die Länder des Nordens, also ausgerechnet die, von denen das Gros der Treibhausgase verursacht wurde. Die Absenkung des pH-Wertes im Meerwasser, die unmittelbare Folge der Aufnahme von CO_2 durch den Ozean ist, verstärkt diesen Effekt. Denn wenn die Versauerung zu stark wird, schädigt sie die aus Kalk bestehenden Korallen bis zur Auflösung – und damit die Kinderstube einer Unmenge von Fischarten. Wahrscheinlich hat längst jemand errechnet, was alleine der daraus resultierende wirtschaftliche Schaden für die Menschheit ist – ein weiterer Schaden, den wir bedenkenlos künftigen Generationen überlassen!

4.
Der Konflikt: Intensive, chemiebasierte Landwirtschaft versus Ökolandbau

Das vorangegangene Kapitel hat die Bestimmungsgründe aufgezeigt, die heute und in Zukunft das Recht aller Menschen auf ausreichende und gesunde Ernährung gefährden. Dabei wird deutlich, was die entscheidenden Themen sind: Schutz der Böden, Eindämmung des Klimawandels, Anpassung der Ernährungs- und Lebensstile an die Potenziale des weltweiten Ökosystems sowie eine gerechte Politik für den Zugang zu Ernährungsressourcen.

Gelingt es uns an diesen Stellen nicht, eine echte Wende zu vollziehen, und glauben wir, dass wir zur Lösung unserer Probleme nur einfach mehr desselben tun müssen, dann kann es keinen Zweifel geben, wie das enden muss: in einem weltweiten FOOD CRASH – im Zusammenbruch des globalen Ernährungssystems. Das alles heißt aber nicht, dass die Frage, wie viel oder wie wenig wir zu erzeugen in der Lage sind, *keine* Rolle spielen würde.

Nach seiner Rückkehr von einer Reise durch Ostafrika, im November 2010, brach der westfälische Bundestagsabgeordnete Johannes Röring, seit 2011 Mitglied der CDU-Arbeitsgruppe Landwirtschaft im Deutschen Bundestag, eine heiße Debatte vom Zaun. Er gab einem Journalisten der *Katholischen Nachrichtenagentur* (KNA) ein Interview, in dem er eine ganze Reihe von zunächst nachvollziehbaren Aussagen machte: Es müsse in die Ausbildung der Landwirte und in Infrastruktur investiert werden, eine gute Regierungsführung sei der Schlüssel für eine erfolgreiche landwirtschaftliche Entwicklung, und dergleichen mehr. Der Zündstoff jedoch war quer über den Text verstreut. Zusammengefasst und so in die breite Diskussion gebracht, lasen sich die Aussagen folgendermaßen: Viele Hilfswerke, so auch Misereor, seien am Hunger und Elend dieser Länder mitschuldig, weil sie aus ideologischen Gründen auf eine kleinbäuerliche Landwirtschaft setzten. Das sei zynisch, weil sie sich der Einsicht verweigerten, dass in Afrika, ebenso wie in Europa, eine industrialisierte, mit modernen Maschinen und Betriebsmitteln arbeitende Landwirtschaft zur Steigerung der Produktivität und somit zu ausreichender Ernährung und Wohlstand führt.

Das ist starker Tobak! Zunächst: Es stimmt, dass Misereor und all die anderen Hilfswerke nicht auf eine industrielle Landwirtschaft setzen, wie sie dem Münsterländer Abgeordneten vorschwebt. Sie stellen die Entwicklung der Kleinbauern in den Vordergrund – wenn auch nicht mit Holzpflug, Ochs und Esel, wie der Abgeordnete polemisch behauptete. Haben diese Hilfswerke Gründe dafür? Oder betreiben sie mit ihrer Propagierung vormoderner Agrarmythen die Sabotage einer effizienten Welternährungspolitik? Kommen sie als Helfer – und sind in Wahrheit das Problem? Dieser Diskussion müssen wir uns auch in diesem Buch stellen. Denn nicht nur Herr Röring, selbst Landwirt, gewerblicher Schweinemäster und Inhaber einer Firma der Energie- und Düngemittelerzeugung, vertritt diese Ansicht, sondern auch die gesamte Agrarindustrie – von BASF bis Syngenta.

Dieses Kapitel wird deshalb die Frage behandeln, welches Potenzial die konventionelle Landwirtschaft hat. Und wo ihre Möglichkeiten enden.

Unter »konventionell« soll dabei der Landbau verstanden werden, der in den Industrienationen von der weit überwiegenden Mehrzahl der Bauern praktiziert wird. Eine Form von Landwirtschaft, die alle technischen Möglichkeiten nutzt, wie sie von der Landtechnik, der Agrarchemie und der Gentechnik geboten werden. Sie ist kapitalintensiv und arbeitsextensiv.

Kapitalintensiv ist sie, weil die wesentlichen Betriebsmittel von außen in den Betrieb zugekauft werden müssen: Saatgut, Düngemittel, Pestizide, Futter. Und arbeitsextensiv, weil der technische Fortschritt durchweg auf eine höhere Produktion pro Hektar und pro Arbeitsstunde wirkt.

Ein anderes Landwirtschaftsmodell ist der *Ökologische Landbau.* Dieser Begriff ist synonym mit *Biologischer Landbau* und wird im Englischen mit *organic agriculture* übersetzt.

Ich habe, während ich an diesem Kapitel gearbeitet habe, eine Schrift in die Hand bekommen, die mich ebenso verblüfft wie fasziniert hat. Sie heißt: »Grenzen und Engpässe moderner Agrarverfahren – Ökologische Alternativen«. Sie hat mich deshalb fasziniert, weil sie, obwohl vor 36 Jahren veröffentlicht, all die Probleme, vor die uns die konventionelle Landwirtschaft heute stellt, sowie die Lösungspotenziale des Ökologischen Landbaus schon klar benennt – bis hin zu den in diesem Buch behandelten Fragen der weltweiten Ernährungssicherung. Und sie hat mich verblüfft, weil der Verfasser niemand Geringerer ist als der damals 30-jährige Andreas-J. Büchting, Gesellschafter und lange Jahre Vorstandsvorsitzender der KWS AG – der Kleinwanzlebener Saatzucht. Die befindet sich weltweit unter den zehn größten Saatgutunternehmen. Sie befasst sich zwar ernsthaft mit der Züchtung von Sorten für den Ökologischen Landbau, ist aber gleichzeitig intensiv im Gentechnikgeschäft zu Hause. Wie anders stünden wir da, wenn diese frühen Einsichten zu den auch in dieser Schrift geforderten Umorientierungen in Agrarpolitik und wirtschaftlicher Entwicklung geführt hätten! Die Beschreibung des Systems Ökolandbau, die dort geliefert wird, ist es wert, wiedergegeben zu werden:

Im Vordergrund der biologischen Verfahren stehen:

1. *Aufbau und Pflege des Bodenlebens und Entwicklung der Lebensgemeinschaft am Standort durch eine überwiegend organische Düngung*

2. *Weitgehender Verzicht auf Mineraldünger, vor allem auf synthetische, wasserlösliche und treibend wirkende Stickstoffdünger*
3. *Dadurch Schaffung der Grundlagen für eine hohe Widerstandsfähigkeit der Kulturpflanzen gegen Schädlinge und Krankheiten*
4. *Weitgehender Verzicht auf chemische Bekämpfungsmittel gegen Krankheiten, Schädlinge und Unkräuter*

(Zitiert nach BRUGGER, Baden-Württembergisches Landwirtschaftsministerium)

Diese Aufzählung legt ihren Schwerpunkt auf die Verzichte ökologischer Verfahren. Das führt leicht zu dem Missverständnis, dass die neuen umweltfreundlichen Verfahren nur einfach bestimmte Schadstoffe weglassen, die andererseits aber landläufig als notwendige Produktionsmittel für höhere Erträge angesehen werden. »Wo sollen die Pflanzen die notwendigen Nährstoffe hernehmen, wenn man sie nicht dazugibt?« Das Missverständnis klärt sich, wenn man die Dynamik *ökologischer Verfahren begreift, welche folgendermaßen kurz zu beschreiben ist:*

»Das Bestreben des biologischen Landbaus liegt nun darin, nicht über die Einführung von Hilfsstoffen, sondern vor allem über die Steigerung der biologischen Aktivitäten von Boden und Pflanze die Produktion zu steigern. Dabei bleibt die Entwicklung von Boden, Pflanze und Tier einer ähnlichen Regulation wie im natürlichen Ökosystem unterworfen. Dass diese Methode fassbare Auswirkungen hat, zeigt sich im Entwicklungsrhythmus von Wiesen und sonstigen Pflanzenkulturen, in der Zusammensetzung des Futters, im physiologischen Reifegrad und in der Lagerfähigkeit der Feldfrüchte sowie in der Bekömmlichkeit so erzeugter Lebensmittel für den Menschen.«

So weit die zeitlos gültige Beschreibung Büchtings und seines Mitautors Gutschow für ein Anbausystem, das in den seitdem vergangenen fast vier Jahrzehnten weiterentwickelt und verfeinert wurde und das mittlerweile in Europa und vielen anderen Wirtschaftsräumen durch eine entsprechende Gesetzgebung verbindlich definiert worden ist. Seit damals hinzugekommen ist allenfalls, dass die *Artgerechtigkeit der Tierhaltungsverfahren* als wesentlicher zusätzlicher Gesichtspunkt ergänzt wurde.

Auch wenn es in beiden Systemen – im konventionellen sowie im ökologischen – viele Spielarten gibt, so macht diese Darstellung doch deutlich, dass ein Bauer sich immer distinkt im einen oder im anderen System befindet. Und dass es keine fließenden Übergänge geben kann. Denn entweder ich dünge die Pflanze mit künstlich hergestellten Nährstoffen und sehe im Boden wenig mehr als das wasserspeichernde Substrat, in dem die Pflanzenwurzeln Halt finden. Oder ich betrachte den Boden als den Ernährer der Pflanze, dessen Fruchtbarkeit ich durch Förderung seiner Lebendigkeit steigern muss.

Entweder ich greife mit mineralischem, durch intensiven Energieeinsatz aus der Luft gewonnenem Stickstoff und mit einem Cocktail aus Herbiziden (Unkrautvernichtern), Fungiziden (gegen Pilzkrankheiten) und Insektiziden in die natürlichen Abläufe auf Acker und Wiese ein. Oder ich nutze die Regulationsmechanismen, die dort natürlicherweise ablaufen, und beschränke meinen Eingriff auf Stoffe und Methoden, die in der Natur selbst vorkommen.

Entweder ich betrachte die Nutztiere als Gegenstand, dessen Aufgabe die maximale Lieferung von Eiern, Fleisch oder Milch ist und dessen Funktionsfähigkeit sich an der Höhe dieser Leistung ablesen lässt. In einem solchen Kontext geht es um eine Leistung, die ich durch den Einsatz von Futter mit hohem, konzentriertem Nährwert und mit Medikamenten herstelle. Oder ich betrachte Nutztiere als mir anvertraute Mitgeschöpfe, von denen ich zwar möglichst viele Produkte und diese in hoher Qualität haben will, deren Wohlbefinden aber einen Eigenwert hat. Ein Wohlbefinden, das ich herzustellen trachte, indem ich den Tieren ihr arteigenes Verhalten ermögliche, ihnen die Möglichkeit gebe, sich den natürlichen Einflüssen von Licht und Witterung auszusetzen, und indem ich sie mit Futter versorge, das ihren physiologischen Ansprüchen genügt.

Und schließlich: Entweder produziere ich für einen Markt, auf dem ich nur bestehen kann, wenn ich Rohstoffe zu einem möglichst günstigen Preis herstelle. Oder ich erzeuge für Verbraucher, die bereit sind, ökologische Qualität im Herstellungsverfahren und im Produkt durch einen entsprechenden Preis zu honorieren.

Wenn nun die zu diskutierende Behauptung die ist, es müsse unser »westliches« Modell einer industrialisierten Landwirtschaft dort angewandt werden, wo eine rückständige bäuerliche Landwirtschaft der Entwicklung harrt, müssen wir dieses Exportmodell, so wie es bei uns hier als konventionelle Landwirtschaft umgesetzt wird, unter die Lupe nehmen. Und wir müssen es, um es in seinen Eigenschaften und Wirkungen beurteilen zu können, gegen die beschriebene ökologische/biologische Alternative halten.

Ressourcen-Effizienz

Im Sommer 2010 hatte mich die Gesellschaft für Technische Zusammenarbeit (GTZ)[1], eine der drei damals noch bestehenden Organisationen der staatlichen deutschen Entwicklungszusammenarbeit, eingeladen, auf einem Seminar einen Vortrag zu halten. Es ging um Szenarien, Konzepte und Visionen für die Zukunft der Landwirtschaft und damit um genau die Debatte, zu der unser oben erwähnter CDU-Abgeordneter seinen Beitrag geleistet hat. Mein Part war es, mich zum Thema der »Ressourcen-Effizienz« zu äußern. In der darauffolgenden Diskussion, ebenso wie in den anderen Beiträgen des Symposiums, spielte der Begriff »Effizienz« eine große Rolle, wurde aber unentwegt mit dem Begriff »Produktivität« in einen Topf geworfen. Mein Diskussionspartner auf dem Podium, ein Vertreter eines weltweit operierenden Düngemittel-Unternehmens, befasste sich zwar auch mit dem Ertrag je Kilogramm gedüngtem Stickstoff. Ansonsten ließ er allerdings, ebenso wie all die anderen Vertreter der Agrarindustrie, ausschließlich den Hektar Fläche als Bezugsgröße gelten. Tut man das, dann werden Effizienz und Produktivität tatsächlich zum Synonym.

Eine solche Betrachtungsweise wäre nur dann gerechtfertigt, wenn Fläche das einzig knappe Gut wäre, mit dem landwirtschaftliche Produktion zu tun hat. Das aber ist eindeutig nicht der Fall. Denn Wasser, Dünge- und Spritzmittel, Saatgut und Arbeitszeit sind weitere knappe Güter, die in diesem Zusammenhang betrachtet werden müssen. Doch damit ist erst eine Liste dessen erstellt, was dem Bauern selbst gehört. Darüber hinaus aber wirtschaftet die Landwirtschaft mit öffentlichen Gütern, von denen viele ebenso knapp sind wie entscheidend für die Funktionsfähigkeit unserer Lebensgrundlagen. Sie müssen deshalb den entscheidenden Bezugspunkt für die Ermittlung der Effizienz eines Produktionssystems abgeben. Zu ihnen gehören:

- knappe *Rohstoffe,* auf die die Menschheit heute und in künftigen Generationen angewiesen ist: fossile Energie, Phosphat;
- die *Atmosphäre* in ihrer bisherigen Zusammensetzung. Denn effizient ist nur, was je erzeugter Produkteinheit die wenigsten klimarelevanten Gase produziert – also vor allem Kohlendioxid, Stickoxide und Methan;
- *Biodiversität* – also die Vielfalt an Arten und Rassen im Ökosystem im Allgemeinen und im Besonderen die Vielfalt an Rassen bei landwirtschaftlichen Nutztieren und Nutzpflanzen *(Agrobiodiversität);*
- *Wasser und seine Reinheit* – sowohl als Grund- als auch als Oberflächenwasser;
- die *Gesundheit* aller Menschen – sowohl der Landwirte als auch der Verbraucher. Sie kann sowohl durch die Produk-

te, die für die gesamte Gesellschaft zu Lebensmitteln werden, als auch durch die bei der Produktion in die Umwelt eingebrachten Stoffe beeinträchtigt/betroffen sein;

- fruchtbarer *Boden*. Man könnte zwar argumentieren, dies sei ein privates Gut, weil ja der Boden demjenigen gehört, dem die Fläche gehört. Angesichts der Tatsache, dass fruchtbarer Boden eines der knappsten und am meisten gefährdeten Güter der Menschheit ist, dessen Erhalt für die Existenzmöglichkeit künftiger Generationen entscheidend ist, ist das jedoch keine mögliche Sichtweise;
- *Tierschutz*.

Öl essen und Klima heizen

Das augenscheinlichste Problem der konventionellen Landwirtschaft ist ihre Abhängigkeit von billiger Energie. Wenn im Durchschnitt beim Getreide- und Hackfruchtanbau[2] 160 kg Stickstoff je Hektar gedüngt werden, so bedeutet das einen Verbrauch von 320 Litern Heizöl. Dazu kommen noch einmal 20 bis 30 Liter Heizöl, die für die Produktion der Spritzmittel benötigt werden. Im Vergleich dazu nehmen sich die 30 Liter Diesel je Hektar, die von Traktor und Mähdrescher verbraucht werden, bescheiden aus. Wird Energie knapp und teuer, was kein sehr unwahrscheinliches Szenario ist, kommt die erdölbasierte Landwirtschaft in Bedrängnis. Diese Energieintensität macht aus der Landwirtschaft, von der wir bereits gesehen haben, auf welche Weise sie Opfer des Klimawandels wird, auch einen Täter. Je nachdem, welche Systemgrenzen man bei der Berechnung setzt[3], werden 15 bis 30 % der Treibhausgas-Emissionen der Landwirtschaft zugerechnet. Der schottische Wissenschaftler Pete Smith, federführender Landwirtschaftsautor im *Intergovernmental Panel on Climate Change* (IPCC), hat 2008 für die Umweltorganisation Greenpeace zusammengestellt, wie die einzelnen Faktoren zu dieser Bilanz beitragen.[4]

Quellen direkter und indirekter Treibhausgase in der Landwirtschaft

THG-Quellen in der Landwirtschaft	Mio. t CO_2-Äquivalent
Distickstoffmonoxid aus Böden	2128
Methan aus der enterischen Fermentation bei Rindern	1792
Verbrennung von Biomasse	672
Reisanbau	616
Mist	413
Düngerherstellung	410
Bewässerung	369
Landwirtschaftliche Maschinen (Säen, Pflügen, Besprühen, Ernten)	158
Pestizidherstellung	72
Umwandlung von Flächen zur landwirtschaftlichen Nutzung	5900

Erheblich stärker als der direkte Verbrauch fossiler Energien und die daraus resultierende Belastung mit CO_2 wirken zwei andere Gase: Stickoxide NO_x (wie beispielsweise das Distickstoffmonoxid N_2O oder »Lachgas«) und Methan (CH_4). Beide tragen deutlich mehr zur Aufheizung der Atmosphäre bei als die gleiche Gewichtseinheit CO_2. Die Treibhauswirkung ist bei Methan 23-mal, bei Lachgas fast 300-mal so stark. Während Lachgas vor allem bei der Düngung mit Stickstoff und Gülle entsteht, stammt das Methan im Wesentlichen aus dem Verdauungstrakt der 1,34 Milliarden Rinder, die weltweit für die Erzeugung von Milch und Fleisch gehalten werden, und aus den Wasserbecken, in denen Reis angebaut wird. In der Übersicht sind die verschiedenen Quellen mit ihren »CO_2-Äquivalenten« versehen – eine Tonne Methan entspricht z. B. 23 Tonnen CO_2.

Daraus wird ersichtlich, dass Landmaschinen eine sehr untergeordnete Rolle bei der Produktion von Klimagasen spielen. Aber auch der direkte Energieverbrauch bei der Herstellung von Düngemitteln erzeugt weit weniger schädliche Gase als Stickstoffdünger und Gülle. Eine ganz entscheidende Wirkung haben Landnutzungsänderungen. Die Trockenlegung von Mooren und ihre Inkulturnahme, die Rodung von Urwald in Brasilien, der Umbruch von Grasland in der argentinischen Pampa oder der Ersatz von indonesischem Urwald durch Palmölplantagen führen zu enormen Emissionen von Treibhausgasen. Ausschlaggebend dafür ist in erster Linie der dadurch entstehende Abbau von Kohlenstoff, der im Humus des Bodens gebunden ist.

Eines wird aus all diesen Zahlen gleichermaßen deutlich: Es ist die energie- und düngerintensive Landwirtschaft, die in industriellem Maßstab Tiere »produziert«, welche als Hauptursache für den gewaltigen Beitrag zum Treibhauseffekt verantwortlich ist. Angesichts der bereits angesprochenen Doppelrolle der Landwirtschaft als Opfer und Täter des Klimawandels kann man nur konstatieren, dass eine solche Landwirtschaft mit Fleiß und Ausdauer auf die Wurzeln einhackt, aus denen sie sich ernährt!

Die Analyse der Quellen weist gleichzeitig den Weg zu Gegenmaßnahmen, die auf die Vermeidung von Treibhausgasen abzielen. Jede Form der Landwirtschaft, die zu geringeren Emissionen als diejenige führt, die der Abgeordnete Herr Röring den Bauern Ostafrikas verordnen will, stellt dazu einen Beitrag dar.

Es gibt aus 2008 eine Publikation der *Bundesforschungsanstalt für Ökologischen Landbau* in Trenthorst in Schleswig-Holstein.[5] Darin wird aus unterschiedlichen Studien der Stand des Wissens über die Klimawirkung des Ökolandbaus zusammengetragen. Erwartungsgemäß unterscheiden sich die dort zusammengetragenen Zahlen z. T. erheblich voneinander, weil die jeweils getroffenen Annahmen nicht immer die gleichen sind. Man liest allerdings eindeutig heraus, dass auf das System Ökolandbau eine drastisch geringere Treibhausemission je Hektar entfällt, als das in den verschiedenen konventionellen

Systemen der Fall ist. Selbst wenn man als Bezugsgröße die Tonne Getreide, das Kilogramm Fleisch oder den Liter Milch annimmt, weist der Ökolandbau niedrigere Zahlen auf – wenn auch in deutlich geringerem Maße. Insofern kommt einer Feststellung, die wir im letzten Kapitel treffen werden, die entscheidende Bedeutung zu: Dass der Ökolandbau systematisch zu einer anderen Agrarstruktur führt, insbesondere hinsichtlich der Tierhaltung.

Dass Ökolandbau die Klimagas-Emissionen der Lebensmittelproduktion verringert, ist aber nicht das Wichtigste. Noch mehr bewirkt er durch den Aufbau der Humusvorräte im Boden.

Seit Beginn der modernen Landwirtschaft im 19. Jahrhundert wurde der Humusgehalt in unseren Ackerböden dramatisch verringert. Seit einigen Jahrzehnten ist in unseren Breiten eine gewisse Stabilisierung eingetreten. Wo auf den Pflug verzichtet wird, steigt er sogar wieder an. Auch die zunehmende Begrünung der Flächen nach Aberntung der Hauptkultur mit Zwischenfrüchten spielt dabei eine Rolle. Diese sogenannte »Gründüngung« dient der Bedeckung des Bodens und bewirkt, dass er vor Erosion geschützt wird. Zudem halten die Wurzeln von Senf, Phacelia und anderen für diesen Zweck eingesetzten Pflanzen den im Boden gelösten Stickstoff fest, indem sie ihn aufnehmen. Der Bewuchs wird im zeitigen Frühjahr flach eingearbeitet oder bleibt einfach nur abgefroren auf der Oberfläche liegen und gibt die Nährstoffe im Verrottungsprozess für die nächste Hauptfrucht wieder frei. Die oberflächennah verbleibenden Pflanzenreste bremsen zudem den Abfluss von Regenwasser, so dass es versickert, anstatt unter Mitnahme von Boden in Gräben, Bäche und Flüsse abzulaufen.

Es gibt viele Untersuchungen, die zeigen, wie es durch die Umstellung auf Ökologischen Landbau zum Aufbau von Humus und damit zur Bindung von CO_2 kommt. Ich arbeite im Projektbeirat einer solchen Studie mit, die gemeinsam von verschiedenen Instituten deutscher Universitäten und Forschungsanstalten unter Leitung des Weihenstephaner Agrarwissenschaftlers Prof. Kurt J. Hülsbergen im Jahr 2010 begonnen wurde. Sie untersucht anhand von Praxisbetrieben die Klimawirkung von Ökolandbau und konventionellem Landbau vergleichend. Auch im englischen Agrarforschungsinstitut Rothamsted und im Forschungsinstitut für biologischen Landbau FiBL im Schweizer Frick werden seit mehreren Jahrzehnten jeweils Dauerversuche zum Vergleich der beiden Systeme angestellt. Beide betrachten unter vielen anderen Fragestellungen auch die Entwicklung der organischen Substanz im Boden. In allen Fällen wird belegt, dass insbesondere durch die organische Düngung des Ökolandbaus die Humusgehalte ansteigen.

Ein interessantes Zwischenergebnis der Hülsbergen-Studie ist allerdings auch, dass die besten konventionellen Betriebe die schlechtesten Ökobetriebe in der Humusbildungsrate übertreffen. Das bedeutet zweierlei: Erstens, dass es sich lohnt, in die Beratung von Ökobetrieben zu investieren, um möglichst vielen davon zum Anschluss an die »Best Practice«-Beispiele zu verhelfen, und dass es (auch wenn das Potenzial des Ökolandbaus dafür offensichtlich größer ist) auch bei konventionellen Betrieben sinnvoll ist, sich um dieses Thema zu kümmern.

Als wir unser Hofgut Habitzheim 1992 auf Ökologischen Landbau umgestellt haben, hatte ich mir zwei Bedingungen gestellt: Es muss wirtschaftlich funktionieren, damit ich den mir anvertrauten Familienbetrieb nicht ruiniere. Und es darf kein Humusabbau stattfinden, damit das langfristig entscheidende Kapital des Hofes erhalten bleibt. Aus diesem Grund untersuchen wir regelmäßig die Entwicklung des Gehaltes an organischer Substanz – bislang mit dem erfreulichen Ergebnis, dass dieser nicht nur erhalten, sondern erhöht wird.

Dass das Thema Humus nicht eines unter vielen ist, sondern dass ihm bei der Bekämpfung des Klimawandels sogar eine ganz zentrale Bedeutung zukommen kann, ist in einer ganzen Reihe von Studien und Modellrechnungen dargestellt worden. Das amerikanische Rodale Institute schätzt, dass durch die Umstellung auf ökologische Wirtschaftsweise im Boden die Festlegung von zusätzlich drei Tonnen CO_2 je Hektar und Jahr zu erzielen wäre.[6] Eine andere Studie beziffert für Deutschland die unter Biobewirtschaftung erzielte CO_2-Festlegung auf 0,402 t/ha/Jahr. Auf konventionell bewirtschafteten Flächen passiert das Gegenteil: 637 kg/ha/Jahr CO_2 werden zusätzlich freigesetzt![7] Die Autoren eines FAO-Papiers[8] haben die Ergebnisse dieser Studien auf die global genutzte Landwirtschaftsfläche übertragen. Dabei kommen sie zu dem Schluss, dass eine Umstellung aller Kleinbauern der Erde zu einer jährlichen CO_2-Festlegung von 2,5 Milliarden Tonnen führen würde. Zu ähnlichen Größenordnungen kommt eine Studie des FiBL[9], die zum Zeitpunkt der Abfassung dieser Zeilen noch nicht abgeschlossen ist. Dort hat man 62 Standorte mit langfristigen Vergleichsstudien (durchschnittlich 16 Jahre Dauer) ausgewertet. Daraus ergibt sich, dass in den Böden ökologisch bewirtschafteter Flächen ca. elf Tonnen mehr Kohlenstoff festgelegt sind als in den konventionell bewirtschafteten. Rein rechnerisch könnte damit nach Aussage von Prof. Urs Niggli, dem Direktor des Institutes, durch globale Umstellung auf Ökolandbau die weltweite CO_2-Emission von zwei Jahren festgelegt werden. Daraus werde zwar ersichtlich, dass die Landwirtschaft nicht die Emissionen der gesamten Gesellschaft kompensieren kann, dass sie aber das Potenzial habe, selbst klimaneutral zu arbeiten. Obendrein sei dieser Aufbau organischer Substanz im Boden für die Anpassungsfähigkeit an den Klimawandel (Starkregen, Trockenheiten) von entscheidender Bedeutung. Zu bedenken ist zudem, dass sich der Anteil der Landwirtschaft an der CO_2-Freisetzung noch weiter verringert, weil sie den Einsatz von weniger Energie sowie eine verringerte Produktion von Stickoxiden mit sich bringt.

Selbst wenn man unterstellt, dass unter anderen Annahmen und Rechenwegen unterschiedliche Zahlen ermittelt werden könnten, so machen solche Berechnungen doch deutlich, eine wie große Rolle die Art der Landbewirtschaftung für die Lösung des Klimawandel-Problems spielen könnte.

Ohne Artenreichtum sind wir arm

Schon Ende der 1980er Jahre, vor Umstellung auf ökologischen Landbau nach Richtlinien des Anbauverbandes Naturland, haben wir auf unserem Hof mit dem Anbau von Heilkräutern begonnen. Eine der ersten Kulturen war Fenchel – jener Fenchel, aus dessen Körnern der Tee hergestellt wird, mit dem man Babys hilft, über Bauchweh und Blähungen hinwegzukommen. Die Fenchelpflanzen wachsen, wenn Wasserversorgung und Wärme stimmen, an die 2 m hoch und ergeben einen dichten Wald an Stengeln. Oben bilden sie Blüten in Doldenform aus, die über einen langen Zeitraum gelb blühen und nach und nach die Fenchelkörner ausbilden. Wenn diese dann eingetrocknet und braun sind, kann die Ernte mit dem Mähdrescher beginnen.

Schon im ersten Anbaujahr bekam ich Anrufe von Imkern, die um Erlaubnis baten, an diesem Feld ihre Bienenstöcke aufstellen zu dürfen. Dem habe ich gerne zugestimmt, denn erstens tut man doch den freundlichen Imkern gern etwas Gutes, und dann bekam ich immer auch noch ein Glas – oder zwei – von dem köstlichen Honig, den die fleißigen Tiere aus dem Blütenstaub des Fenchels bereitet hatten. Ich habe erst nach ein paar Jahren Fenchelanbauen verstanden, wie unglaublich arrogant und ignorant diese Großzügigkeit war. Denn nicht ich tat den Imkern etwas Gutes, sondern sie mir! Das intensive Gebrumme in meinem Feld, das von vielen Insekten herrührte, aber vor allem eben von jenen Bienen, war doch die Ursache, warum ich überhaupt etwas ernten konnte! In diesem

Januar nun rief mich einer der Imker, ein geschätzter Nachbar und Freund, völlig niedergeschlagen und verzweifelt an: Seine Bienenvölker waren den Winter über verlorengegangen. Buchstäblich verloren, denn die Bienen waren ausgeflogen und nicht zurückgekehrt. Sein Verlust betrug ca. 80 % der Bienen, die er im Vorjahr noch gehabt hatte.

Damit steht er in keiner Weise allein. Weltweit bietet sich den Imkern das gleiche Bild. In den USA ist der Bestand von vier der in diesem Land weitverbreiteten Arten von Bienen in den letzten Jahrzehnten um rund 96 % zurückgegangen. Die Zahlen für Großbritannien sind ähnlich alarmierend. Einige Bienenarten sind mittlerweile komplett ausgestorben, andere Arten wurden seit den 70er Jahren um bis zu 70 % reduziert. Über die Gründe hierfür ist ein intensiver Streit entbrannt. Die Imkerverbände machen vor allem Insektizide – insbesondere aus der Gruppe der vornehmlich von der Bayer AG hergestellten Neonicotinoide – verantwortlich. Die Pflanzenschutzindustrie weist die Vorwürfe vehement zurück.

Im Dezember 2010 wurde eine erstaunliche Nachricht verbreitet: Die *British Beekeepers Association* (Englische Bienenhalter-Vereinigung) kündigte an, künftig keine Pestizide mehr gegen Geldzahlung von Chemieunternehmen zu unterstützen. Offenbar war das die bis dahin übliche Praxis gewesen! Kurz darauf wurde das »Deutsche Bienenmonitoring« veröffentlicht, das Licht in die Ursachen des Bienensterbens bringen sollte. Mit beteiligt war die Chemieindustrie (BASF, Bayer CropScience AG, Bayer HealthCare AG und Syngenta), ohne deren finanziellen Beitrag – so steht es in einem Zwischenbericht – das Projekt nicht hätte durchgeführt werden können. »Freispruch für Pestizide« war deren zufriedenes Fazit, nachdem der Endbericht der Studie die alles andere überragende Rolle der Varroa-Milbe und anderer Infektionskrankheiten für das Bienensterben betont hatte. Worüber sich alle Fachleute einig sind, ist, dass das Bienensterben ein multifaktorielles Geschehen ist, also auf das Zusammenspiel mehrerer Einflussfaktoren zurückgeht. Dazu zählen Parasiten (vor allem die Varroa-Milbe), Infektionserreger, Umweltstress, lange Transporte, einseitige Ernährung infolge von Monokulturen, Mangel an pollen- und nektarliefernden Trachten, gentechnisch veränderte Pflanzen, elektromagnetische Strahlung, der Einsatz von antimikrobiellen und akariziden Arzneimitteln (Pestizide oder Biozide zur Bekämpfung von Milben und Zecken) gegen Bienenkrankheiten und vieles mehr. Dass dazu der Einsatz von Pestiziden in der Landwirtschaft *nicht* gehören soll, wird von den Imkerverbänden und von etlichen anderen wissenschaftlichen Studien bestritten.[10] Sie sehen sogar die Hauptursache im Einsatz dieser für das konventionelle Landbausystem so unabdingbaren chemischen Substanzen.

Die wirtschaftlichen Auswirkungen des Bienensterbens sind gewaltig. Der jährliche Wert ihrer Bestäubungsleistung wird weltweit auf 224 Milliarden US-Dollar geschätzt. Die FAO gibt an, dass von den mehr als 100 Feldfruchtarten, die zu 90 % die Lebensgrundlage der Menschen in 146 Staaten bilden, 71 % von Bienen bestäubt werden. Im September 2010 veröffentlichte die *British Ecological Society* eine Studie, nach der die Existenz der indischen Gemüsebauern – und die stehen weltweit an Platz zwei hinter China, was den Produktionswert betrifft – durch den Rückgang an Bestäuberinsekten bedroht sei. Ähnlich wie den indischen Kleinbauern geht es den Farmern in Kalifornien, die in ihren riesigen Obstplantagen ebenfalls auf die Bienen angewiesen sind. Dort gibt es Imker-Unternehmer, deren Einkommen nicht aus dem Verkauf von Honig, sondern aus den Zahlungen der Farmer besteht. Die entlohnen sie dafür, dass sie mit ihren auf Lastwagen aufgestapelten Bienenstöcken in der Blütezeit neben den Plantagen Aufstellung nehmen.

Bienen sind nur das augenscheinlichste und am leichtesten nachvollziehbare Beispiel dafür, dass Biodiversität nicht das Anliegen dickbrilliger Botaniker und verschrobener Insektenforscher ist, sondern die Voraussetzung unserer (land)wirtschaftlichen Existenz und unserer Ernährung. Wie vielfältig der Nutzen der Biodiversität auch auf ganz anderen Feldern ist, belegt eine im Magazin *Nature,* einer der renommiertesten naturwissenschaftlichen Fachzeitungen, veröffentlichte Studie,[11] nach der ein direkter Zusammenhang zwischen Artenvielfalt und dem Risiko der Ausbreitung von Infektionskrankheiten besteht: Das Risiko steigt mit dem Rückgang der Vielfalt.

Eine Landwirtschaft, wie sie der philanthropische Abgeordnete Röring den Völkern Ostafrikas verschreiben möchte, leistet genau das: Durch immer größer werdende Feldschläge, durch eine immer engere Eingrenzung oder gar Abschaffung von Fruchtfolgen, mit durchrationalisierten Monokulturen und durch den flächendeckenden Einsatz von giftigen Chemikalien sorgt sie dafür, dass der von ihr gestaltete Lebensraum für immer weniger Pflanzen und Tiere geeignet ist.

Der Rückgang der Vielfalt wildlebender Pflanzen- und Tierarten ist nur der eine Teil der Katastrophe – allerdings einer mit beeindruckendem Ausmaß. Zwar ist das Aussterben von Arten ein völlig natürlicher Vorgang. Wenn nicht ein Kometeneinschlag oder ähnlich umstürzende Ereignisse ein Massensterben von Arten hervorrufen, hat er eine jährliche Rate, die 0,1 bis 1 pro eine Million Arten für Meerestiere beträgt und 0,2 bis 0,5 bei Säugetieren. Durch menschliche Einwirkung wurde diese Rate um den Faktor 100 bis 1000 erhöht. Der von Menschenhand gemachte Klimawandel wird diese Entwicklung dabei so stark anheizen, dass man noch innerhalb dieses Jahrhunderts mit dem Aussterben von 30 % aller Arten bei Säugetieren, Vögeln und Amphibien rechnet. So ist es jedenfalls einem Beitrag in *Nature* zu entnehmen, auf den ich später noch zurückkommen möchte.[12]

Der zweite Teil des Dilemmas ist noch direkter menschengemacht: der Rückgang der *Agrobiodiversität,* also der Vielfalt an Sorten, Rassen und Arten bei Nutzpflanzen und Nutztieren. Auch hier geht es nicht um das private Hobby der Liebhaber des Bunten Bentheimer Schweines oder von Einkorn und Emmer, sondern um einen sehr speziellen und sehr wichtigen Teil unserer natürlichen Lebensgrundlagen. Denn die Tiere und Pflanzen, um die es hier geht, sind das Resultat der züchterischen Leistung von vielen, vielen Generationen der Menschheit. Der Verlust an Vielfalt bedeutet auch einen Verlust an genetischen Wahlmöglichkeiten, wenn es darum geht, durch Züchtung Anpassung an sich ändernde Lebensraumvoraussetzungen (wie sie z. B. der Klimawandel schafft) vorzunehmen. Die Menschheit verliert damit Flexibilität, und sie gerät in Abhängigkeit von immer wenigeren, die die Verfügungsgewalt über den Vorrat an Genen haben. Darauf wird im Zusammenhang mit dem Thema Gentechnik noch zurückzukommen sein.

Am extremsten ist die Situation im Geflügelbereich. So gibt es heute weltweit im Wesentlichen nur noch drei Unternehmen, die über den Großteil des Weltmarktes der Legehennenzucht verfügen, allen voran die deutsche Firmengruppe EW Group[13] und das niederländische Unternehmen Hendrix Genetics. 90 % aller Legehennen weltweit (und fast 100 % all derer, die in industriellen Legefabriken ihr Dasein fristen) sind Züchtungen dieser beiden Konzerne. Das verhilft nicht nur zwei internationalen Playern zu einer ungeheuren Macht über unsere Nahrungsmittel, es schafft auch eine gefährliche genetische Verengung – z. B. für den Fall, dass sich Geflügelgrippeviren darauf spezialisieren sollten, Tiere mit einer bestimmten genetischen Konstitution anzufallen.

Ähnlich wie bei Hühnern und Puten sieht es bei den Schweinen aus, und bei den Rindern besitzt das Holsteinrind[14] mit einem Anteil von 90 % aller weltweit gehaltenen Milchkühe schon fast ein Monopol!

Auch bei den Nutzpflanzen gibt es solche Konzentrationen, insbesondere beim Mais, der mit 817,1 Millionen Tonnen Jahresproduktion im Jahr 2009 einen Anteil von ca. 33 % an der

Weltgetreideproduktion hatte. Hier gibt es jedoch noch ein anderes Problem: Durch die Konzentration der Ackerproduktion auf das, was die Franzosen »Grandes Cultures« nennen (Weizen, Mais, Gerste, Roggen, Hafer und Reis), hat sich nicht nur die Vielfalt auf den Feldern und in den Gärten der Menschheit und damit die Lebensräume für die Fauna und Flora, die diese Kulturen begleiten, eingeengt, sondern auch der Speisezettel fast aller Menschen.

Die Haitianer haben traditionell mehr als 100 verschiedene Pflanzenarten angebaut, ehe der Fortschritt im Landbau auch sie auf die Produktion von Mais, Bohnen, (und bei genügend vorhandenem Wasser) Reis und Maniok beschränkt hat. Dadurch ist ihre Versorgung mit Mineralien und Vitaminen, sekundären Pflanzeninhaltsstoffen – und was immer sonst noch in der Vielfalt die Bedürfnisse der menschlichen Gesundheit abdeckt – deutlich eingeschränkt worden. Und zudem hat die Ertragsfähigkeit ihrer kleinen Gärten gelitten, denn dort hat die Kombination vieler verschiedener Kulturen im Mischanbau für eine optimale Ausnutzung aller Nischen und damit für hohe Erträge gesorgt.

Die Einschränkung der Agrobiodiversität ist keine direkte Auswirkung eines bestimmten technischen Verfahrens im konventionellen Landbau. Sie ist es aber indirekt, weil die Konzentration auf wenige Tier- und Pflanzenarten die Bedingung für Rationalisierung und Management-Vereinfachung darstellt. So ist sie eine offensichtlich unausweichliche Folge der Einführung des konventionellen Landbausystems. Sie hat überall dort stattgefunden, wo die »moderne«, industrielle Landwirtschaft die traditionelle Landwirtschaft abgelöst hat.

Auch dieser Verlust ist ein viel zu hoher Preis für den kurzfristigen Vorteil von Ertragssteigerung auf dem Acker und im Viehstall.

Die Düngung des Wassers

Das Idealbild der Düngung im Ökologischen Landbau ist der Kreislauf. Alle Nährstoffe, die durch die Abfuhr der Ernteerzeugnisse dem Ackerboden entzogen werden, kehren dorthin auch wieder zurück. Wenn außer dem Mist der Tiere auch noch der Klärschlamm die mit der menschlichen Nahrung aufgenommenen Nährstoffe zurückführen würde, wäre der Kreislauf tatsächlich geschlossen. Das aber geht nicht, weil wir nirgends über Trennsysteme verfügen, die verhindern würden, dass sich auch alle möglichen giftigen Stoffe in dem befinden, was aus unseren Abwässern herausgefiltert wird. So muss auch der Ökologische Landbau die für die Pflanzen zentralen »Grundnährstoffe« Kalium und Phosphat durch Düngemittel ergänzen, die aus dem Abbau fossiler Vorräte stammen.

Der für einen hohen Ertrag wichtigste Nährstoff ist der Stickstoff (N). Bei der Herstellung dieses Düngemittels wird der in der Luft enthaltene Stickstoff im »Haber-Bosch-Verfahren« gewonnen und dann in flüssiger oder granulierter Form auf dem Acker ausgebracht. Weltweit werden jährlich ca. 100 Millionen Tonnen an mineralischem Stickstoff hergestellt.[15] Das erfordert den Einsatz von 200 Millionen Tonnen Erdöl[16] (bzw. im entsprechenden Energieäquivalent: Erdgas). Die Höchsterträge in konventionellen Anbausystemen sind ohne die intensive Zufuhr dieses Hauptnährstoffes nicht möglich. Allerdings sinkt die Ausnutzung dieses Wachstumsförderers durch die Pflanze in dem Maß, in dem sein Einsatz gesteigert wird: Die Stickstoffnutzungseffizienz von Getreide hat zwischen den Jahren 1960 und 2000 von 80 auf 30 % abgenommen. Heute werden von den Pflanzen – gemessen in einer weltweiten Stickstoffbilanz – nur noch 17 % des ausgebrachten Stickstoffes aufgenommen.[17] Weiter unten wird noch davon die Rede sein, welche Auswirkungen das auf die Umwelt hat, die mit den Überschüssen fertig werden muss.

Der Ökolandbau hat für die Stickstoffversorgung nur organische Düngemittel (Mist, Kompost, Haarmehl etc.) zur Hand. Außerdem verfügen Leguminosen (Hülsenfrüchtler wie z. B. Klee, Luzerne, Bohnen) über die Fähigkeit, auf natürliche Art und Weise das zu tun, was die Herren Haber und Bosch unter Einsatz von Energie taten: Durch die Symbiose mit Bakterien an ihren Wurzelsystemen binden sie Luftstickstoff und machen sich so unabhängig vom Nitratgehalt des Bodens. Sie düngen sich sozusagen selbst und tragen so zur Verbesserung der Bodenfruchtbarkeit bei.[18] Deshalb ist der Anbau von Leguminosen für eine Ökologische Landwirtschaft so wichtig und bietet eine weltweit noch völlig unternutzte Möglichkeit, die mineralische Stickstoff-Düngung zu ersetzen.

Der elementare Unterschied zwischen den beiden Anbausystemen liegt nicht nur in der Quelle des Stickstoffs, sondern auch in seiner Wirkung. Plakativ gesprochen, düngt der mineralische Stickstoff die Pflanze, der organische den Boden. Das bedeutet, dass Stickstoff aus dem Düngesack sich im Bodenwasser löst und dort unmittelbar als Nährlösung der Pflanzenwurzel zur Verfügung steht. Das Gegenmodell ist die Erhöhung der Bodenfruchtbarkeit durch Zufuhr von organischer Substanz, aus der dann im Rahmen der natürlichen Mineralisierungsvorgänge Stickstoff in die Bodenlösung übergeht.

Ich beschreibe das so detailliert, weil sowohl beim Entstehen von Problemen der konventionellen Landwirtschaft als auch bei der Suche nach Instrumenten zu ihrer Behebung Stickstoff eine zentrale Rolle spielt. Welche Wirkungsketten mit dem »Pushen« des Ertrages durch Einsatz von mineralischem Stickstoff in Gang gesetzt werden, will ich anhand des Weizenanbaus auf meinen Feldern und auf denen meiner konventionellen Nachbarn zeigen. Wobei ich der Vollständigkeit halber beide Systeme vergleichend in einer Tabelle gegenüberstelle.

Systemvergleich ökologisch – konventionell

Winterweizen		
Saatgut	aus konventionellem Anbau, gebeizt	aus ökologischem Anbau, ungebeizt
Aussaat		nicht zu früh (ab 10.10.)
Unkraut	evtl. Vorauflaufbehandlung, Wuchsstoffe, Gräsermittel	Striegeln (Vorauflauf [blind] bis hin zur Halmstreckung)
Pilzkrankheiten	Mehltaubehandlung, ggf. 2. Fungizid-Behandlung Ährenbehandlung	./.
Insekten	ggf. Ähreninsektizid	./.
Halmbruch	Halsverkürzer (CCC)	./.
Düngung	N-Gaben (Start, Spätdüngung), »der Pflanze ins Maul gedüngt« (ca. 180 kg N)	»Bodendüngung«
Ernte	Mähdrusch etc.	Mähdrusch etc.
Lagerung	ggf. chemische Lagerschutzmittel ins leere Lager oder ins Getreide	Lüftung/Kühlung/Nützlinge

Dafür ist es wichtig zu wissen, dass Stickstoff nicht nur das Wachstum beschleunigt, sondern auch dazu führt, dass die Zellwände weicher – und damit weniger widerstandsfähig gegenüber dem Befall mit Pilzsporen – werden.

Konventionelles Saatgut wird deshalb mit einer Chemikalie behandelt, die Pilzsporen auf dem Saatkorn tötet, aber auch durch das Saatkorn in die junge Pflanze hineinwirkt, um dort Pilzerkrankungen vorzubeugen. Ökopflanzen sind zwar weniger gefährdet, es gibt aber trotzdem bestimmte Pilzinfektionen, die sich im Ökogetreide sehr schädlich auswirken. Deshalb verwenden wir nur Saatgut, von dem durch vorherige Untersuchung klar ist, dass es keine Pilzsporen aufweist.

Die Bekämpfung von Mehltau, einem Pilz, der sich ausbreitet, wenn die Pflanzen eine Handbreit hoch sind, ist im konventionellen Landbau unabdingbar. Bei uns sind zwar keine Fungizide erlaubt, aber dafür haben wir Ökobauern auch gar kein Mehltauproblem. Weil wir nicht mit Stickstoff düngen, sind unsere Pflanzen widerstandsfähiger, und der Pilz richtet keinen nennenswerten Schaden an.

Fungizide sind nicht nur hochwirksam, sondern auch sehr selektiv, d. h. sie töten nur bestimmte Pilze ab, bei anderen sind sie wirkungslos. Die Pflanze ist aber von Natur aus mit vielen verschiedenen Pilzen besiedelt, die zueinander in Konkurrenz stehen, sich sozusagen gegenseitig in Schach halten. Entfallen einzelne Konkurrenten, gewinnen andere die Oberhand – und werden jetzt schädlich. Also müssen auch sie mit wieder anderen Fungiziden bekämpft werden, was allenfalls aus der Sicht von Fungizid-Produzenten als glücklicher Umstand betrachtet werden kann. Dazu kommt, dass wegen der Wachstumsförderung durch Stickstoff die Pflanzen so dicht stehen, dass zwischen ihnen nur noch wenig Luft zirkuliert, was – viele kennen das Problem von ihren Zehen – einen idealen Lebensraum für Pilze schafft.

Da der Stickstoff die Pflanzenzellen weich macht und die Halme mit Macht wachsen, kippen die Pflanzen bei stärkerem Wind um. Der Transport von Wasser und Nährstoffen in den abgeknickten Halmen funktioniert dann nicht mehr, und großer Schaden droht. Damit das nicht geschieht, wird im konventionellen Getreidebau ein Pflanzenhormon gespritzt, das die Wachstumsvorgänge beeinflusst. Dadurch stoppt die Streckung der Halme, der Weizen bleibt kurz und kippt nicht mehr um. Ohne eine solche Behandlung streckt sich der letzte Halmabschnitt so, dass die Ähre schnell ins Freie hinausgehoben wird. Durch den Wachstumshemmer gelingt das aber nicht, und die Ähre bleibt zu nahe am obersten Blatt, dem Fahnenblatt. Dadurch infiziert sie sich mit den dort siedelnden Pilzen – und muss deshalb mit einem weiteren Fungizid behandelt werden.

Die letzte Wirkung des künstlich zugefügten Stickstoffs ist, dass die Körner ihre normale physiologische Reife nicht erreichen, sondern schon vorher durch die Sommerhitze trocken und druschreif werden. Was das für die Wirkung solcher Körner auf uns Menschen bedeutet, ist noch unklar. Jedenfalls aber ist dies der Unterschied, der es erlaubt, mit speziellen ganzheitlichen Messmethoden Weizenkörner, die mit künstlichem Stickstoff aus der Bodenlösung überfüttert wurden, von denen zu unterscheiden, die im Ökobetrieb aus der natürlichen Bodenfruchtbarkeit heraus ernährt wurden.

Es ist ein unbestrittener Grundsatz der Umweltpolitik, dass Stoffeinträge aus der Landwirtschaft die Umwelt nicht belasten dürfen. Im Übermaß vorhandener Stickstoff verursacht gleich mehrere Probleme: Die Anheizung der Klimaerwärmung durch Bildung von Stickoxiden und Ammoniak (s. o.), Verunreinigung des Grundwassers und damit Bildung von Nitrat im Trinkwasser (Krebsgefährdung) sowie die Überdüngung von Oberflächengewässern. Die Bundesregierung hat deshalb 1990 als Zielmarke aufgestellt, bis 2010 müssten die *Überschüsse* aus der Stickstoffdüngung unter 80 kg/ha gedrückt werden. Zwar gelang es, diese bis 2000 von 145 kg auf ca. 100 kg abzusenken, doch seitdem steigen sie wieder leicht an. Das bedeutet aber nichts anderes, als dass deutlich über die Hälfte des Stickstoffes, der gedüngt wird, nicht von den Pflanzen aufgenommen, sondern in die Gewässer entsorgt oder als Treibhausgase an die Atmosphäre abgegeben wird. Dabei dürfte die industrielle Tierhaltung eine größere Rolle spielen als der Ackerbau. Denn durch deren konzentriert auftretenden Anfall an Hühnerkot, Schweine- und Rindergülle gelangt punktuell besonders viel Stickstoff in den Boden. Dasselbe gilt auch für die Überdüngung der Böden mit Phosphat.

Längst, ehe im Sommer 2010 nach der Explosion der Ölplattform »Deepwater Horizon« die Aufmerksamkeit der Weltöffentlichkeit auf die Umweltkatastrophe im Golf von Mexiko lenkte, hatte dort ein Debakel begonnen, das ebenso weitreichende Folgen hatte, aber mangels ölverschmierter Pelikane keine fernsehtauglichen Bilder produzierte: die Ausbreitung einer Todeszone im Mississippi-Mündungsgebiet. Dort wurde durch die Überdüngung aus den flussaufwärts gelegenen Ackerbaugebieten, die vom längsten Strom der Welt durchflossen werden, das Algenwachstum so angeheizt, dass kaum noch Sauerstoff vorhanden ist. Forscher der University of Maryland berichteten im Frühjahr 2010 in der Fachzeitschrift *Science,* dass diese Todeszonen durch die Produktion von Stickoxiden die Ozonschicht beschädigen und zur globalen Erwärmung beitragen. Sie führen aber auf noch viel direkterem Weg zur Verminderung der Nahrungsproduktion, weil in diesen Zonen alles Leben auf dem Meeresboden abstirbt. So wird auch die Nahrungskette unterbrochen, die zur Entstehung von Fischbeständen erforderlich ist.

Solche Todeszonen gibt es auch vor unserer Haustüre. Im November 2010 versuchte das Schwedische Meteorologische Institut in Göteborg die Öffentlichkeit wach zu rütteln. Es verwies darauf, dass sich die Fläche, auf der der Boden der Ostsee biologisch tot ist, immer schneller ausbreitet. Bereits ein Fünftel der Böden in der Kern-Ostsee zwischen Dänemark und den Åland-Inseln sei ohne Sauerstoff. Ein weiteres Drittel der Meeresböden ist angesichts fortschreitenden Sauerstoffmangels vom gleichen Schicksal bedroht. Laut einem Bericht der *taz* vom 8.11.2008, der sich auf Rutger Rosenberg, Professor für Meeresökologie an der Universität Göteborg, bezog, haben sich die permanenten Todeszonen in der Ostsee seit den 60er Jahren alle zehn Jahre jeweils verdoppelt. Sie umfassen mit rund 70 000 Quadratkilometern ein Gebiet, das so groß ist wie ein Fünftel der Bundesrepublik. Damit wächst nicht nur die Gefahr giftiger Algenblüten, sondern es sind 30 bis 50 % der tierischen Biomasse in der Ostsee in den letzten fünf Jahrzehnten verschwunden. Laut Rosenberg fehlen damit bis zu drei Millionen Tonnen Bodenlebewesen auf der Speisekarte der Fische. Diese Entwicklung ist dabei, auch alle Anstrengungen, über verminderte Fischereiquoten die Erholung der Kabeljaubestände zu verbessern, zunichtezumachen. In dem immer sauerstoffärmeren Wasser hätte der Ostseekabeljau keine Chance, sich zu reproduzieren: »Die Kabeljaueier können nicht überleben, und das droht die Bestände ganz auszulöschen.«

Die Wissenschaftler beziffern den jährlichen Stickstoffeintrag in die Ostsee mit 1,4 Millionen Tonnen, den von Phosphat mit 600 000 Tonnen. Wollte man diese Düngemittel per Lkw transportieren, müsste man auf der kompletten Strecke von Travemünde bis Palermo Lastwagen an Lastwagen reihen – und zusätzlich noch alle Parkplätze Siziliens füllen …![19]

Ob Herr Röring und seine Freunde solche Folgen wohl mit einberechnet haben?

Leider sind damit noch nicht alle Einbahnstraßen aufgezählt, die durch die Düngung in einer Landwirtschaft beschritten werden, die mit hohem Input an Betriebsmitteln einen hohen Output an landwirtschaftlichen Erzeugnissen zu erreichen versucht. Denn nicht nur die Toleranz der Ökosysteme, die von ihr geschädigt werden, ist endlich. Ebenso endlich ist auch eines der wichtigsten Düngemittel: jenes Phosphat, von dem die konventionelle Landwirtschaft auf Gedeih und Verderb abhängt. Auch der Ökologische Landbau benötigt es (wenn auch in deutlich geringerem Maße), weil auch seine Nährstoffkreisläufe nicht vollkommen geschlossen sind. Nur ein Fünftel des Phosphates, das für die Landwirtschaft aus der Erde gegraben wird, trägt tatsächlich zu dem bei, was wir produzieren. Der Rest verschmutzt entweder irgendwo das Wasser, reichert sich in Böden an oder füllt die Deponien.[20] Dass sich die Fachleute darüber streiten, ob angesichts der Entwicklung von Produktion und Verbrauch die Phosphatvorräte in 20, 50 oder in 150 Jahren zur Neige gehen, kommt mir ziemlich irrelevant vor. Unser Hof ist seit 500 Jahren in unserer Familie – wie könnte ich da auf die Idee kommen, die Aussicht, noch 150 Jahre zurechtzukommen, sei beruhigend? Oder dass wir so lange fortführen – oder gar intensivieren – dürften, Millionen von Tonnen des zur Neige gehenden Rohstoffes in die Weltmeere zu entsorgen?

Essen aus der Giftküche

Es war irgendwann im Frühjahr 1991. Ich sitze auf meinem Schlepper, vor mir das große Spritzmittelfass, hinter mir das 18 m breite Spritzgestänge. Es hat tagelang geregnet, die Unkrautspritzung im Winterweizen ist überfällig, weil das Unkraut schon fast zu groß ist. Ich habe bereits das zweite Fass ausgebracht. Jetzt ist von den 10 000 Litern, die ich am Hof angerührt habe, noch die Hälfte übrig. Das Radio meldet für morgen erneut Regenfälle. Und plötzlich kommt zu allem Überfluss noch Wind auf. Eigentlich soll man bei Wind nicht spritzen, weil dann zu viel Wirkstoff in die Luft übergeht und verweht wird. Aber das halbvolle Fass kann ich nicht heimbringen. Denn wenn eine weitere Woche das Wetter nicht passt, habe ich es so lange auf dem Hof stehen. Und weil die Spritzbrühe korrosiv wirkt, ist das gar nicht gut für das Gerät. Also doch noch schnell die 20 Hektar fertig spritzen, so schlimm ist das jetzt auch nicht mehr.

Ich hatte mich bemüht, immer sehr verantwortungsvoll mit den Chemikalien umzugehen, die ich auf meinen Feldern eingesetzt habe, habe die leeren Spritzmittel-Kanister immer ordentlich gereinigt und vorschriftsmäßig entsorgt. Und wenn irgend möglich habe ich auch nicht in der Mittagshitze gespritzt, wenn zu viel verdunstet und in höhere Luftschichten gelangt. Aber so ganz kleine Kompromisse waren eben nicht zu umgehen.

Mein Unbehagen damit war der Auslöser dafür, dass ich begann, mich für eine Umstellung auf Ökologischen Landbau zu interessieren. Nicht weil ich mich als Brunnenvergifter und Umweltkrimineller gefühlt hätte. Aber weil mich zunehmend das Gefühl beschlich, dass diese Chemikalien, die man nicht einatmen und nicht auf die Haut kommen lassen und von denen nichts ins Abwasser gelangen darf, weil sonst die Mikroorganismen in der Kläranlage geschädigt werden – dass die besser auch nicht in die freie Umwelt auf meinem Acker kommen sollten.

Im Herbst 1991 war es damit vorbei, weil wir uns für die Umstellung entschieden hatten. Für meinen Mitarbeiter und mich bestand die größte Freude über diesen Schritt in der Gewissheit, mit den Beizmitteln und Fungiziden, Herbiziden, Halmverkürzern und Insektiziden von BASF, Bayer, Syngenta, DuPont – und wie sie sonst noch heißen – nichts mehr zu tun zu haben. Dem hat auch keinen Abbruch getan, dass wir seit Einführung des Kartoffelanbaus auf zehn Hektar (von insgesamt 140 Hektar) wieder mit der Spritze unterwegs sind. Was wir dort allerdings ausbringen, entstammt der Natur: Ein Pflanzenextrakt (aus den Samen und dem Öl der Blätter und Früchte des indischen Neem-Baumes) und ein Präparat mit dem Bodenbakterium *Bacillus thuringiensis* werden gegen die Kartoffelkäfer eingesetzt. Dazu kommt ein Kupferpräparat gegen die Kraut- und Knollenfäule, das, auf die Gesamtfläche des Betriebes gerechnet, die Menge des Spurennährstoffes Kupfer ersetzt, der mit dem Erntegut dem Boden entzogen wird.

Ja, es stimmt, dass all die Mittel, die für die Anwendung in der konventionellen Landwirtschaft zugelassen sind, sorgfältig darauf untersucht wurden, ob sie in der vorgeschriebenen Dosis unschädlich sind. Und doch, selbst in unseren wohlorganisierten Breiten, in denen die Anwendungsvorschriften meist penibel eingehalten werden, werfen diese wohlgeprüften Substanzen etliche schwer zu beantwortende Fragen auf.

Es gibt mittlerweile eine Vielzahl von ihnen, welche die

Europäische Union aus der Liste der zugelassenen Pestizide genommen hat, weil sie als erbgutschädigend oder krebserregend eingestuft wurden. Bis zu diesem Zeitpunkt waren sie jahrelang zugelassen gewesen. Erinnern wir uns an den Mai 2008, als Millionen von Bienen nach der Maisaussaat im Oberrheingraben tot vor ihren Stöcken lagen, weil sich das Beizmittel Pro Poncho von Bayer, mit dem die Saatkörner vorsorglich gegen den Befall mit Maiswurzelbohrer benetzt worden waren, unerwartet als bienenschädlich erwiesen hat. Eigentlich hätte nämlich nichts passieren dürfen, weil die Körner ja in die Erde eingebracht werden. Aber durch den Staub beim Säen, durch wochenlange Trockenheit, durch Winde oder Tau, der auf offen liegenden Körnern den Wirkstoff Chlotianidin angenommen hatte – so ganz war das nicht nachzuvollziehen –, haben eben doch die Bienen etwas abbekommen. Trotz aller Tests und Zulassungsverfahren.

Dramatischer ist die länger zurückliegende Geschichte des Dichlordiphenyltrichlorethan, eines Insektizids, das unter seinem Kürzel DDT bekannt sein dürfte. Dieses segensreiche Mittel hatte geholfen, die Malaria zurückzudrängen und Wanzen im Haus zu bekämpfen. Auch auf den Äckern unserer Breiten hat es so manchem schädlichen Insekt den Garaus gemacht – und zwar so erfolgreich, dass Paul Hermann Müller, der die insektentötende Wirkung des Stoffes entdeckt hat, im Jahr 1948 dafür mit dem Nobelpreis ausgezeichnet wurde. Allerdings fanden Ornithologen schon in den 1950er Jahren heraus, dass die Aufnahme von DDT und seines Abbauproduktes DDE über eine Anreicherung in der Nahrungskette zu Problemen bei Wildvögeln führte. Besonders empfindlich reagierten vogel- und fischfressende Greifvögel wie der Seeadler. Ihre Vermehrung ging stark zurück, weil die Schalen ihrer Eier durch die Aufnahme von DDT und DDE so dünn waren, dass sie beim Bebrüten brachen. Schließlich stellte sich heraus, dass DDT nicht nur diese, sondern auch andere schädliche Einwirkungen für alle möglichen Lebewesen mit sich brachte und vor allem eine Eigenschaft aufwies: Es ist ungemein persistent. Seine Rückstände bauen sich einfach nicht ab. Bis heute finden sie sich weltweit, sogar im Fett der arktischen Pinguine.

Das Beispiel DDT beschreibt ein sehr grundsätzliches Problem. Denn so unbestreitbar sein Schaden ist, so unbestreitbar ist sein Nutzen. Die Tropenkrankheit Malaria – genauer gesagt, die den Erreger transportierenden Anopheles-Mücken – ist wieder auf dem Vormarsch, und nicht wenige halten die Rücksicht auf Greifvögeleier für nicht angebracht, wenn es doch um Menschenleben geht.

Aber wie wiegt man beides gegeneinander ab: die Biodiversität, die für das Überleben der Menschen morgen unabdingbar ist, gegen die Gesundheit der Menschen heute? Über diesen Konflikt darf nicht leichtfertig hinweggegangen werden. Doch es sollte darauf hingewiesen werden, dass die Malaria sich ausbreitet, obwohl die Anwendung von DDT, das nach wie vor in Indien, China und vermutlich auch Nordkorea produziert wird, keineswegs beendet ist. Und dass es auch methodische Ansätze gibt, um Schadinsekten zu regulieren, die ohne den Einsatz von chemisch-synthetischen Bioziden auskommen. So bringt man in Kenia das *Bacillus thuringiensis var. israliensis* in Brutstätten von Moskitos aus. Der Erfolg mit dieser biologischen Bekämpfung des Malariaüberträgers ist groß – und zwar, ohne dass andere Tiere oder der Mensch dadurch geschädigt würden.[21]

Unlängst fand sich in meiner Post ein Werbebrief der Firma Syngenta. Es ging um ein neues Unkrautbekämpfungsmittel. Im Prospekt konnte man mit einem mitgelieferten Rotstift – wie in einem Kinderbuch – Linien von Punkt zu Punkt zeichnen. Woraus sich ein aufschlussreiches Bild ergeben sollte. Das habe ich nicht gemacht, weil ich ein Buch schreiben muss und deshalb für so etwas keine Zeit habe. Ich habe aber zweierlei behalten: erstens den sehr praktischen Rotstift. Und zweitens den Werbespruch: »Das braucht kein Mensch.« Gemeint waren die Unkräuter, die man mit der vielseitigen Chemikalie vom Acker putzen kann. Ein vielsagendes Missverständnis. Zwar gehöre auch ich zu den Menschen, die nicht immer die liebevolle Vokabel »Beikraut« verwenden (»Lass mich Beikraut im Garten deines Herzens sein«, sei die Liebeserklärung eines Ökobauern – ist mir mal erklärt worden). Wenn ich meinem Abnehmer Kamilleblüten zu liefern habe, dann dürfen da keine Mohnblüten druntergemischt sein. Auch wenn sie sich noch so lieblich auf dem weißen Acker ausnehmen. Dagegen kann auf meinem Getreidefeld gerne das ein oder andere mitwachsen, wenn es nicht überhandnimmt. Und auch wenn mir meine Kartoffeln »sauber« lieber wären, so bringt doch meine Wirtschaftsweise mit sich, dass auch noch Melde, Vogelmiere und Co. ihren Platz beanspruchen. Dass sie dann immer noch Unkraut sind, heißt aber nicht, dass sie unnütz wären. Die ganze Vielfalt an Insekten, Vögeln, Hasen und was sonst noch auf einen bunten Speiseplan angewiesen ist, kann sich eben nicht ernähren, wenn quadratkilometerweise nichts anderes als z.B. Maispflanzen wachsen.

Nicht weniger brisant als die Umweltwirkungen von Pestiziden ist ihr Einfluss auf die Gesundheit der Menschen. Was die Anwender betrifft, so gibt es schon seit längerem Hinweise auf eine höhere Gefährdung für Landwirte, an Parkinson zu erkranken.[22] Im Dezember 2010 konnte man im britischen Fachjournal *Occupational and Environmental Medicine* (Arbeits- und Umweltmedizin) das Ergebnis einer über 13 Jahre dauernden Langzeitstudie des französischen Instituts für Volksgesundheit unter der Leitung von Isabelle Baldi von der Universität Bordeaux nachlesen.[23] Sie fand heraus, dass bei Personen, die in ihrer beruflichen Laufbahn mit Pestiziden zu tun hatten – und das trifft in Frankreich auf 800 000 Menschen zu –, ein deutlich höheres Risiko besteht, einen starken Rückgang ihres Gedächtnis- und Konzentrationsvermögens zu erleiden. Dies traf bei der Gruppe von Weinbergarbeitern aus Bordeaux zu, die am stärksten den Pestiziden ausgesetzt waren. Pestiziden, von denen wir annehmen dürfen, dass auch sie einer sorgfältigen Prüfung unterzogen wurden, ehe sie als unschädlich erkannt und zugelassen wurden.

Es ist sicherlich nicht weit hergeholt, wenn man vermutet, dass es um den Anwenderschutz in Entwicklungsländern eher etwas schlechter bestellt ist als in unserem großzügig mit Verordnungen versorgten Europa. Ein gemeinsames Papier der FAO und der Internationalen Arbeitsorganisation (ILO) beziffert die jährlichen Todesfälle durch Pestizidvergiftung weltweit auf 40 000 Personen und unterstellt eine erhebliche Dunkelziffer.[24]

Was die Wirkung von Pestizidrückständen in Wasser, Atemluft und Lebensmitteln betrifft, ist mit weniger eindeutigen Ergebnissen zu rechnen, weil der Nichtlandwirt auf diesem Weg mit erheblich geringeren Konzentrationen konfrontiert ist. Ich erinnere mich zwar daran, einmal gelesen zu haben, man habe im Blut von EU-Abgeordneten bei einem freiwilligen Test festgestellt, keiner von ihnen habe unter der Rückstandshöchstmenge gelegen, die man bei einem Schnitzel voraussetzt. Die Quelle kann ich aber nicht angeben. Eine dieser Abgeordneten, die Grünen-Politikerin Hiltrud Breyer, versorgte mich aber einmal mit einer langen Liste von Studien, die solche negativen Effekte für die menschliche Gesundheit aufführen. Dabei handelt es sich aber durchweg um Versuche aus dem Labor, so dass die Wirkung auf den »normalen« Verbraucher nur rückgeschlossen werden kann. Was die Einschätzung so schwer macht, ist das für eine statistische Untersuchung erforderliche Versuchsdesign. Um die Auswirkungen einer Pestizidexposition bei Konsumenten festzustellen, müsste man große Probandengruppen parallel mit pestizidbelasteten Lebensmitteln und andere mit unbelasteten Bioprodukten versorgen. Dabei wäre auch noch sicherzustellen, dass beide Gruppen das Gleiche zu essen bekämen und auch sonst völlig vergleichbar leben. Nicht nur aus ethischen, sondern auch aus praktischen Gründen ist so etwas undurchführbar. Problematisch ist weiterhin, dass sehr wenig über die kombinierte Wirkung verschiedener Stoffe bekannt ist. Untersucht wird meist nur, welche Effekte *eine* Chemikalie hat. Das Zusammenwirken mehrerer verschiedener Pestizidrückstände kennt man ebenso wenig wie die Wirkung von Abbauprodukten, die in der Natur entstehen, wenn ein Wirkstoff zerfällt, reagiert oder verdaut wird. Noch komplizierter wird die Sache dadurch, dass sich über die lebenslange Ansammlung von solchen Stoffen noch einmal eine andere Situation ergibt und dass wir auch noch aus anderen als landwirtschaftlichen Quellen mit Chemikalien konfrontiert werden.

Was wir aber sehr genau kennen, ist ein dramatischer Anstieg von Allergiekrankheiten und Unverträglichkeiten. Heute leiden über 30 % der erwachsenen Bevölkerung in England und den USA an Heuschnupfen, während diese Erkrankung dort noch vor 200 Jahren praktisch unbekannt war. Noch deutlicher ist der Trend bei Asthma – und zwar in allen Altersgruppen. Hier hat sich die Zahl der Erkrankungen innerhalb der letzten 20 Jahre mehr als verdoppelt, so dass Asthma heute die häufigste chronische Erkrankung im Kindesalter ist.

Interessanterweise ist der Zuwachs an Allergien nicht überall gleichmäßig, sondern steht in starker Abhängigkeit von Lebensart und Lebensraum. So sind z.B. Heuschnupfen und Asthma in ländlichen Gegenden von Afrika, Russland oder von Entwicklungsländern deutlich seltener als in entwickelten Industrieländern mit »westlichem« Lebensstil.[25] Auch hier spielen mit Sicherheit mehr Faktoren eine Rolle als die aus landwirtschaftlichen Zusammenhängen herrührenden Quellen. Dass diese aber keine oder auch nur eine untergeordnete Rolle spielen würden, wäre eine ziemlich gewagte Behauptung. Wenn man bedenkt, mit wie vielen dieser Stoffe wir über die Nahrung in Berührung kommen – nein, sehr viel mehr: wie viele wir direkt in unseren Stoffwechsel einspeisen!

Pflanzenschutzmittelrückstände in verarbeiteten Erzeugnissen im Vergleich: ökologisch vs. konventionell

Probenart	Anbauart	Anzahl Proben[1]	Proben mit Rückständen		Proben mit Mehrfachrückständen		Proben mit Rückständen > 0,01 mg/kg[2]		Proben über der HM[3]		Stoffe über der HM
			Anzahl	%	Anzahl	%	Anzahl	%	Anzahl	%	
Obst erzeugnisse, verarbeitet	ökol.	14	11	78	8	57	4/1*	29/7*	1	7	Acetamiprid
	konv.	33	31	94	28	85	28	85	14	42	14
Hülsenfrüchte	ökol.	16	6	37,5	2	12,5	0	0	0	0	0
	konv.	17	11	65	5	29	4	24	0	0	0
Traubenmost (für Weinbereitung)	ökol.	13	5	38,5	3	23	0	0	0	0	0
	konv.	2	2	-	2	–	1	–	0	–	0
Säuglingsnahrung	ökol.	6	0	0	0	0	0	0	0	0	0
	konv.	9	2	22	1	11	0	0	0	0	0
Olivenöle	ökol.	6	3	50	0	0	1/0*	17/0*	0	0	0
	konv.	1	0	–	0	–	0	–	0	–	0

[1] bei Probenzahlen < 5 keine prozentuale Angabe

[2] ohne Bromid; Bromid kann auch geogenen Ursprungs sein, Gehalte < 5 mg/kg werden als »natürliche« Gehalte bewertet

[3] HM = Höchstmenge nach der Rückstands-Höchstmengenverordnung (RHmV) bzw. VO (EG) Nr. 396/2005

* nach Berücksichtigung von Trocknungsfaktoren (3–5 bei Rosinen, 4–6 bei Aprikosen und 3–5 bei Goji-Beeren) und Verarbeitungsfaktoren (8 für den Wirkstoff Cypermethrin bei Olivenölen)

Dass dies keine hypothetische Möglichkeit, sondern Realität ist, kann man den Ergebnissen der amtlichen Lebensmittelüberwachung ebenso entnehmen wie den hin und wieder vorgenommenen Überprüfungen von Umwelt- und Verbraucherschutzorganisationen. Im baden-württembergischen Ökomonitoring[26] werden Jahr für Jahr konventionell und ökologisch erzeugte frische und verarbeitete Produkte untersucht – unter anderem auf die darin gefundenen Rückstände mit Pflanzenschutzmitteln. Die Tabellen zeigen eine Zusammenfassung aus dem letzten dieser Berichte.[27] Sie verdeutlichen nicht nur, dass insbesondere bei Obst und Gemüse die Belastung mit einem oder mehreren Pestizidrückständen nicht die Ausnahme, sondern die Regel ist. Und dass bei manchen Produkten, die wir frisch verzehren oder zubereiten, immerhin in jedem zehnten die gesetzlichen Höchstwerte überschritten werden.

Die Schlussfolgerung scheint mir jedenfalls naheliegend, dass wir für die Welternährung nicht auf Stoffe setzen sollten, die die Biodiversität vermindern, die Anwender gefährden und mit gewisser Wahrscheinlichkeit den Zustand der Volksgesundheit negativ beeinflussen.

Lassen Sie mich, ehe ich das nächste Thema angehe, noch eines nachschieben: Immer wieder kann man lesen, Ökoprodukte seien gefährlich für die Gesundheit der Verbraucher, weil sie mit Pilzgiften belastet seien. Denn schließlich würden die Pflanzen bei den »Bios« ja nicht mit Fungiziden vor Pilzbefall geschützt. Ich selbst habe schon mehrfach das Vergnügen gehabt, in Diskussionsrunden von Vertretern der Pflanzenschutz-Ideologie mit diesem Argument konfrontiert zu werden. Ein Vergnügen deshalb, weil diese Behauptung sehr leicht als Märchen zu entlarven ist. Am leichtesten fällt das beim Mutterkorn, einem Pilz, der im Getreide, insbesondere im Roggen, Alkaloide produziert. Die sind in minimaler Dosierung als Medikamente wirksam, in höheren Mengen aber schwer gesundheitsgefährdend. Gegen Mutterkorn gibt es aber gar kein Fungizid, mit dem sich eine Überlegenheit konventioneller Erzeugung begründen ließe. Zudem zeigt das bereits erwähnte Monitoring sogar, dass die Mutterkornbelastung von Bioproben geringere Werte aufweist, was sich möglicherweise mit den im Ökolandbau üblichen Sorten erklärt.

Pestizidrückstände in frischen Erzeugnissen im Vergleich: ökologisch vs. konventionell

Probenart	Anbauart	Anzahl Proben[1]	Proben mit Rückständen		Proben mit Mehrfachrückständen		Proben mit Rückständen > 0,01 mg/kg[2,3]		Proben über der HM[4]		Stoffe über der HM
			Anzahl	%	Anzahl	%	Anzahl	%	Anzahl	%	
Blattgemüse	ökol.	70	21	30	7	10	4	6	1	1,4	Rotenon
	konv.	335	279	83	231	69	200	60	14	4	15
Fruchtgemüse	ökol.	77	20	26	3	4	2	3	0	0	0
	konv.	312	270	87	220	71	191	61	23	7	32
Sprossgemüse	ökol.	29	5	17	0	0	1	3,5	0	0	0
	konv.	97	60	62	20	21	29	30	1	1	1
Wurzelgemüse	ökol.	22	1	4,5	0	0	0	0	0	0	0
	konv.	59	54	92	50	85	47	80	5	9	5
Kartoffeln	ökol.	16	3	19	1	6	0	0	0	0	0
	konv.	27	23	85	19	70	12	44	1	4	1
Zuchtpilze	ökol.	6	6	100	1	17	2	33	0	0	0
	konv.	13	13	100	11	85	6	46	1	8	6
Beerenobst	ökol.	41	11	27	3	7	0	0	0	0	0
	konv.	366	348	95	323	88	320	87	31	8,5	35
Kernobst	ökol.	21	2	9,5	0	0	0	0	0	0	0
	konv.	167	159	95	147	88	148	89	10	6	10
Steinobst	ökol.	32	7	22	2	6	1	3	1	3	Tetramethrin
	konv.	180	168	93	143	79	138	77	4	2	4
Zitrusfrüchte	ökol.	37	13	35	4	11	1	3	0	0	0
	konv.	99	96	97	93	94	92	93	11	11	12
Exotische Früchte	ökol.	12	3	25	1	8	0	0	0	0	0
	konv.	159	124	78	93	58	91	57	19	12	24

[1] bei Probenzahlen < 5 keine prozentuale Angabe

[2] ohne Piperonylbutoxid, Pyrethrum, Spinosad und Rotenon (sind im ökologischen Landbau zugelassen)

[3] ohne Gibberellinsäure, kann von verschiedenen Pflanzen auf natürliche Weise gebildet werden

[4] HM = Höchstmenge nach VO (EG) Nr. 396/2005

Aber auch bei den Pilzgiften, die durch Pilzkrankheiten entstehen, gegen die im konventionellen Landbau gespritzt wird – die wichtigste Rolle spielt hier die Schimmelpilzgattung der Fusarien –, haben die »Bios« die Nase vorn.[28] Gründe dafür sind die vorteilhafte Wirkung vielgestaltiger Fruchtfolgen, weniger Maisanbau, Verzicht auf pfluglose Bodenbearbeitung, die ausgewogene Düngung, insbesondere geringe Stickstoffdüngung und -verfügbarkeit, geringe Bestandsdichte und die Sortenwahl.

Schnitzel aus der Tierfabrik

Auf dem Höhepunkt einer der vielen Lebensmittelkrisen der letzten Jahre, dem Dioxinskandal im Januar 2011, wurde in Hannover der neue Landwirtschaftsminister Niedersachsens in sein Amt eingeführt. Seine Vorgängerin, Astrid Grotelüschen, hatte nach nur wenigen Monaten für diesen Wechsel Platz machen müssen, weil der Betrieb ihrer Familie eine Tierhaltungsform praktizierte, die der Bevölkerung nicht zu vermitteln war. Ihr Nachfolger, Gert Lindemann, ist in der Branche kein Unbekannter. Er hatte unter den Ministern Seehofer und Aigner als Staatssekretär dafür gesorgt, dass die Interessen des Bauernverbandes in der Bundespolitik nicht zu kurz kamen. Aigner hatte ihn entlassen und bekam so die Zügel ihrer Agrarpolitik in die Hand. Und nun war der CDU-Mann in dem Land in den Ministerrang aufgerückt, in dem 31 % aller Schweine und 54 % des Geflügels in Deutschland gehalten werden. Noch bei seiner Antrittsrede beeilte er sich zu versichern, es gebe keinen Systemfehler in unseren landwirtschaftlichen Strukturen. Und der Dioxinfall sei kein Argument gegen die Massentierhaltung. Er bezog damit eindeutige Stellung in einer Diskussion, die immer heftiger geführt wird und in der sich starke Extreme gegenüberstehen: Die einen, die finden, es müsse Schluss damit sein, dass Tiere unter industriellen Bedingungen gehalten oder überhaupt gegessen werden. Die anderen, die es für ein Menschenrecht halten, billig Eier, Fleisch und Milch konsumieren zu können, und die eine hohe Produktionsleistung der Tiere als Beweis dafür ansehen, dass es den Tieren gutgeht.

Dass die globalen Ökosysteme rettungslos überfordert wären, wollten wir den Konsum an tierischen Produkten, der heute in den Industrienationen Standard ist, auf alle Bewohner dieser Erde ausdehnen, wurde bereits ausgeführt. Im dritten Kapitel wurde gezeigt, dass unsere exportorientierte Viehwirtschaft, die den Stolz der deutschen Agrarindustrie bildet, leider nur funktioniert, weil wir Millionen Hektar in Südamerika »gepachtet« haben. Es sind Flächen, auf denen einst Urwald oder Grassteppe wuchsen und die jetzt das Eiweißfutter für unser Geflügel, unsere Schweine und Rinder liefern, oder Pflanzen, die nicht in die Tröge unserer Tiere, sondern in die Tanks unserer Fahrzeuge wandern.

Wir haben auch schon davon gesprochen, dass die Viehwirtschaft einen erheblichen Anteil an den Nährstoffüberschüssen produziert, die wir mit fatalen ökologischen Folgen in Flüssen und Seen entsorgen.

Das sind aber nicht die einzigen Gründe, die gegen Herrn Lindemanns Versicherung sprechen, an dem System sei nichts falsch. Ich will nicht die vielen Futtermittelskandale ansprechen. Denn man wird immer argumentieren können, diese Skandale seien letztlich Folge kriminellen Handelns, wovor auch Biobauern nicht sicher seien. Was nicht falsch ist, auch wenn das teure, inputintensive System der industriellen Tierproduktion sicherlich gefährdeter ist als eines, das auf Kreisläufe zwischen Feld und Stall setzt. Es reicht aber, auf die Probleme hinzuweisen, die auch dann auftreten, wenn Gesetz und Ordnung peinlich beachtet werden.

Im Mai 2009 wurde an der TU München das Ergebnis einer Langzeitstudie veröffentlicht, mit der eine alte Streitfrage geklärt werden sollte. Muss man das Glück der Hühner, im Freien herumlaufen zu können, mit einer höheren Keimbelastung der Eier bezahlen? Das war eine naheliegende Frage, weil im Käfig ja viel »kontrolliertere« Bedingungen herrschen als im Freiland und weil eine Henne, die im Auslauf herumrennt, mitunter mit schmutzigen Füßen ihr Nest betritt. Insofern war das eindeutige Ergebnis überraschend: nein! Konventionell und ökologisch erzeugte Eier unterscheiden sich in dieser Hinsicht nicht. Beide sind mit gleich viel oder wenig Keimen besiedelt. Trotzdem gibt einen entscheidenden Unterschied: Konventionelle Eier weisen zu einem signifikant höheren Anteil Keime auf, die gegen Antibiotika resistent sind.[29]

Dies ist nun keine ganz irrelevante Erkenntnis, sondern betrifft eine der größten Sorgen der Humanmedizin unserer Tage: die zunehmende Resistenz von Keimen gegen Antibiotika. An je mehr Stellen unser Organismus mit diesen Stoffen konfrontiert ist, umso schneller werden auch wir von Keimen heimgesucht, gegen die kein Medikament mehr Wirkung zeigt. Im April 2011 startete die WHO deshalb einen Aufruf an die Regierungen, für ein deutlich restriktiveres Umgehen mit dieser Medikamentengruppe zu sorgen.[30] Gefahrenquellen dafür sind die zu sorglose Verschreibung von Antibiotika durch Ärzte und die Rückstände von Antibiotika in der Umwelt, die durch das Entsorgen von Medikamenten und deren Ausscheidung nach der Einnahme entstehen.

Aber auch der immer noch intensive Einsatz von Antibiotika in der Tiermast gibt Anlass zu Besorgnis. Immerhin wird nach Angaben der WHO weltweit die Hälfte aller Antibiotika an Tiere verfüttert. Dass die Keime in der konventionellen Hühnerhaltung resistent werden, kommt deshalb nicht von ungefähr. So berichtete die *Süddeutsche Zeitung* im Oktober 2010 von steigenden Antibiotikamengen in der Geflügel-Massentierhaltung. Zitiert wird dort nicht nur das niedersächsische Landwirtschaftsministerium – die müssen das ja wissen –, das in zehn Jahren einen Anstieg der Antibiotika-Anwendungen in der Mastgeflügelhaltung von 1,7 auf 2,3 Behandlungen im kurzen Leben jeden Tieres konstatiert. Zu Wort kommt auch der ehemalige Leiter des Veterinäramtes in Cloppenburg, also dem Landkreis, der mit dem benachbarten Vechta die höchste Viehdichte Deutschlands aufweist. Er geht davon aus, dass die Tiere nicht selten zwei Drittel ihrer Lebenszeit mit Antibiotika behandelt werden. Die Ministeriumssprecherin gibt in dem Artikel eine einfache Erklärung: In der Massentierhaltung sei der Einsatz von Antibiotika die Regel. Ohne Einsatz der Mittel schafften es die Hühner in großen, besatzstarken Ställen häufig nicht, bis zum Ende ihrer Mastzeit zu überleben. Bei der Lektüre kam mir der Diskussionsbeitrag eines Landwirtschaftsstudenten nach einem Vortrag zum Ökolandbau in den Sinn: Es sei doch wohl besser, meinte er, wenn die Tiere Medikamente bekämen und darauf zufrieden und gesund im Stall lebten.

Dass die industrielle Tierhaltung die Voraussetzungen schafft, damit Tierseuchen wie Maul- und Klauenseuche, Vogelgrippe und andere ihre volle Wucht und damit gewaltigen volkswirtschaftlichen Schaden entfalten können, sei hier der Vollständigkeit halber noch hinzugefügt.

Und dann ist da noch die Sache mit dem Tierschutz. Man kann sich auf den Standpunkt stellen, Tierschutz sei ein Luxus, den sich Länder leisten könnten, in denen es genug zu essen gibt. Tatsächlich ist es wohl nicht falsch, zu behaupten, dass in vielen Kulturen Tierschutz kein Konzept ist, mit dem die Menschen etwas anfangen können. Sowohl die zwischen Kühlergrill und Stoßstange kopfüber auf den Lastwagen geschnallte Ziege in Haiti als auch der lebendige Fisch, dem vom Schwanz her die vom jeweiligen Kunden erbetene Portion abgeschnitten wurde – ich habe das auf einem Markt in Shanghai gesehen –, sind grausame Beispiele dafür. Trotzdem meine ich, dass wir unsere eigenen Wertvorstellungen an einem Agrarsystem abprüfen müssen, das wir der Welt als Lösung verordnen wollen. Denn wenn wir Tiere als Mitgeschöpfe betrachten, die unserer Verantwortung anvertraut sind, dann kann ich die sich daraus ergebenden ethischen Konsequenzen nicht relativ zum jeweiligen Standort diskutieren.

Der Grundsatz der Tierhaltung im Ökologischen Landbau ist, so weit als technisch und wirtschaftlich möglich, den Tieren ihr artgemäßes Verhalten zu ermöglichen. Diese Formulierung macht bereits deutlich, dass es dabei um Kompromisse geht, denen auch ein gewisses Maß an Willkür zugrunde liegt. Denn wirklich artgemäß leben das Wildschwein im Wald und der Fasan im Busch. Beim Huhn und Hausschwein geht es um Annäherung. Bestimmte Prinzipien sind aber dennoch klar festzulegen: Die Tiere müssen mit dem natürlichen Wechsel von hell und dunkel, von warm und kalt konfrontiert sein. Ein Schwein muss wühlen und ein Huhn scharren können. Ein Rind muss seine Zunge zum Abrupfen des Grases verwenden können – wenigstens in der Jahreszeit, in der dieses wächst, und vieles mehr. Von all diesen Kriterien ist in der modernen Massentierhaltung kaum eines erfüllt. Wie soll das auch möglich sein, wenn Mastbullen sich in ihrer mit einem Vollspaltenboden versehenen Bucht kaum noch bewegen können? Wenn Muttersauen zwischen Stangen fixiert auf das Ferkeln und danach auf das Saugen des Nachwuchses warten? Oder wenn Hühner mit einem künstlichen Lichtprogramm so gesteuert werden, dass die Eier zum richtigen Zeitpunkt aufs Band rollen? Wenn Schweine, die so geruchsempfindlich sind, dass sie – wenn es ihnen der Platz erlaubt – nie dort koten, wo sie liegen, wenn also diese, entgegen ihrem schlechten Ruf, durchaus manierlichen Tiere gezwungen sind, ihr Leben auf einem durchlöcherten Boden zu fristen, unter dem ihre Exkremente schwimmen?

Hühner sehen nicht gut. Aber sie verfügen über ein Tastorgan, mit dem sie das wettmachen. Sie erkunden damit, welches Futter sich für sie eignet und was vor ihnen auf dem Boden oder unter seiner Oberfläche zu finden ist. Dieses Organ ist ihre Schnabelspitze. Sie ist spitz und scharf, und weil sie sich damit auch gegenseitig traktieren können, muss ihnen dieses Tastorgan überall, wo zu wenig Platz ist, um sich ausweichen zu können, abgeschliffen werden. Oder abgebrannt. Beides sind grausame Vorgänge, die in Deutschland jedes Jahr an über 110 Millionen Tieren vollzogen werden. Nur 5,2 Millionen Ökohühner entkommen dieser Tortur, weil sie in einem weniger dicht besetzten Ökostall zu Hause sind.

Ein ähnlich düsteres Kapitel ist die Putenmast. Kein anderes Fleisch wird von Ernährungsphysiologen so empfohlen wie das der Truthühner, die einst Kolumbus in der Neuen Welt antraf. In Deutschland werden im Jahr zwischen 30 und 36 Millionen Puten gemästet. 96 % der Tiere werden in Betrieben mit über 5000 Tieren gehalten, fast 85 % in Betrieben mit über 10 000 Tieren. Zwei Weltunternehmen teilen sich den Markt, der die Mäster mit Jungtieren beliefert. Dieses Monopol ist leicht zu halten, weil die Tiere sich ohnehin nicht mehr natürlich vermehren könnten. Dazu sind sie physiologisch nicht in der Lage, zu riesig ist ihr Brustmuskel – also der Teil, der in Streifen auf dem Salat endet. Die *Qualzucht,* die dazu führte, ist eine Erfolgsgeschichte. Die in Deutschland am häufigsten gemästete Rasse »B. U. T. Big 6« erreichte 1981 ein Mastendgewicht von knapp 13 kg; 1996 lag es bei fast 16 kg. Heute erreichen Putenhähne ein Mastendgewicht von bis zu 22 kg. Die »Brustfleischausbeute« liegt bei Putenhähnen bei fast 40 % des Schlachtkörpers. Gleichzeitig stieg die Besatzdichte, von der Wissenschaftler meinen, sie sei den Tieren in den Ställen zuzumuten, von 20 kg/m² im Jahr 1969 auf heute 50 kg/m².[31] Angesichts des Leidens dieser Tiere, deren Skelettentwicklung mit der ihres nutzbaren Fleisches nicht Schritt gehalten hat, ist es nur noch ein kleiner Zusatz, dass man auch den Puten die Schnäbel kürzt, damit die Massentierhaltung – die bekanntlich kein Systemproblem kennt – funktioniert. Fatalerweise gibt es auch Ökobetriebe, die diese Rasse halten – wenn auch in tiergerechteren Haltungsverfahren.

Die Monatszeitschrift *top agrar*, das wohl meistgelesene landwirtschaftliche Fachmagazin Deutschlands, hat seine Dezemberausgabe 2010 dem Thema der boomenden Massentierhaltung im Nordwesten Deutschlands gewidmet und die Frage »Wie viel Wachstum geht noch?« gestellt. Nichts zeigt besser, in welchem Irrsinn dieses nach Meinung des Ministers Lindemann so unproblematische System steckt, als die Abfolge der Artikel in diesem Heft. Da wird zunächst in schonungsloser Deutlichkeit aufgezeigt, mit welchen Problemen die Landstriche konfrontiert sind, in denen sich die »Veredelung« tierischer Produkte konzentriert hat, weil dort die Häfen liegen, über die billiges Futter aus Übersee kostengünstig in die Fütterungsautomaten gelangen kann. Die Rede ist von unerträglicher Geruchsbelastung und von nicht mehr beherrschbaren Nährstoffkonzentrationen, weil die Tiere viel mehr ausscheiden, als auf den Ackerböden der Region als Dünger unterzubringen ist. (In einer Veranstaltung in Berlin hat uns der Landrat des Kreises Emsland neulich berichtet, sein Kreis brauche zusätzliche 40 000 Hektar landwirtschaftliche Nutzfläche in anderen Landkreisen – um dort die Exkremente der viel zu vielen Tiere unterzubringen!) Im *top agrar*-Artikel werden dann die Konflikte mit der nicht landwirtschaftlichen Bevölkerung geschildert, die sich nicht mehr damit abfinden will, wie eines der »Baufenster« nach dem anderen mit neuen Ställen zugebaut wird, weil die Bauern in ihrer Angst, es könne bald nichts mehr gehen, die Bauämter mit neuen Anträgen zuschütten. Insgesamt 20 Millionen Masthähnchenplätze gibt es im Weser-Ems-Gebiet, weitere 10 Millionen seien beantragt. 8,5 Millionen Schweine stehen auf den Spaltenböden der rund 7500 Bauern der Region, die ca. 2,5 Schweine pro Jahr und Mastplatz mästen. Der nächste Artikel empfiehlt unter der Überschrift »Mit guten Argumenten in die Offensive gehen« den Bauern, sich in die öffentliche Diskussion einzubringen, damit die baugesetzlichen Möglichkeiten erhalten bleiben, die all das ermöglichen.

Und dann kommt das Interview mit Herrn Franz-Josef Möllers. Der ist selbst Schweinemäster, Präsident des Westfälisch-Lippeschen Landwirtschaftsverbandes, des Bauernverbandes in diesem Bundesland, und er dürfte ein Herz und eine Seele mit dem neuen Landwirtschaftsminister des Nachbarlandes Niedersachsen sein. Herr Möllers nämlich empfiehlt Wachstum, allerdings mit Maß. Denn wachsen muss man doch, nicht wahr?

Liebe Leser, dies ist kein Buch über die agrarpolitischen Probleme Norddeutschlands. Doch wenn unsere Politiker, unsere Wirtschaftsvertreter und die Vertreter des bäuerlichen Berufsstandes der Welt unser Landwirtschaftssystem zur Nachahmung empfehlen, um damit die Ernährungsprobleme künftiger Generationen zu lösen, dann kommen wir nicht umhin, uns anzusehen, wie dieses System aussieht und funktioniert. Ich weiß nicht, wie's Ihnen damit ergeht. Mich macht es sprachlos, dass jemand ernsthaft glaubt, das sei die Richtung, in die es gehen muss!

Planetary Boundaries – Wie viel unser Planet noch aushält

Im September 2009 veröffentlichte das renommierte Wissenschaftsmagazin *Nature* einen Beitrag mit dem Titel »A safe operating space for humanity«[32]. Die Liste der Autoren, zu denen auch der Direktor des Potsdamer Institutes für Klimafolgenabschätzung, Hans Joachim Schellnhuber, gehört, liest sich wie ein Who's who der Geo- und Umweltwissenschaften. Es geht ihnen um die Gefährdung unserer Lebensbedingungen durch menschliches Einwirken. Sie beschreiben, welche günstigen Umweltbedingungen im seit 10 000 Jahre andauernden Erdzeitalter »Holozän« für die Existenz des Menschen bislang herrschen. Sie seien sehr stabil, und natürliche Regelungsmechanismen hätten dafür gesorgt, dass die Schwankungen bei Parametern wie Durchschnittstemperaturen, Frischwasserverfügbarkeit oder biochemischen Stoff-Flüssen in recht engen Grenzen gehalten wurden.

Der Beginn des Industriezeitalters markiert nun den Beginn eines neuen Erdzeitalters, das die Autoren »Anthropozän« nennen, weil menschliche Aktivität wirkungsvoller wird als natürliche Regelung. Damit würden die Grenzen der bisherigen Schwankungsbreiten überschritten, und es sei abzusehen, dass der stabile Zustand des Holozäns mit nachteiligen, ja sogar katastrophalen Folgen für die Lebensbedingungen der Menschheit verändert wird. Entgegen den allmählichen Übergängen natürlicher Vorgänge, wie sie während des Holozäns geherrscht hätten, sei mit abrupten Änderungen zu rechnen, wenn Belastungsgrenzen überschritten werden. Träten diese Folgen ein, so seien sie für mehrere Jahrtausende nicht mehr rückgängig zu machen.

Die Wissenschaftler definieren neun Parameter, deren Entwicklung sie für das Funktionieren des globalen Ökosystems für entscheidend halten:

1. Klimawandel
2. Verlust an Biodiversität
3. Stickstoff- und Phosphatkreislauf
4. Verminderung der Ozonschicht
5. Versauerung der Ozeane
6. Globaler Frischwasserverbrauch
7. Änderung der Landnutzung
8. Aufladung der Atmosphäre mit Kleinstpartikeln
9. Umweltverschmutzung mit chemischen Substanzen.

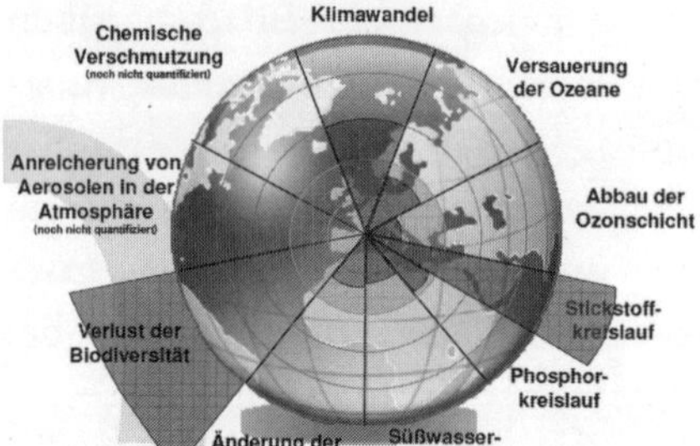

Quelle: *Nature*, Übersetzung: Peter Röhrig

Für jeden dieser Parameter benennen sie Obergrenzen, innerhalb derer sich die Umweltbedingungen für uns Menschen sicher gestalten können, deren Überschreitung aber dem globalen Ökosystem irreparablen Schaden zufügt. Das aus dem Artikel entnommene Schaubild zeigt, wie nahe die tatsächliche Belastung diesen Grenzen schon gekommen ist bzw. dass bei den ersten drei Parametern das Maximum bereits überschritten wurde. Eine Quantifizierung bei den Parametern acht und neun steht noch aus.

Für unser Thema von Bedeutung ist, dass allenfalls mit Ausnahme der Punkte vier und acht alle Parameter primär mit der Landwirtschaft verbunden sind. Und dass die Belastungen durchweg von der industriellen, konventionellen, Input-intensiven Landwirtschaft verursacht werden.

Heilsversprechen aus dem Labor

Die Veröffentlichung von diplomatischem Schriftverkehr durch die Enthüllungsplattform *WikiLeaks,* die im Dezember 2010 für Furore sorgte, förderte allerlei Taktlosigkeiten ans Tageslicht, deren Kenntnis allenfalls für die Befriedigung von Sensationslust von Bedeutung ist. Dazwischen fanden sich aber auch brisante Happen, die einen Eindruck davon verschafften, wie die Geschicke der Welt nicht nur mit den Methoden gelenkt werden, die wir im *heute-journal* zu sehen bekommen.

So konnte man dort von den gemeinsamen Anstrengungen spanischer Politiker und US-amerikanischer Diplomaten lesen, der zunehmenden Gentechnik-Unlust der Europäer entgegenzuwirken. Auch die Versuche, den Vatikan dazu zu bringen, den gentechnikkritischen Ortskirchen die Leviten zu lesen, sind auf diese Weise dokumentiert. Hier allerdings war die Enthüllung durch *WikiLeaks* gar nicht mehr erforderlich. Schon im Mai 2009 hatten an Gentechnik interessierte Wissenschaftler und Konzerne versucht, die weltgrößte Glaubensgemeinschaft für ihre Zwecke zu instrumentalisieren. In der »Päpstlichen Akademie der Wissenschaften« veranstalteten sie eine Studienwoche zum Thema »Transgene Pflanzen für die Nahrungsmittelsicherheit im Entwicklungszusammenhang«. Dort traten ausschließlich Befürworter des Einsatzes dieser Technologie auf, einschließlich Vertretern der Unternehmen Monsanto, Syngenta und diverser Lobbyorganisationen. Gänzlich abwesend waren nicht nur Gentechnikkritiker, sondern auch Experten von Entwicklungshilfeorganisationen. Dem Tagungsprogramm vorangestellt war eine Art Grußbotschaft des Papstes samt Bild, aus der man entnehmen konnte, auch er unterstütze das Anliegen der Tagung. In der Einladung wurde das so dargestellt: Die Gegnerschaft zur Agro-Gentechnik sei ideologisch motiviert (»Opposition to biotechnology in agriculture is usually ideological«). Es gehe deshalb bei der Studienwoche darum, die Hürden übertriebener Vorsorge zu überwinden, um zu mehr wissenschaftlicher Einschätzung zu gelangen (»Food for the poor will be lost if GMO-regulation is not changed from being driven by ›extreme precaution‹ principles to being driven by ›science-based‹ principles«). Was unerwähnt blieb: Das Papstwort war keineswegs auf diese Studienwoche und die Gentechnik gemünzt und entstammte einem völlig anderen Zusammenhang. Und die Päpstliche Akademie der Wissenschaften ist auch nicht der Vatikan, sondern eine Institution, die explizit als unabhängig vom Heiligen Stuhl gegründet wurde. Das alles hinderte Teilnehmer der Veranstaltung nicht, im November 2010 erneut Pressemitteilungen zu verbreiten, auch der Vatikan befürworte den Einsatz von Gentechnik in der Landwirtschaft. Anlass war das Scheitern des Landes Sachsen-Anhalt mit seiner Klage gegen das deutsche Gentechnikgesetz vor dem Bundesverfassungsgericht. Glücklicherweise nahm in diesem Fall der Vatikan selbst Stellung und distanzierte sich von diesen Behauptungen.

Warum bemühen sich eine Branche und ihre wissenschaftlichen Zuarbeiter, ausgerechnet die Institution Vatikan als

Kronzeugen aufzubauen, die selbst von vielen Katholiken nicht mehr als letzte Instanz – zumindest in weltlichen Fragen – akzeptiert wird? Die Antwort liegt auf der Hand und ist aus dem Inhalt der Tagungseinladung abzulesen. Das wichtigste, sozusagen unwiderlegbare Argument für die Agro-Gentechnik ist ihr vorgeblicher Nutzen für die Ernährung der Welt, für »food for the poor« (Essen für die Armen). Es schlägt alle sonstigen Bedenken und entlarvt diese als Luxusprobleme, vorgebracht von Menschen, die genug zu essen hätten. Das wird nicht nur von Monsanto-Vertretern auf Podiumsdiskussionen so dargestellt, es begegnet mir in den meisten Gesprächen, die ich über unser Thema führe. Und weil es für die Akzeptanz der Gentechnik so wichtig ist, muss jemand dieses Argument stützen, ein Jemand, dem alle Welt Kompetenz zubilligt, wenn es um die Fürsorge für Arme und Hungernde und um das Eintreten für die Rechte der Länder des Südens geht.

Und aus dem gleichen Grund muss auch ich dieser Technologie einen eigenen Abschnitt in diesem Kapitel widmen, obwohl ich durchaus nicht vorhabe, ein Buch über Gentechnik zu schreiben. Ich bitte um Nachsicht, wenn ich nicht alle Aspekte anspreche, die eine umfangreiche Abhandlung zu diesem Thema ausleuchten müsste. Ich will mich stattdessen auf das beschränken, was unmittelbaren Bezug zu unserer Fragestellung hat: Kann Agro-Gentechnik einen wichtigen – oder gar unabdingbaren – Beitrag zur Sicherung der Welternährung leisten?

Um möglicher Verwirrung vorzubeugen, zunächst eine kleine Begriffsbestimmung: Mir geht es nicht in Bausch und Bogen um das ganze weite Feld der Biotechnologie. Auch nicht um alle ihre Anwendungen, wie die »Rote« oder Medizinische Gentechnik oder die »Weiße« Gentechnik, die die Herstellung von Enzymen und anderen Hilfsstoffen beinhaltet. Mir geht es ausschließlich um die »Grüne« oder – präziser formuliert – Agro-Gentechnik: Das ist die gentechnische Veränderung von lebenden und vermehrungsfähigen Organismen, die in die freie Natur ausgebracht werden. Damit ist auch das Kernproblem der Technologie angesprochen: Die aus ihr entstehenden künstlich veränderten Organismen[33] werden freigesetzt. Einmal in ein Ökosystem entlassen, können sie von dort nicht mehr zurückgeholt werden. Durch natürliche Mechanismen wie beispielsweise Auskreuzung innerhalb derselben oder in verwandten Arten können sie sich sogar noch ausbreiten. Es ist unmöglich, natürlich entstandene Organismen daran zu hindern, solche künstlich in eine Art eingebrachten Gene in das eigene Erbgut aufzunehmen. Selbst wenn – was ihre Befürworter behaupten – die Gentechnik nicht mehr Risiken aufweisen würde als jede andere neue Technologie, so liegt in diesen Mechanismen ein Zusatzrisiko, das sie von nahezu allen anderen Technologie-Risiken unterscheidet.

Die Forderung, mit der Agro-Gentechnik lieber zu restriktiv als zu leichtfertig umzugehen, ist deshalb nicht ideologisch (was immer das heißen mag), sondern von Vernunft motiviert und entspricht dem Prinzip der Verantwortung. Ich beziehe mich hier auf den Philosophen Hans Jonas, der die Forderung aufgestellt hat, der Mensch müsse angesichts seiner enorm gewachsenen technologischen Fähigkeiten die Unversehrtheit seiner Welt vor den Übergriffen seiner eigenen Macht bewahren. Die Gefahr in Technologien wie der Biotechnologie sieht er darin, dass sie »weder geduldig noch langsam« vorgeht, sondern »die vielen winzigen Schritte der natürlichen Entwicklung in wenige kolossale zusammen[drängt]« und sich somit »des lebenssichernden Vorteils der tastenden Natur [begibt]«.[34]

Aber nicht nur Philosophen, sondern auch Naturwissenschaftler warnen vor Risiken der Agro-Gentechnik. Zwar werden nicht selten vorschnell Hiobsbotschaften zur Gentechnik aus dem Internet gefischt, als wissenschaftlich erwiesen angesehen und ins Netz zurück multipliziert. Die Anzahl von Studien seriöser Institute reicht aber auch ohne solche unseriösen Quellen aus, um die Position zu entkräften, es gäbe *keine* Risiken, die für die Agro-Gentechnik spezifisch sind.[35]

Diese Tatsachen vorausgeschickt, ist es trotzdem von Interesse, zu wissen, ob die Gentechnik außer den Risiken wenigstens Chancen bietet. Und ob diese Chancen so groß sind, dass sie es rechtfertigen würden, solche Risiken einzugehen – wobei ich auch zu dieser Überlegung noch einmal die Quintessenz des dritten Kapitels anführen muss: dass nämlich der Schlüssel zur Beseitigung des Hungers in der Welt nicht in der Produktivitätssteigerung liegt.

Im Februar 2011 legten vier renommierte deutsche Agrar- und Ernährungswissenschaftler ein Papier vor, das mit der Broschüre der *Deutschen Forschungsgesellschaft* (DFG) mit dem Titel »Grüne Gentechnik« scharf ins Gericht geht. Sie war von der Dachorganisation der deutschen Wissenschaft im Dezember 2009 publiziert worden. Die Professoren, die sich im Übrigen als sehr aufgeschlossen gegenüber den Potenzialen der Gentechnik zu erkennen geben, kritisieren, in der Broschüre sei das Potenzial der Gentechnik aus ideologischen Gründen überbewertet worden. »Darüber hinaus muss grundsätzlich der potentielle Beitrag der GGT [Grüne Gentechnik] als biologisch-technischer Fortschritt zu zentralen Problemen der Welternährung wie auch des globalen Umweltschutzes im adäquaten Kontext diskutiert werden. So ist es unstrittig, dass Welternährungsprobleme wie auch globale Umweltprobleme in erster Linie auf unvollkommene institutionelle Rahmenbedingungen zurückzuführen sind, die sich als Verteilungs- bzw. Anreizprobleme manifestieren und somit im Kern keine technologischen Probleme darstellen. *Entsprechend gering ist auch der potentielle Beitrag, der von biologisch-technischem Fortschritt wie GGT zur tatsächlichen Lösung dieser zentralen Probleme zu erwarten ist.*« [Hervorhebung durch den Autor][36]

Olaf Christen, Professor für Pflanzenzüchtung an der Martin-Luther-Universität Halle-Wittenberg, erklärte dem Plenum in einer Diskussionsrunde im Herbst 2009, dass zur Lösung des Welternährungsproblems die Pflanzenzüchtung einen Beitrag leisten könne, der sei jedoch allenfalls mit 10 % anzusetzen. Es mag sein, dass er das künftige Potenzial sehr vorsichtig eingeschätzt hat. Eindeutig ist aber, dass der aktuelle Beitrag der Agro-Gentechnik den Anteil von 0 % noch nicht überschritten hat. Dazu muss man wissen, dass weltweit nach wie vor praktisch nur *vier* Pflanzen in gentechnisch veränderter Form im Praxisanbau stehen. Und dass trotz jahrzehntelanger Entwicklung dieser Praxisanbau nach wie vor von nicht mehr als zwei gentechnisch erzeugten Eigenschaften geprägt ist, die in keiner Verbindung zu Ertragssteigerung oder der Anpassung an schwierige klimatische Anbaubedingungen stehen.

Die vier am häufigsten angebauten Gentech-Pflanzen sind Sojabohnen (52 %), Mais (31 %), Raps (5 %) und Baumwolle (12 %) – sie nehmen weltweit etwa 148 Millionen Hektar und damit 10 % der globalen Landwirtschaftsfläche ein, und ihr Anbau konzentriert sich auf sechs Länder: USA, Brasilien, Argentinien, Indien, Kanada, China.[37] Sojabohnen und Mais dienen im Wesentlichen als Tierfutter. Bei der Baumwolle werden die Fasern der Frucht zur Herstellung von Textilien und der Samen ebenfalls für Tierfutter verwendet. Raps wird sowohl zu Treibstoff als auch zu Speiseöl verarbeitet.

Durch das Einfügen von Gensequenzen in die Erbsubstanz dieser Pflanzen werden in immer neuen Kombinationen zwei verschiedene Eigenschaften (sogenannte »traits«) erzeugt.

Für den ersten Trait wird eine Sequenz aus dem Erbgut des auch natürlich vorkommenden Bakteriums Bacillus thuringiensis (Bt) verwendet, weshalb man hier von »Bt-Technologie« spricht. Durch die gentechnische Veränderung produziert die Pflanze in allen ihren Zellen das Bt-Toxin. In der Natur wird dieses Insektengift nur durch das Bakterium erzeugt. Insekten, die diese Pflanze dann anbohren oder anfressen, nehmen das Gift auf und gehen ein. Neben dem grundsätzlichen Bedenken, dass jede gentechnische Veränderung unerwartete Effekte mit sich bringen kann, durch die die Pflanze eine Wirkung hat, die nicht beabsichtigt war, stehen zwei mögliche und in Studien und Experimenten auch nachgewiesene schädliche

Effekte in der Diskussion. Der eine ist die Beeinträchtigung von Insekten, die gar keine Schädlinge sind – sogenannte Nichtzielorganismen wie Bienen, Schmetterlinge oder in aquatischen Systemen lebende Organismen, die Pflanzenteile oder Pollen aufnehmen, die das Bt-Gift enthalten. Eine solche Wirkung ist der Grund, weshalb die bis dato in der EU einzig zugelassene gentechnisch veränderte Pflanze – Monsantos Gentech-Mais »MON810« – wie bereits in sechs weiteren EU-Staaten auch in Deutschland seit April 2009 mit einem Anbauverbot belegt ist.

Der zweite Effekt betrifft die Gesundheit von Nutztieren oder Menschen, die Bt-Mais zu sich nehmen. Die europäische Behörde für Lebensmittelsicherheit (EFSA), die für die Zulassung von Gentech-Pflanzen zuständig ist, hat zwar auf der Grundlage von Studien, die ihr vom Antragsteller, der amerikanischen Firma Monsanto, zur Verfügung gestellt wurden, dem Bt-Mais Unbedenklichkeit bescheinigt. Es gibt aber andere Studien, bei denen sich negative Effekte auf innere Organe von Versuchstieren zeigten. Und da in vielen Ländern des Südens die Diät der ärmeren Bevölkerung nahezu ausschließlich aus Mais besteht, sind die Menschen dort von solchen Risiken sehr viel unmittelbarer berührt als in unseren Breiten, wo Mais kaum direkt, sondern auf dem Umweg über den Tiermagen konsumiert wird. Mittlerweile stammen zwar 29 % der weltweiten Maisproduktion aus gentechnisch veränderten Sorten[38] – davon ist aber Speisemais praktisch noch nicht betroffen.

Die zweite dominierende gentechnisch erzeugte Eigenschaft besteht darin, dass Pflanzen gegen ein Total-Herbizid unempfindlich gemacht werden. Ein solches Herbizid tötet alle anderen Pflanzen ab. Auf dem Acker bleibt deshalb nur die Pflanze stehen, die das Roundup-Konstrukt trägt. Das gebräuchlichste Total-Herbizid heißt »Roundup«; es beinhaltet den Wirkstoff *Glyphosat* und wird, ebenso wie das zugehörige Gentechniksaatgut, vom US-Multi Monsanto vertrieben.

Der Haupteinwand gegen diese gentechnische Eigenschaft ist – über die obengenannten grundsätzlichen Bedenken hinaus – ein ökologischer: Wo jede Pflanze außer der einen vernichtet wird, finden auch andere Lebewesen keine Existenzbedingungen mehr vor. Man muss nicht Insektenkundler oder Professor für Ökologie sein, um sich vorzustellen, was das z.B. in Argentinien bedeutet, wo auf 55 % der 34 Millionen Hektar Ackerfläche *Roundup Ready Soja* wächst. Damit existiert auf einer Fläche, die eineinhalbmal so groß ist wie die gesamte Ackerfläche der Bundesrepublik Deutschland (auf obendrein riesigen Feldschlägen), nur eine einzige Pflanze![39]

In den letzten Jahren werden obendrein schlimme Gesundheitsfolgen bei der ländlichen Bevölkerung sichtbar, die in ständigen und intensiven Kontakt mit dem Pflanzengift kommt. In Argentinien führte das bereits dazu, dass ein argentinisches Gericht in einem Urteil vom März 2010 das Sprühen der Agro-Chemikalien in der Nähe von bewohnten Gebieten verbot. Ein nationales Verbot wurde allerdings nicht erlassen. Die Begründung: Ohne *Glyphosat* könne in Argentinien keine Landwirtschaft betrieben werden.

Die Annahme, Agro-Gentechnik könne einen wesentlichen Beitrag zur Bekämpfung von Hunger und Unterernährung in der Welt liefern, kann nicht auf der Grundlage von Versprechungen der Gentechnikindustrie begründet werden. Diese behauptet, Pflanzen mit höherem Ertrag, Trocken- oder Hitzetoleranz oder der Fähigkeit, auf versalzten Böden zu gedeihen, zu fabrizieren. Doch obwohl sie solche Wunderpflanzen schon seit Jahrzehnten ankündigt, besteht alles, was tatsächlich produziert wird, aus insektenresistenten oder herbizidtoleranten Pflanzen – oder gar beiden Eigenschaften in Kombination. Diese Eigenschaften erleichtern zwar den Einsatz maschineller Großtechnik und steigern den Absatz von eigens auf die Gentech-Pflanzen zugeschnittenen Total-Herbiziden. Sie helfen aber nicht, mehr Lebensmittel zu produzieren. Und sie sind vor allem dort überflüssig, wo mit einem intelligenten, auf einer abwechslungsreichen Fruchtfolge aufbauenden bäuerlichen Pflanzenbau verhindert wird, dass die Probleme auftreten, gegen die diese Gentechnikpflanzen konstruiert werden.

Dafür, dass man immer noch nicht über diese beiden Gentechnikeigenschaften hinausgekommen ist, sind mehrere Gründe denkbar.

Vor allem scheinen die genetischen Voraussetzungen der Wundereigenschaften erheblich komplexer zu sein als bei den bereits realisierten. So ist es zwar schon gelungen, trockenheitsresistente Pflanzen zu züchten. Die Ergebnisse, die bei Anbauversuchen im Labor erreicht wurden, können jedoch nicht einfach auf Freilandbedingungen übertragen werden. Eine einzige Variante der Gentech-Pflanze kann nicht an die weltweit sehr unterschiedlichen lokalen Wuchsbedingungen angepasst sein. Aussagen über höhere Erträge, wie sie beispielsweise Monsanto bei Versuchen mit einem trockenheitstoleranten Mais machte, müssen daher auch für jedes Anbaugebiet neu getroffen werden. Deshalb wird bisher nicht eine einzige gentechnisch veränderte Pflanze kommerziell angebaut, die die heilsversprechenden Eigenschaften in sich trägt. Möglicherweise ist aber auch die wirtschaftliche Verwertung von Pflanzen, deren Anbau vornehmlich von armen Menschen vorgenommen würde, nicht interessant genug …

Es gibt Züchtungsverfahren, die zwar die Techniken der Biotechnologie nutzen, um zu identifizieren, welche Gene für welche Eigenschaften zuständig sind, bei denen aber dann keine Gene fremder Organismen künstlich in die Pflanze eingebracht werden. Bei diesen Methoden des »Smart Breeding« werden die Kreuzungspartner anhand der biotechnologisch gewonnenen Erkenntnisse gezielt ausgesucht und dann auf natürliche Weise gekreuzt. So kann man den Genpool einer Pflanzenart optimal nutzen und kommt schneller ans Ziel, ganz ohne das Risiko, das in dem gentechnischen Eingriff liegt.

Leider hat die Gentechnik nicht nur *keine* Pflanzen hervorgebracht, die zur Lösung des Welternährungsproblems beitragen könnten. Sie hat im Gegenteil das Potenzial, als Problemverstärker zu wirken. Das hat mit dem Geschäftsmodell zu tun, das mit der Technologie verbunden ist. Darüber kann ich allerdings nur sprechen, indem ich ein bisschen weiter aushole.

Bereits 1929 wurde mit dem ersten Entwurf eines Saat- und Pflanzgutgesetzes bei uns in Deutschland ein Sortenschutzrecht eingeführt, das 1953 mit einem Gesetz über Sortenschutz und Saatgut von Kulturpflanzen konkretisiert wurde. Es schützt das geistige Eigentum desjenigen, aus dessen züchterischer Arbeit eine Sorte hervorgegangen ist. Unter bestimmten Bedingungen muss der Bauer, der eine Sorte aussät, die unter das Sortenschutzrecht fällt, eine Lizenz an den Züchter abführen. Das gilt allerdings nicht für das Saatgut, das Bauern und Bäuerinnen selbst züchten und untereinander austauschen. Denn das Sortenschutzrecht führt zwar dazu, dass dem Züchter der Aufwand für seine Züchtung zurückerstattet wird, es lässt aber zwei wichtige Freiheiten: Die erste ist das »Landwirteprivileg«. Es besagt, dass jeder Bauer frei darüber entscheiden kann, ob er aus seiner Ernte Saatgut für die nächste Aussaat abzweigen möchte *(Nachbau)*. Die zweite ist das »Züchterprivileg«. Es gibt jedem Saatgutzüchter das Recht, auf alle verfügbaren Sorten zurückzugreifen, wenn er mit ihrer Hilfe durch Kreuzung und Rekombination eine neue Sorte entwickeln möchte. Dieses System kann man mit einer »Open-Source-Software« vergleichen, bei der jeder auf den Quellcode zurückgreifen und damit eine Anwendung verbessern kann. Es hat einen wesentlichen Anteil daran, dass in den letzten Jahrzehnten ein so gewaltiger Fortschritt in der Leistungsfähigkeit unserer Nutzpflanzen erreicht wurde.

Bei gentechnisch veränderten Pflanzen gilt ein anderes Rechtssystem. Sie werden als Erfindungen deklariert und sind deshalb mit Patenten belegt. Und da sich das Patentrecht grundsätzlich vom Sortenschutz unterscheidet, entfällt sowohl das Züchter- wie auch das Landwirteprivileg[40]. Ein Landwirt, der von dem Getreide, das er auf seinen Feldern geerntet hat, etwas übrig behalten und für die nächste Aussaat verwenden möchte, macht sich ebenso strafbar wie ein Züchter, der in seine Kreuzungen eine solche Gentechnikpflanze einbaut. Dass dies vom Patentinhaber rigoros eingefordert wird, zeigen nicht nur die Verträge, die Landwirte unterschreiben müssen, wenn sie z. B. GVO-Mais anbauen wollen. Insbesondere Bauern in den USA und in Kanada haben schon sehr konkret erlebt, wie rabiat die Firmen ihre Ansprüche durchsetzen.

Die Firmen? Die Firma, muss man besser sagen. Denn wohin auch immer man blickt, wenn es um Agro-Gentechnik geht, man stößt immer auf denselben Konzern: den international agierenden Konzern Monsanto aus St. Louis im US-Bundesstaat Missouri. Er verfügt über die Patente an fast allen Gentechnik-Traits, die weltweit in Nutzpflanzen eingebaut worden sind. Monsanto hat seinen Einfluss noch dadurch erhöht, dass das Unternehmen seit 2007 eng mit der Pflanzensparte des deutschen Chemieriesen BASF, der zu den am meisten in der Agro-Gentechnik engagierten Konzernen der Welt gehört, kooperiert.

Es wurde oben schon darauf hingewiesen, dass die Unkrautvernichter, die im Doppelpack mit dem Saatgut für herbizidresistente Gentechnikpflanzen vertrieben werden, ebenfalls aus dem Hause Monsanto stammen. Dadurch ist nahezu jeder Bauer, der diese Pflanzen anbaut (oder mitunter sogar solche, die das Pech haben, dass ihre Äcker mit Gentechnikpollen verunreinigt werden), jener amerikanischen Firma zu Tribut verpflichtet, die ein Vorstandsmitglied des größten deutschen Pflanzenzüchters mir gegenüber einmal als eine »Anwaltskanzlei mit angehängtem Saatgutgeschäft« bezeichnet hat. Schlimmer aber noch: Keiner dieser Bauern kann, wenn eine Ernte einmal schlecht ausfällt oder er aus sonstigem

Grund wenig Bargeld zur Verfügung hat, die selbsterzeugten Samen zum Nachbau verwenden.

Indische Umweltaktivisten weisen darauf hin, dass sich schon Tausende von Bauern umgebracht hätten, weil sie diese Abhängigkeit in den wirtschaftlichen Ruin getrieben habe. Das bestreitet Monsanto, und auch eine Studie der Uni Göttingen hält diese Schlussfolgerung für falsch, weil es die fürchterlichen Selbstmordwellen unter indischen Kleinbauern schon vor der Einführung von Gentechnikbaumwolle – um die geht es hier – gegeben habe. Ich verfüge über keine Informationen, die es mir erlauben zu entscheiden, ob Inder wie die Trägerin des Alternativen Nobelpreises, Vandana Shiva, hier recht haben oder der Göttinger Professor. Eines ist aber sicher: Die Selbstmorde sind die Folge eines Agrarsystems, das auf kapitalintensiven Input statt auf die eigenen Kräfte der Bauern setzt. Weil sie wenig Land und keine Bargeldreserven haben, leihen sie sich Geld von örtlichen Wucherern, um damit Saatgut, Spritzmittel und Dünger zu kaufen. Geht alles gut, können sie den Kredit tilgen oder lösen ihn durch einen Teil der Ernte ab. Kommt aber eine Missernte dazwischen, fällt das System in sich zusammen. Und in Verzweiflung und Scham darüber, ihre Familien nicht mehr ernähren zu können, stürzen sie sich in den Tod – zu allem Überfluss geschieht das nicht selten auch noch dadurch, dass sie sich Pestizide einflößen. Dass ein Saatgut, das man nicht selbst nachbauen darf, sondern teuer den Händlern von Monsanto und Co. abkaufen muss (einschließlich Patentgebühr, versteht sich), dieses System verstärkt, liegt auf der Hand!

Nun könnte man sich auf den Standpunkt stellen, es liege ja in der Entscheidungsfreiheit der Bauern, ob sie das Gentechniksaatgut kaufen oder lieber konventionell gezüchtetes verwenden wollen. Allerdings geht es beim Kauf von Saatgut ebenso wie beim Erwerb von Dünge- und Spritzmitteln nicht immer so rational zu, wie diejenigen glauben machen wollen, die mit dem Verkauf ihr Geld verdienen. Wie anders sollte man sich erklären, dass die einschlägigen Fachzeitschriften voller Anzeigen sind, in denen fesche Mädchen mit Idealmaßen verführerisch Spritzmittelkanister an sich drücken oder kraftstrotzende Jungs versprechen, dass diese oder jene Maissorte besonders große Kolben trägt. Wie ihre Kollegen im bayerischen Oberland dürften auch die Bauern aus dem indischen Punjab nicht unempfänglich für solche Überredung sein.

Es gibt aber eine Bedrohung für die Freiheit der Wahl, die weitaus ernster zu nehmen ist. Es ist die atemberaubende Konzentration, die in den letzten Jahren auf dem Saatgutmarkt stattgefunden hat. Hat es 1975 weltweit noch über 7000 Saatzuchtfirmen gegeben, von denen keine mehr als ein halbes Prozent des weltweiten Umsatzes mit Saatgut machte[41], so befinden sich heute zwei Drittel dieses Marktes in den Händen von nur zehn weltweit operierenden Konzernen (siehe Tabelle).

Unternehmen	Jahresumsatz (Millionen US-Dollar)	Marktanteil (in %)
Monsanto, USA	4964	23
DuPont, USA	3300	15
Syngenta, Schweiz	2018	9
Groupe Limagrain, Frankreich	1226	6
Land O'Lake, USA	917	4
KWS Saat AG, Deutschland	702	3
Bayer CropScience, Deutschland	524	2
Sakata, Japan	396	< 2
DEL-Trifolium, Dänemark	391	< 2
Takii, Japan	347	< 2

Zusammenstellung: J. Moewius (Quelle: ETC Group 2006, http://etcblog.org/2007/04/30/top-ten-seed-companies-2007/)

Die Top Ten der Saatgutunternehmen setzten 2006 zusammen 14 785 Millionen US-Dollar pro Jahr um – das sind 67 % des gesamten Weltmarktumsatzes für Saatgut.

Die Top 3 kontrollieren zusammen fast die Hälfte des Marktes. Bei ihnen handelt es sich ausschließlich um Chemieriesen, die auch im Pestizid- und Düngegeschäft zu den größten Playern auf dem Weltmarkt gehören. Und dieser Monopolisierungsprozess ist keineswegs am Ende der Fahnenstange angelangt. So ist Monsanto nach wie vor dabei, unter anderem Firmen aufzukaufen, die Gemüsesaatgut herstellen. Auch werden immer mehr Baumwollsaatzüchter unter das Dach der Firma aus Missouri gebracht. Wenn nun jetzt schon 80 % allen Baumwollsaatgutes in den Händen dieser einen Firma ist – und Sie erinnern sich: BASF und Monsanto betreiben ihr Gentechnikgeschäft ja auch schon gemeinsam – und wenn diese den Bauern obendrein noch als Spritzmittellieferant und über Tochterfirmen dann auch noch als Aufkäufer der Ware gegenüberstehen, dann braucht man nicht viel Fantasie, um sich das Ganze als ein perfides neofeudales System auszumalen, dem kein armer Bauer auf der Erde so rasch entkommt. Eine solche Situation begrenzt selbst bei uns die Handlungsoptionen der Bauern. Aber noch viel mehr ist das in Weltgegenden der Fall, in denen Bauern nicht lesen oder schreiben können und über keine virtuelle (Internet-Bestellung) oder tatsächliche Mobilität verfügen, so dass sie zwischen verschiedenen Anbietern wählen könnten!

Dies sei ein kartellrechtliches Problem, aber keines der Gentechnik, mag jemand einwenden. Das stimmt. Nur muss man die Realität zur Kenntnis nehmen. Und die zeigt, dass es einen Hebel gibt, mit dem die freien Kräfte des Marktes ausgehebelt werden – und das ist die Gentechnik mit ihren Patentansprüchen.

Dieser Vorgang wirkt aber noch tiefer in die Ernährungssouveränität der Bauern und in ihre Widerstandsfähigkeit gegen Krisensituationen, als es bisher beschrieben wurde. Burkina Faso, eines der ärmsten Länder der Welt, bezieht 50% seiner Exporteinnahmen aus der Baumwolle. Das Baumwollsaatgut ist dort nicht verkäuflich, sondern wird von der örtlichen Baumwollfirma verteilt. Von dieser kommt auch der Dünger – und den bekommt man ausschließlich für den Baumwollanbau. Kein Wunder also, dass das »weiße Gold« auch in der bäuerlichen Ökonomie eine zentrale Rolle spielt. Das tut es umso mehr, als es praktisch die einzige »Cash Crop« ist, also die einzige Anbaukultur, mit der die Bauern Bargeld verdienen. Auf jeden Fall bringt sie mehr ein als Hirse, Mais und Reis, die vor allem für die Eigenversorgung angebaut werden. Diese Entwicklung hat es mit sich gebracht, dass dort, wie praktisch überall auf der Welt, die Anzahl und Vielfalt der angebauten Nutzpflanzen gewaltig abgenommen hat. In Jahren guter Baumwollernten lässt sich durch das erzielte Bareinkommen die Schule der Kinder bezahlen und niemand in der Familie muss hungern. Fällt die Ernte schlecht aus, dann geht es den Burkinabè ebenso wie den Indern: Nur noch die Suppenküchen der Hilfsorganisationen ermöglichen das Überleben der Familie. Dazu vermindert die Einschränkung der Vielfalt nicht nur die Existenzsicherung, sondern auch die Ausgewogenheit der Ernährung. Die Folge sind Mangelkrankheiten und verminderte Leistungsfähigkeit.

Wäre es nicht zynisch, dann könnte man jetzt mit einem fröhlichen Scherz kommentieren, dass sich hier der Kreis schließt: Denn hier wird ein weiteres Betätigungsfeld für Gentechniker und ihre Heilsversprechen eröffnet: Ich vermute, auch Ihnen ist schon einmal die Glücksbotschaft von BASF, Monsanto und Co. begegnet, bald Pflanzen zur Verfügung stellen zu wollen, in die all das an Vitaminen, Phenolen und Antioxidantien hineingezaubert ist, was uns die niederträchtige Natur vorenthält …!

Nach all diesen Argumenten möchte ich Ihnen noch eine letzte Begründung liefern, weshalb die Gentechnik für die Ernährungssicherung eher ein Problem als eine Lösung bietet:

Alle Gentechnik-Traits, die bislang eingesetzt werden, fördern den Anbau von Monokulturen.

Sie tun es im Fall der Roundup-Technologie, weil deren Einsatz sich nicht durch Einsparung der Fungizidmengen rechnet, sondern durch einen »Convenience-Effekt«. Bei der Unkrautbekämpfung muss man normalerweise darauf achten, welche Kräuter tatsächlich vorkommen und in welchem Wuchsstadium sie sich jeweils befinden. Dem muss man die Wahl des Spritzmittels und des Bekämpfungszeitpunktes anpassen. Roundup als Total-Herbizid aber wirkt immer, egal, wie groß die Unkräuter sind, und egal, zu welcher Art sie gehören. Das ist ein Vorteil, der erst auf großen Flächen so richtig zur Geltung kommt – auch ein Grund, weshalb sich in den südamerikanischen Anbaugebieten von *Roundup Ready Soja* Kleinbauern gegen den Druck der Riesenfarmen nicht halten können.

Die Bt-Technologie bewirkt Monokulturen auf eine andere Weise. Sie ermöglicht es, Schädlinge wie den Zünsler, den Wurzelbohrer im Mais oder den Bollwurm in der Baumwolle zu bekämpfen. Diese unliebsamen Insekten werden immer dann zum Problem, wenn Fruchtfolgen nicht eingehalten werden. Wenn also in einer Landschaft zu viele Nutzpflanzen derselben Art und noch dazu Jahr für Jahr auf denselben Flächen angebaut werden. Das in die Pflanzen eingebaute Genkonstrukt des Bacillus thuringiensis hebt diese Restriktion auf. Eine Abwechslung scheint nicht mehr nötig zu sein, und so kann der Anbau auf die Kultur konzentriert werden, die den besten finanziellen Erlös verspricht.

Auf diese Weise werden jedoch über längere Zeit Superunkräuter selektiert, die gegen Roundup und etliche andere Wirkstoffe resistent werden. Weitere Effekte: Die Bodenfruchtbarkeit nimmt ab, die Erosion nimmt zu, und die Biodiversität geht verloren. All das sind Kollateralschäden, deren Wirkung sich erst später zeigt. Aber bis dahin hat Monsanto seinen Schnitt schon gemacht. Und wenn alles gutgeht, steht das Unternehmen dann tatsächlich mit der nächsten Lösung parat: mit Pflanzen, die auch auf degradierten Böden noch eine Weile lang Ertrag bringen. Zumindest so viel, dass man die Lizenzen für das Patent daraus berappen kann.

Ein Wort an die Berufskollegen

Mit diesem Kapitel wollte ich begründen, weshalb ich das konventionelle System für ungeeignet halte, das sich zuspitzende Ernährungsproblem der Weltbevölkerung zu lösen, ja, dass es sogar dazu beiträgt, das Problem zu verschärfen. Ehe ich mich nun daranmache zu skizzieren, wie eine Landwirtschaft aussehen kann, die auf Dauer funktioniert, muss ich ein Wort an meine konventionell wirtschaftenden Berufskollegen richten. Ich tue dies in der vagen Hoffnung, dass der ein oder andere von ihnen dieses Buch in die Hand genommen und bis hierher noch nicht weggelegt hat. Alle, die sich nicht diesem Personenkreis zurechnen, können jetzt gerne direkt ins nächste Kapitel springen.

Um was ich Euch, liebe Nachbarn und Freunde und Sie, liebe mir nicht bekannte Bäuerinnen und Bauern, bitten möchte, ist, dieses Buch nicht als Angriff auf Euch und Eure Lebensleistung zu lesen. Ich arbeite eng mit konventionellen Betrieben zusammen, weil wir gemeinsam Maschinen, eine Kräutertrocknung und ein Kartoffellager nutzen. Ohne den Rat dieser Freunde und ihre Unterstützung wäre ich nicht in der Lage gewesen, meinen eigenen Betrieb zu entwickeln. Ich bin dankbar für ihre Hilfsbereitschaft und habe Achtung vor ihrer Kompetenz, ihrem Fleiß und ihrem Engagement für ihren Beruf. Aus diesem Grund würde es mir nicht in den Sinn kommen, ob jemand konventionell oder ökologisch wirtschaftet zu einer Frage von »moralisch besser« oder »unmoralisch« zu machen.

Mir ist auch klar, dass, wer für einen Markt arbeitet, dessen

Nahrungsmittelpreise es den Menschen ermöglichen, nur noch 11 % ihres Einkommens fürs Essen auszugeben, jede Möglichkeit der Stückkosten-Einsparung wahrnehmen muss. Man kann nicht mit Methoden des Ökolandbaus Weizen produzieren und ihn für einen konventionellen Preis verkaufen. Noch viel weniger ist das bei Schweinen oder Eiern möglich. Es gibt kein Vertun: Man wirtschaftet entweder im einen System oder im anderen. Manche Investitionen, z. B. in einen Mastschweinestall mit Vollspaltenböden oder in eine Biogasanlage, die auf der Grundlage von Mais funktioniert, machen den Ausstieg aus dem konventionellen System sogar unmöglich.

Und trotzdem, liebe Freunde und Nachbarn: Wir müssen die Diskussion führen. Wir müssen in Frage stellen dürfen, ob das, was wir bisher für garantiert und richtig gehalten haben, auch in Zukunft noch trägt. Und wenn es das nicht mehr tut, dann müssen wir über Umwandlungsprozesse sprechen. Wir müssen zusammen ergründen, wie wir ein System, das nicht nachhaltig genug ist, in einen Zustand überführen, der auch künftigen Generationen Lebenschancen lässt. Chancen, die so gut sind wie die, die wir vorgefunden haben. Und der sie allen Menschen lässt. Egal, ob sie hier leben oder auf der anderen Seite der Erde.

Ich bitte Euch um diese Offenheit und die Bereitschaft – von mir aus mit skeptischem Stirnrunzeln –, mir in das nächste Kapitel zu folgen, in dem ich die Behauptung aufstellen möchte, dass ökologisch geht, was mit dem auf Dauer nicht mehr möglich ist, was wir heute konventionell nennen.

5. Der neue Weg: Ökologische Intensivierung

Wer die Natur beherrschen will,
der muss ihr gehorchen.
Sir Francis Bacon, 1561–1626

Auch wenn die entscheidenden Bestimmungsgründe für das Scheitern der globalen Ernährungssicherung nicht in der Produktivität der landwirtschaftlichen Erzeugung liegen, so kommt doch der Frage, wie wir auf der begrenzten Anbaufläche und mit dem begrenzten Wasser möglichst viel erzeugen, eine große Bedeutung zu. Das vorangegangene Kapitel hat jedoch deutlich gemacht, dass eine hohe Produktivität nicht mit Methoden sichergestellt werden kann, die natürliche Ressourcen über das Maß ihrer Regenerationsfähigkeit hinaus beanspruchen. Es macht keinen Sinn, auf eine weitere Intensivierung der industriellen Landwirtschaft zu setzen, die in hohem Maß auf die Zufuhr externer Betriebsmittel – chemisch-synthetische Düngemittel und Pestizide, Futtermittel und gentechnisch konstruierte Lebewesen – angewiesen ist. Gehen wir diesen Weg, dann verheizen wir in einem letzten großen Strohfeuer all das, was künftigen Generationen als Lebensgrundlage dienen muss.

Dieses Buch trägt den provozierenden Untertitel »Die Welt wird sich ökologisch ernähren oder gar nicht mehr«, weil ich überzeugt davon bin, dass es zu diesem Strohfeuer eine Alternative gibt. Wir müssen nicht damit beginnen, uns für den finalen Weltenkampf um die Ernährungsressourcen zu rüsten, damit wir unsere Schäfchen im Trockenen haben, wenn aus der bereits sichtbaren »food crisis« ein FOOD CRASH wird.

Dieses Kapitel soll diese Alternative beschreiben und verständlich machen, weshalb eine Ökologische Landwirtschaft die Innovationskraft hat, die erforderlich ist, um alle Menschen auf diesem Planeten dauerhaft mit ausreichenden und qualitativ hochwertigen Lebensmitteln zu versorgen. Und zwar alle Menschen, die heute auf ihm leben – und die 219 000 Menschen, die an jedem neuen Tag hinzukommen.[1]

Wenn in diesem Zusammenhang von »ökologischer Landwirtschaft« die Rede ist, dann ist es wichtig, darauf zu verweisen, dass damit nicht der »zertifiziert ökologische Landbau nach den Richtlinien der EU-Verordnung 834 aus 2007« gemeint ist. Diese Verordnung und die privatrechtlichen Standards unserer Anbauverbände, die über die gesetzlichen Anforderungen hinausgehen, beschreiben verbindlich, was derjenige zu erfüllen hat, der für den europäischen Markt zertifizierte Ökolebensmittel herstellen möchte. Eine solche verbindliche Beschreibung ist unerlässlich, damit Kunden sich darauf verlassen können, dass das von ihnen erworbene Bioprodukt dem entspricht, was er sich davon erwartet. Nur so funktioniert ein Markt, auf dem Verbraucher bereit sind, für die Einhaltung höherer Anforderungen höhere Preise zu zahlen. Die Bedingungen auf anderen Märkten – und noch viel mehr in anderen Erzeugungsregionen der Erde – unterscheiden sich jedoch zum Teil sehr stark von denen Europas. Deshalb geht es im Folgenden um das grundsätzliche Konzept einer ökologischen Landwirtschaft – und nicht um einen Zertifizierungsstandard.

Das zweite Missverständnis, dem hier vorgebeugt werden muss, ist eines, das mir schon begegnet ist, als ich meinen eigenen Betrieb auf die ökologische Wirtschaftsweise umgestellt habe. Zwar hatte mein Vater auf vorbildliche Weise darauf verzichtet, mir in meine Betriebsführung hineinzureden, sobald er mir den Betrieb übergeben hatte – aber jetzt konnte er sich eine Bemerkung doch nicht verkneifen: Wieso ich das wieder beginnen würde, was man doch glücklich hinter sich gelassen habe – womit er die Zeit meinte, in der es nicht ausreichend Düngemittel gab, in der das Unkraut noch mit der Hacke in der Hand hatte bewältigt werden müssen und in der die Hektarerträge auf einem Drittel des heutigen Niveaus lagen. Nein, all das meine ich nicht, wenn ich von ökologischer Landwirtschaft spreche. Es geht weder um die Rückkehr in vorindustrielle Zeiten. Noch geht es um eine Landwirtschaft, die eigentlich das Gleiche tut wie die konventionelle, nur dass eben auf Chemikalien »verzichtet« wird. Und in den Ländern des Südens geht es nicht um eine Landwirtschaft, die sozusagen zwangsweise ökologisch ist, weil das Geld fehlt, Spritz- und Düngemittel zu kaufen (»organic by deficiency« – ökologisch aus Mangel).

Gemeint ist eine innovative, gemeinsam von Wissenschaftlern, Bäuerinnen und Bauern fortentwickelte Landnutzungsform, die natürliche Regelmechanismen und die vorhandenen natürlichen Ressourcen geschickt nutzt, um in hoher Arbeitseffizienz stabile und möglichst hohe Erträge zu erwirtschaften. Und die deshalb mit einem Minimum an Betriebsmitteln auskommt, die von außen hinzugekauft werden müssen, und die ohne den Einsatz naturfremder Stoffe und Organismen arbeiten kann.

Es gibt einen Begriff, dessen Ursprung ich zwar nicht feststellen konnte, den ich aber für sehr geeignet halte, diese beiden Missverständnisse aus dem Weg zu räumen. Er heißt *Ökologische Intensivierung*. Markus Arbenz, Geschäftsführer des Weltdachverbandes der Ökolandbaubewegungen IFOAM[2], liefert dafür in einem Papier seiner Organisation folgende Beschreibung: »Wir brauchen einen Paradigmenwechsel – zu einer neuen Strategie, die auf Produktionssysteme baut, die sich die Armen leisten können. Sie nutzen auf intelligente Weise die Vielfalt der Natur und die Lösungen, die sie bietet. Sie berücksichtigt die Verschiedenheit der Kulturen und nutzt deren Kenntnisse und praktischen Erfahrungen als Hebel.«[3]

Es ist wichtig, an dieser Stelle noch einmal zwei fundamentale Zahlen zu nennen und dadurch daran zu erinnern, um welche Frage es geht. Erstens: Wir sprechen über den Skandal, dass eine Milliarde Menschen zu wenig zu essen haben. Zwei Drittel dieser Menschen leben auf dem Land. Und zweitens: 70 % aller weltweit produzierten Lebensmittel werden nach wie vor von Kleinbauern erzeugt.

Wenn wir uns deshalb über die Zielsetzung einer *Ökologischen Intensivierung* Gedanken machen, dann müssen wir insbesondere diese Menschen im Blick haben. Frauen und Männer, die auf kleiner und kleinster Fläche versuchen, ihre eigene Existenz zu sichern. Und die es schaffen müssen, neben einer durch das ganze Jahr hindurch funktionierenden Selbstversorgung, Märkte zu beliefern. Das müssen sie, um sich durch Zukauf von Gegenständen des täglichen Bedarfes, Mobilität und Bildung einen zufriedenstellenden Lebensunterhalt zu ermöglichen. Sie müssen es, um Reserven anzulegen, mit denen sie Notsituationen durchstehen können. Und sie müssen es, weil auch die Menschen zu essen brauchen, die nicht an der landwirtschaftlichen Produktion teilnehmen.

Wenn wir uns in diesem Kapitel Beispiele dafür ansehen, wie *Ökologische Intensivierung* ihre praktische Umsetzung erfährt und welche Resultate sie zeitigt, dann sollten wir infolgedessen diese Beispiele an der Erreichung folgender Ziele messen, die ich der Übersichtlichkeit halber in die Dimensionen »sozial«, »ökonomisch« und »ökologisch« einteilen will:

Soziale Dimension

- Aufbau von Zufriedenheit, Anerkennung und Selbstbewusstsein, so dass es attraktiver ist, auf dem Land und von der Landwirtschaft zu leben, als diese Existenz aufzugeben und in die Slums der Städte zu ziehen oder gar zu emigrieren;
- Verteilung des Arbeitseinsatzes, so dass weder übergroße Arbeitsspitzen noch zu lange Zeiten der Unterbeschäftigung auftreten;

- Vermeidung von Gesundheitsgefährdung, die durch die Anwendung von Chemikalien und durch deren Rückstände im Erntegut und im Trinkwasser entsteht.

Ökonomische Dimension

- Erwirtschaften von Erträgen, die ganzjährig eine ausreichende und ausgewogene Ernährung gewährleisten;
- Erwirtschaftung von Überschüssen, deren Vermarktung eine Kapitalbildung als zeitstabile Grundlage künftiger Entwicklung und als Vorsorge für Notsituationen ermöglicht;
- Unabhängigkeit von Betriebsmittellieferanten durch den Einsatz eines größtmöglichen Anteils an eigenen Ressourcen: Energie, Saatgut, geschlossene Nährstoffkreisläufe und Gesunderhaltung von Tieren und Pflanzen;
- Unabhängigkeit von Unsicherheiten der Witterung und der Vermarktung durch Diversifizierung der Produkte, der Produktionsverfahren und der Vermarktungswege.

Ökologische Dimension

- Erhalt der natürlichen Grundlagen für die landwirtschaftliche Erzeugung, insbesondere der Bodenfruchtbarkeit;
- Beitrag zur (Re-)Stabilisierung von Umweltbedingungen durch Begrünung, durch Infiltration von Niederschlagswasser, durch eine ausgeglichene oder gar positive Bilanz an Klimagasen;
- Aufbau eines stabilen Produktionssystems, das auch dann in der Lage ist, seine Leistungen zu erbringen, wenn sich die Umweltbedingungen durch den Klimawandel ändern oder extremer werden.

Haiti – Das Konzept von Agroécologie

Wie oft habe ich schon an Diskussionen teilgenommen, die sich an der These entfacht haben, es sei unmöglich, durch Entwicklungshilfe irgendwo in dieser Welt etwas zum Besseren zu wenden. Denn letztlich habe der Transfer von Geld und Beratungswissen immer zu mehr Abhängigkeit und zu weniger Selbständigkeit geführt. Trotz der Milliarden, die von den reichen Staaten des Nordens in die armen Staaten des Südens geflossen seien, käme dort nichts voran, alles sei nur noch weiter bergab gegangen. Einige wenige, vor allem aber eine ganze Entwicklungshilfe-Industrie, seien die Profiteure dieser Geldduschen, nicht aber die Armen dieser Welt, für die sie gedacht seien. Belege für diese Position zu finden ist nicht schwer, zu groß ist die Anzahl gescheiterter Projekte. Und gerade Haiti ist ein exzellentes Beispiel dafür, wie ein ganzes Volk am Tropf der internationalen Hilfe hängt, abhängig von den Entwicklungshilfezahlungen wie ein Junkie von seiner Droge.

Und trotzdem ist die Wirklichkeit wieder einmal viel komplizierter. Oder kann man leugnen, dass die strategische Lage dieses Landes eine Rolle für die Hilfsbemühungen spielt? Denn schließlich liegt der Nordwestzipfel Haitis fast in Sichtweite von Kuba – dort liegt nicht zufällig auch eine amerikanische Militärbasis. Dass wegen dieser Lage jahrzehntelang die Kleptokratie des haitianischen Despoten »Baby Doc« Duvalier gestützt wurde, dieses System der systematischen Ausplünderung, dessen Repräsentant stabile Verhältnisse vor der Haustür des sowjetischen Vorpostens in der Karibik versprechen konnte? Es sind solche Abhängigkeiten und viele andere, weitaus unspektakulärere Verbindungen, die die Vorstellung illusorisch machen, man könne irgendeine Volkswirtschaft dieser Erde »sich selbst überlassen«, damit sie sich unbeeinflusst und aus eigenen Kräften entwickeln kann. Ich halte Hilfe und Unterstützung von außen deshalb nicht per se für etwas Unmögliches oder gar Schädliches. Ich weiß aber auch um die großen Schwierigkeiten, solche Hilfe so zu gestalten, dass sie wirklich zur Entwicklung der Unterstützten beiträgt.

Was ich aber kenne, das sind Beispiele für gelungene Hilfe, für Anstöße, die zu selbständiger Bewegung geführt haben, und für Bewusstseinsbildung, die eigene Initiative in Gang gesetzt hat. *Mousson Pierre* ist eine Frau, bei der mir viele solcher Beispiele einfallen. Sie ist Haitianerin, eigentlich zur Medizinerin ausgebildet, und sie hat auch als Ärztin gearbeitet. Auslöser für ihr Engagement war die Beobachtung, dass während der Mangosaison kaum Kinder krank wurden. In dieser Zeit werden überall diese köstlichen Früchte reif, von denen es in Haiti eine Vielfalt gibt, von der wir uns keine Vorstellung machen: kleine runde, große, lange, weiche und harte, die unglaublich süßen mit den langen Fasern, die sich zwischen die Zähne setzen – all diese Sorten stehen ein paar Wochen lang im Überfluss zur Verfügung. Selbst unsere Kinder – noch nicht schulreif und aus der Horde ihrer Spielkameraden weißblond herausleuchtend – hatten schnell gelernt, wie man die Mangos mit einem Stein aus dem Baum schießt, die Schale mit den Zähnen abzieht und dann, unter grässlicher Versauung der Hemden, das köstliche Fruchtfleisch in sich hineinschlürft. Entlang der Straßen sitzen Frauen und verkaufen Mangos, die in kunstvoll geformten Türmen vor ihnen liegen – nur versteht man nicht, wer sie eigentlich kaufen soll, weil es sie ja überall in Mengen gibt. Jeden Morgen gab es dann bei uns frisch gepressten Mangosaft – ein überirdischer Genuss. Aber nach ein paar Wochen war die Herrlichkeit vorbei. Die letzten Früchte vermoderten im Straßengraben und Mousson hatte wieder jede Menge Kinder zu behandeln, die Hautausschläge oder Rotznasen mit sich herumtrugen. Die haitianische Ärztin und ihr englischer Mann Sean Finnigan machten sich deshalb auf die Suche – in Indien und Ceylon, auf anderen Karibikinseln und in anderen Regionen Haitis. Mit Reisern (frischen Zweigen) von Mangosorten, die früher reif wurden als die lokalen Sorten oder aber erst nach der Saison, kamen sie zurück. Irgendjemand hatte ihnen außerdem beigebracht, wie man durch Pfropfen Obstbäume veredeln kann. Beides gaben sie jetzt weiter – die Reiser und die Technik.

Mousson und Sean hatten aber auch noch etwas anderes beobachtet: Der Bestand von Tausenden von Mangobäumen in der Ebene und in den Bergen der Region war dabei, sich merklich zu lichten. Schon jahrzehntelang war für die ärmsten der Bauern der Verkauf von Holzkohle als einzige Geldquelle übrig geblieben. Wo immer möglich, wurden Bäume geschlagen und am Ende sogar noch ihre Wurzeln ausgegraben, um daraus ein paar Säcke voll des staubigen, schwarzen Brennstoffs herzustellen, mit dem auch der Großteil der Städter ihr Essen zubereiten. Zunehmend gingen jetzt auch Mangobäume diesen Weg – denn der Luxus, von ihrem Schatten zu profitieren und einmal jährlich von ihren Früchten, war weniger wert als die Aussicht, wenigstens die nächsten Wochen vom Kohleverkauf überleben zu können. Mousson und Sean beschlossen, einen Schritt weiter zu gehen: Nicht nur sollte eine größere Sortenvielfalt die Mangosaison für die Eigenversorgung verlängern, sondern es musste auch ein Weg gefunden werden, die Bäume ökonomisch wertvoller zu machen, damit es sich mehr lohnte, sie stehen zu lassen und zu nutzen, statt sie umzuhacken. Sie ermutigten die Bauern, marktfähige Sorten, vor allem die großfrüchtige »Madam Fransik«, auf ihre Bäume zu pfropfen. Gleichzeitig mussten sie einen Verkauf organisieren, professionelle Verpackungen sowie Strategien für Transport und Absatz entwickeln. Das alles ist viele Jahre her. Heute sind 450 Erzeuger in der *Association de producteurs et de vendeurs de fruits du Sud*[4] organisiert, und ihre Früchte – mittlerweile sind auch Ananas, Papaya und Avocado hinzugekommen – werden nicht nur in der Hauptstadt, sondern auch in den USA verkauft. Wo Bauern leben, die in der Association wirtschaften, ist der Mangobaumbestand größer geworden. Schon im Jahr 2004 war die Zahl der neu gepflanzten Bäume des Projektes auf

25 000 angewachsen. Die Feldränder werden von Ananas-Hecken gesäumt, zwischen den schattenspendenden Bäumen im »lakou«, dem Bereich rund ums Wohnhaus, werden Avocados und Papayapflanzen in hohen Ehren gehalten, denn diese helfen den Menschen, zusätzliches Geld zu verdienen. Ein Mangobaum trägt jetzt jährlich 50 US-Dollar zum Familieneinkommen bei – das sind genau 50 Dollar mehr als zuvor.

Seit zwei Jahren werden die wegen fleckiger Schale oder sonstiger äußerer Fehler aussortierten Mangos in Streifen geschnitten und getrocknet. Da die in Mischkultur wachsenden Bäume außer mit der Wurzeldüngung durch Kompost ohne jeden weiteren Einsatz externer Betriebsmittel wachsen, ist eine Biozertifizierung möglich. Sie ist seit Herbst 2010 mit Hilfe von Naturland begonnen worden, um so eine höhere Wertschöpfung im Export erzielen zu können.

Seit all das in 1985 auf die organisatorischen Grundlagen einer Nichtregierungsorganisation mit dem Namen *Organization for the Rehabilitation of the Environment,* ORE[5], gestellt worden ist, wurden noch viele andere Aktivitäten zusammen mit den Bauern begonnen, die alle zwei Ziele verfolgten: die wirtschaftliche und gesundheitliche Situation der Menschen zu verbessern und ihre ökologischen Grundlagen rentabel zu machen.

Schon bald war der haitianische Agronom Eliassaint Magloire zu den beiden Autodidakten Sean und Mousson gestoßen, und mit der Hilfe mühsam und in immer neuen Anläufen eingeworbener Finanzierungen gelang es, die Versorgung der Bauern mit hochwertigem Saatgut zu verbessern. Im Gegensatz zu anderen Ländern mit langer agrarkultureller Tradition gab es in Haiti kaum Ansätze, gezielt Saatgut zu verbessern und untereinander auszutauschen. Stattdessen wurde das gekauft, was auf dem Markt als Speiseware angeboten wurde, und ausgesät. ORE machte sich nun mit den Bauern daran, für die wichtigsten Grundnahrungsmittel Mais, Bohnen und Hirse Sorten zu entwickeln, die an die Bedingungen der Region angepasst sind, stabilere Erträge bringen und mit einem höheren Anteil an gesundheitsförderlichen Inhaltsstoffen ausgestattet sind. Dazu gehört eine Maissorte, die erheblich höhere Proteinwerte aufweist als normale Sorten. Sie wurde vor Ort auf der Grundlage von Zuchtlinien entwickelt, die aus dem in Mexiko gelegenen Maisforschungszentrum CIMMYT stammen.

Schon in den Anfängen der Arbeit von ORE wurde klar, dass die isolierte Vermittlung von Fähigkeiten wie der Obstbaumveredelung oder die Verteilung von verbessertem Saatgut nicht ausreichen würden, um die Situation der bäuerlichen Familien nachhaltig zu stabilisieren. Es ging deshalb schon sehr bald darum, Beratung zu organisieren und den Menschen zu helfen, ein System landwirtschaftlicher Nutzung zu etablieren, das eine durchgehende Selbstversorgung, dauerhaftes Bareinkommen, das Ende der Erosion und den Aufbau der Bodenfruchtbarkeit ermöglicht.

Ein solches System wird parallel dazu, allerdings auch im Austausch mit den Fachleuten von ORE, von verschiedenen Initiativen seit Mitte der 90er Jahre entwickelt. *Agroécologie* heißt der Begriff, unter dem die verschiedenen Initiativen eine Landwirtschaft definieren, und der sich mit dem oben eingeführten Konzept einer »Ökologischen Intensivierung« deckt.

Einer der Vordenker und Vorarbeiter dieses Konzeptes ist *Philippe Teller.* Den belgischen Entwicklungshelfer haben wir während unseres eigenen Einsatzes zu Beginn der 80er Jahre kennengelernt. Auch ihn und seine Arbeit würde ich jederzeit anführen, wenn ich belegen sollte, dass es sehr wohl möglich ist, sinnvoll und mit nachhaltigem Erfolg Entwicklungshilfe zu leisten. Damals arbeitete er in Hinche, in der Hochebene nördlich der Hauptstadt. Gemeinsam mit den Bäuerinnen und Bauern hatte er dort eine *Cassaverie* aufgebaut, eine genossenschaftliche Einrichtung zur Verarbeitung der Maniokwurzel. Mit diesem Grundnahrungsmittel können enorme Mengen von Kalorien auf kleiner Fläche produziert werden, und die

Pflanze hat den Vorteil, ganzjährig geerntet werden zu können. Ihre Verarbeitung – bis hin zu den aus ihrem Mehl hergestellten Fladenbroten – ist aber eine enorme Plackerei und verbraucht außerdem viel kostbares Wasser. Zweck der kleinen Fabrik war es, durch gemeinschaftlich beschaffte und instand gehaltene Mühlen den Frauen das anstrengende Reiben der Wurzeln zu ersparen und durch ein ausgeklügeltes Heizungssystem für die Backöfen mit wenig Brennstoff die Fladen zu backen. Die Abfälle der Verarbeitung wurden zu Kompost verarbeitet, der wiederum mit dem Wasser bewässert wurde, das bei der Spülung der Cassava anfiel.

Philippe Teller hat mir 2003 einen Bericht geschickt, in dem über sieben Jahre Erfahrung mit der *Agroécologie*-Arbeit zusammengefasst sind. Er zeigt darin auf, wie sich durch diese neue Art, mit Boden, Wasser, Pflanzen und Tieren umzugehen, vor allem aber mit den Menschen, die davon leben, neue Perspektiven ergeben. Neu war sie deshalb, weil die haitianischen Bauern immer noch Landwirtschaft nach einem System betreiben, das 200 Jahre nach der Unabhängigkeit der Sklaven von ihren französischen Herren ans definitive Ende seines Funktionierens gekommen ist. Solange es noch genügend jungfräuliche Flächen gab, konnte man jede Parzelle so lange bearbeiten, bis sie nichts mehr hergab, um sie dann aufzugeben und eine neue aus dem Wald herauszuroden. Als es keine unkultivierten Flächen mehr gab, musste die verlorene Fruchtbarkeit durch Dünger wiederhergestellt werden; ein Weg, der sich als ebenso teuer wie erfolglos herausstellte. Erst eine Umstellung auf das neue, ökologische Konzept führte zur Stabilisierung der Erträge auf einem zwei- bis dreifach höheren Niveau.

Dass diese Umstellung ganz ohne Geschenke und Subventionen erfolgte, wird nur *der* als Überraschung verstehen, der in Haiti gearbeitet hat. Denn dort ist ein ganzes Volk dazu erzogen worden, jede Aktion auf den Empfang von Unterstützung hin zu optimieren. Die Erfahrung hat die Menschen gelehrt, dass es im Zweifelsfall immer jemanden gibt, der einem einen Job, Unterstützungszahlungen oder doch wenigstens »food for work«, also Nahrungsmittelhilfe gegen Arbeit, verspricht, um Entwicklungsfortschritt zu erzielen. Denn schließlich brauchen ja auch Entwicklungshelfer Erfolgserlebnisse, die sich in Berichten an Geld- und Auftraggeber auflisten lassen. Dass es hier »nur« die Belohnung durch gute, vielfältige Ernten und einen lebendigen Boden gab, stellt einen nicht zu unterschätzenden soziologischen Erfolg dar: die Unterbrechung der Logik von Hilfsprojekten und Subsidien.

Philippe Teller bezeichnet *Agroécologie* als eine Anwendung von neuen Techniken, die von der modernen Tropenlandwirtschaft entwickelt worden sind, aber auch als eine Wiederentdeckung und Neuausformung von erfolgreichen Erfahrungen, die in Lateinamerika vor der Kolonialzeit und in Haiti im traditionellen »kreolischen Garten« gemacht worden sind.

In der praktischen Umsetzung heißt das:

1. Erntereste dürfen nicht – wie sonst generell als Vorbereitung für die Bodenbearbeitung üblich – verbrannt werden. Sie müssen entweder für die Bereitung von Kompost genutzt oder in den Boden eingearbeitet werden.
2. Schutz der Flächen vor Erosion durch entsprechende Bodenschutzmaßnahmen.
3. Sicherstellung der Wasserversorgung und der Bodenfeuchtigkeit ohne aufwendige Bewässerungstechnik. Die (in diesen Breiten oft sehr heftigen) Niederschläge dürfen nicht auf unbedeckten Boden treffen. Durch biologische und teilweise mechanische Maßnahmen muss das Regenwasser zum Versickern gebracht werden, damit es für die Wurzeln und die Neubildung von Grundwasser zur Verfügung steht und keine Bodenpartikel fortschwemmt.
4. Anreicherung des Bodens durch Zufuhr organischer Masse wie Mist, Kompost oder mit Hilfe von Gründüngung[6].

5. Optimale Ausnutzung der Fläche, des Lichts und des durchwurzelbaren Bodens, indem Bäume, Büsche und Feldfrüchte so kombiniert werden, dass ihre Wuchshöhen und ihre Wurzelformen aufeinander abgestimmt sind.
6. Optimale Verteilung der Aussaattermine und der verschiedenen Ackerfrüchte, damit über den gesamten Jahresverlauf geerntet werden kann.
7. Der Boden darf Sonne und Witterung zu keinem Zeitpunkt unbedeckt ausgesetzt werden. Das erfordert eine Mehr-Etagen-Bepflanzung und eine raffinierte Kombination aus Wurzelfrüchten, aufrechten und kriechenden oder rankenden Pflanzen.
8. Anbau möglichst vieler Bäume und Büsche, die den Bedürfnissen der Menschen angepasst sind: Bäume, die Früchte tragen, Futter, Bau- und Brennholz liefern, und solche, die als Leguminosen die Bodenfruchtbarkeit fördern. Sie alle müssen je nach den Gegebenheiten in das System eingebaut werden: als lebende Hecken zur Einfriedung von Parzellen, als Streuobst, als Erosionsschutzhecken entlang der Höhenlinie, als Windschutz, als Futterreserve in der Nähe der Pferche, in denen die Tiere gehalten werden.
9. Tiere müssen in einem Bereich gehalten werden, in dem ihr Mist für die Kompostbereitung gewonnen werden kann. Auf diese Weise werden sie auch daran gehindert, Schaden in den anderen Kulturen anzurichten – was ein generell großes Problem darstellt.
10. Weideflächen dürfen nicht übernutzt werden, um nicht erosionsanfällig zu werden. Der ausreichende Anbau von Futterpflanzen verhindert, dass der Druck auf die Weide zu stark wird.

Die richtigen Prioritäten setzen

Ich habe Landwirtschaft mit der Fachausrichtung Betriebswirtschaft studiert und erinnere mich, dass das zentrale Kriterium für die Organisation eines Betriebes der *Deckungsbeitrag* war: Er gibt an, wie viel pro Hektar (oder auch je Arbeitsstunde) übrig bleibt, wenn ich die variablen Kosten vom Ertrag abgezogen habe. Aus diesem Deckungsbeitrag sind dann die Kosten zu bezahlen, die meinem Betrieb auch dann anfallen, wenn ich nicht produziere (z.B. Gebäudeunterhaltung, Buchführung oder Strom). Der Rest, der dann noch bleibt, ist mein Gewinn. Mit dem Gewinn kann ich meinen privaten Lebensunterhalt bestreiten. Er muss darüber hinaus auch der Kapitalbildung meines Betriebes dienen.

Natürlich kann man nicht einfach den ganzen Betrieb auf das Produktionsverfahren oder die Frucht umstellen, die den höchsten Deckungsbeitrag verspricht – auf dem Acker war das damals die Zuckerrübe. Denn es gibt natürliche und betriebswirtschaftliche Begrenzungen: Wann steht wie viel Arbeits- und Maschinenkapazität zur Verfügung? Welchen Anteil an der Fruchtfolge darf eine Kultur maximal einnehmen? Und auch: Was kann ich am besten? Aber innerhalb dieser Begrenzungen ist es der Deckungsbeitrag, also der unter dem Strich erzielbare Geldertrag, der entscheidet, welche Produktionsverfahren oder Feldfrüchte meinen Betrieb und meine Äcker prägen. Immer häufiger führt diese Richtschnur in unseren Breiten zu extremer Spezialisierung, alles wird auf eine Karte gesetzt: Z.B. ist »Bullenmast-im-Stall-und-Mais-auf-dem-Feld-und-sonst-nichts« ein Modell, das in bestimmten Regionen Niederbayerns ganze Gemarkungen prägt.

In Niederbayern mag das gehen, jedenfalls so lange, wie staatliche Subventionen ein Grundeinkommen bieten. Und solange nicht Krisen, wie in den nicht sehr lange vergangenen Zeiten von BSE, enthüllen, wie zerbrechlich ein solches System der

Monokultur ist. Und wenn ausgeblendet wird, wie es sich auf die Entwicklung von Lebensgrundlagen wie Biodiversität und Bodenfruchtbarkeit auswirkt.

Die Realität der Kleinbauern Haitis – sie ist die gleiche wie in Lateinamerika, Afrika und Asien – jedoch verlangt andere Prioritäten. Die Abhängigkeit von wenigen Kulturen und Vermarktungsmöglichkeiten, von Düngerverkäufern und Kapitalgebern und am Ende auch von Verkäufern von Grundnahrungsmitteln, die man selbst nicht erzeugt, führt im Krisenfall ins Aus. Ökonomisch und sozial – wie das aussieht, haben wir bereits intensiv besprochen.

Agroécologie setzt deshalb ganz bewusst auf andere Prioritäten als jene, die sich aus der Logik der Betriebswirtschaft ergeben:

Zuallererst geht es um die *Ernährung der Familie.* Es geht darum, den Hunger dauerhaft vor der Tür zu halten und Essen in der für eine gesunde Ernährung erforderlichen Vielfalt zu erzeugen.

Als Zweites geht es um die *Ernährung der Nutztiere.* Denn sie stellen die finanzielle Reserve der Familie dar. Auf die muss zurückgegriffen werden, wenn es eng wird: wenn Schulgeld zu zahlen oder ein Krankenhausaufenthalt zu finanzieren ist.

Als Drittes geht es um die *Ernährung des Bodens.* Er muss geschützt und gepflegt werden. Denn er ist die Grundlage für die Existenz.

Erst wenn es gelungen ist, diese Herausforderungen zu bestehen, geht es um die *Ernährung des Marktes.*

Philippe Teller berichtet in seiner Bestandsaufnahme von 2003 von einer Befragung, die er bei einer gemeinsamen Evaluations-Tagung verschiedener *Agroécologie*-Gruppierungen unter den anwesenden Bäuerinnen und Bauern vorgenommen hat. Er wollte von ihnen wissen, woran man jemanden erkennt, der sich das beschriebene Produktionssystem zu eigen gemacht hat. Die Antworten drehten sich erwartungsgemäß stark um die oben geschilderten Maßnahmen. Dabei wurde deutlich, dass die Umsetzung in die Praxis sehr unterschiedlich aussieht, weil sie vor allem von den örtlichen Gegebenheiten abhängt. Außerdem gibt es vier weitere Erkennungsmerkmale, die nach Ansicht der Befragten eine Bauernfamilie auszeichnen, die auf *Agroécologie* setzt:

- Das erste ist die *Wertschätzung frischer, lokal produzierter Lebensmittel.* Das klingt erstaunlich, sollte man doch annehmen, dass dem, der kaum etwas zu essen hat, jedes Lebensmittel wert und recht sein müsste. Doch das ist durchaus nicht so. So lassen sich selbst am Existenzminimum lebende Menschen in Haiti von der allerorts präsenten Werbung dazu verleiten, Pulvermilch für etwas zu halten, das ihren Babys besser bekommt als die der Mutter. Auch gilt das Fertigprodukt oder das Brot aus (importiertem) Weizenmehl als erstrebenswerter als die Früchte des eigenen Gartens. Insofern bildet die Erkenntnis, dass die dort erzielbare Vielfalt ein Reichtum und seine Nutzung ein Fortschritt ist, einen wichtigen Bewusstseinswandel ab. Der lässt sich im Übrigen auch daran festmachen, dass eine erste Erhebung in den Gruppierungen der *Agroécologie* über 100 verschiedene Nutzpflanzen ausgemacht hat!
- Einen solchen Bewusstseinswandel zeigt auch das zweite Erkennungszeichen: die *Wertschätzung organischer Reststoffe* als Quelle der Fruchtbarkeit anstatt als »fatras« – Abfall. Diese fortschrittliche Einstellung kann nur entstehen, wenn die Menschen verstanden haben, dass der Boden ein lebendiger Organismus ist. Von seiner Vitalität hängt auch seine Fähigkeit ab, Frucht hervorzubringen. Vielleicht erinnern Sie sich noch an die Sichtweise, dass aus kleinen Steinen große werden, von der ich im Zusammenhang mit

der Erosion in Haiti erzählt habe? Von dort bis hin zur Erkenntnis, dass »Manman Tè« – Mutter Erde – unter der menschlichen Pflege gedeihen kann, ist es ein weiter Weg!

- Das wird auch durch die dritte, etwas überraschende Antwort gekennzeichnet: Wer *Agroécologie* betreibt, *lehnt Stoffe ab, die Manman Tè nicht essen kann.* Gemeint ist damit vor allem Plastik. Wer in Ländern der Dritten Welt gewesen ist, wird sie kennen: Plastikfetzen, die überall herumfliegen und -liegen und durch die selbst die schönste Landschaft den Eindruck einer Müllhalde hinterlässt. So ist das auch in Haiti, und zwar bis in den letzten Winkel. Was für ein schöneres Zeichen für ein gewachsenes Verständnis natürlicher Kreisläufe könnte man sich vorstellen als dieses: Organischen Abfall muss man als Reichtum verstehen, Plastik als einen unverdaulichen Fremdkörper!
- Dass als viertes Erkennungszeichen *Zusammenhalt und Gemeinschaftsgeist* bezeichnet wird, zeigt, dass sich die Bauern, die *Agroécologie* betreiben, sehr bewusst als Leute verstehen, die einen besonderen Weg gehen. Anders als die anderen, die tun, was auch in Haiti konventionell geworden ist: eine Landwirtschaft, die versucht, der Natur mit Hilfe eines hohen Kapitaleinsatzes Erträge abzuringen, um eine Handvoll Pflanzen wie Mais, Bohnen, Zuckerrohr und Reis zu Höchsterträgen zu bringen.

Inzwischen habe ich auch die Berichte des in Haiti für diesen Bereich verantwortlichen Misereor-Mitarbeiters gelesen. Dr. Kurt Habermeier arbeitet seit langem mit dem System *Agroécologie* und hat dazu auch ein Lehrbuch in der haitianischen Landessprache Kréol geschrieben.[7] Im Jahr 2010 besuchte er mehrere Monate lang Bauernfamilien, nahm an Versammlungen teil und führte Beratungsgespräche. Mittlerweile sind es 12 000 Familien, die sich im Süden Haitis in verschiedenen Regionen zusammengeschlossen haben, um auf *Agroécologie* zu setzen. Sehr deutlich ist aus den Berichten herauszulesen, dass die Qualität dessen, was in diesen Regionen realisiert wird, außerordentlich unterschiedlich ist – von Gruppierung zu Gruppierung, von Familie zu Familie. Das ist auch nicht weiter erstaunlich, denn so einfach es einerseits sein mag, die Grundprinzipien einzuhalten, so schwer ist es andererseits, sie rundum zum Gelingen zu führen. Dafür muss man enorm viel wissen, enorm viel verstehen: Das Zusammenwirken der verschiedenen Pflanzenarten, die Übertragung der Erkenntnisse auf die Bedingungen bei Madame Joliceur bis zu denen von Monsieur Téléus, die beim jeweiligen Boden in der jeweiligen Hangneigung ideale Form des Erosionsschutzes, das Entwickeln eines Haufens von Blättern, Schalen, Zweigen und Ziegenkot zu einem feinen, fruchtbaren Kompost – das bedarf Fähigkeiten, die erheblich schwerer zu erwerben sind als die bloße Umsetzung der Gebrauchsanleitung auf dem Düngersack oder dem Spritzmittelkanister.

Um all das zu lernen, braucht es nicht nur einen wachen Geist und eine fruchtbare Neugier. Es braucht auch die Bereitschaft, überholte Gewohnheiten und Sichtweisen abzuwerfen und sich Neuem aufzuschließen, also Eigenschaften, deren Entwicklung umso schwerer fällt, je traditioneller eine Gesellschaft gestrickt ist. Das gilt für jede Bäuerin und ihren Mann, aber das gilt noch viel mehr für den Techniker, der sie beraten soll. Denn sein Kopf steckt voll mit Wissen, das er in seiner Schule oder Universität erworben hat und das er der Beobachtung, der Erfahrung und nicht selten der Weisheit der Alten unterzuordnen bereit sein muss.

Das beeindruckendste und überzeugendste Argument für den Erfolg des *Agroécologie*-Konzeptes steht ganz am Ende des Berichtes: »Gespräche mit jungen führenden Bauern aus den verschiedenen Regionen haben mir gezeigt, dass etliche unter ihnen ein eigenes Selbstwertgefühl entwickelt haben: Sie schämen sich nicht mehr, Bauern aus den Bergen zu sein, sondern sind voll Stolz, Landwirte zu sein. »Wenn man verstanden hat«, sagte mir ein Berater aus Carice, »dass man mehr damit verdient, auf seinem Hof zu bleiben, als in die Dominikanische Republik abzuwandern – dann ist die Sache gewonnen!«

MASIPAG – Eine philippinische Erfolgsgeschichte

Wenn Kleinbauernprojekte zu nachhaltiger Ernährungssicherung beitragen sollen, gleichzeitig die Selbstbestimmung der bäuerlichen Familien gewahrt und die erforderliche natürliche Ressourcenbasis gestärkt werden sollen, liegt der Schlüssel für den Erfolg in der Frage, von wem Initiative und Trägerschaft ausgehen. Diese Projekte funktionieren nicht, wenn aus Europa, aus der Hauptstadt oder aus wissenschaftlichen Instituten Experten zu den Bauern kommen, um ihnen das Modell einer aus ihrer Erkenntnis fortschrittlichen Landwirtschaft anzubieten. Mitunter gibt es zwar durchaus vorzeigbare Erfolge, die sich auf den zweiten Blick aber als erkauft erweisen: mit dem massiven Einsatz von Entwicklungshilfegeldern und Beratungsdienstleistung wird etwas umgesetzt, von dem mit Ablauf der Projektlaufzeit meist wenig übrig bleibt.

Denn dann fehlt es immer noch – wenn auch nicht ausschließlich – an der Verankerung in den gesellschaftlichen Strukturen derjenigen, um die es geht. Auf eine solche Weise ist es auch nicht möglich, die Erkenntnisse und Erfahrungen der Kleinbauern selbst nutzbar zu machen.

Weshalb das wichtig ist, kann man sich mit einer ganz einfachen Überlegung verdeutlichen: Ich, Felix Löwenstein, bin ein Agrarexperte. In erster Linie zwar für Südhessen, aber ich habe schon viel von der Landwirtschaft in den Ländern des Südens mitbekommen, inhaltsschwere Gespräche geführt und umfangreiche Abhandlungen studiert. Ich wäre deshalb auch in der Lage, einem philippinischen Kleinbauern sehr viele beherzigenswerte und gescheite Ratschläge zu erteilen. Würden Sie mich aber samt meiner Familie auf seine 1,5 Hektar Land setzen, mir in die Hand drücken, was ihm zu ihrer Bewirtschaftung zur Verfügung steht, mir viel Glück wünschen, den Kleinbauern auf eine ausgedehnte Reise mitnehmen, um mich allein zurückzulassen – ich gäbe mir und meiner Familie keine zwei Monate zum Überleben. Daraus schließe ich, dass die Bauernfamilie, die schon ein Leben und viele Generationen lang, wenn auch meist mehr schlecht als recht, auf ihrem Hof überlebt hat, Dinge kann und weiß, die ich nicht weiß und kann. Obwohl der Bauer nicht studiert hat und vielleicht nicht einmal lesen und schreiben kann.

Wenn das so ist, dann ist es sehr unvernünftig, mit einer Haltung auf die Bauern zuzugehen, die sie auffordert, meine Erfahrung und Kenntnisse zu übernehmen und anzuwenden – und seine eigenen zu vergessen. Aber obwohl das unvernünftig ist, hat es doch jahrzehntelang die Art und Weise geprägt, wie landwirtschaftliche Beratung und Entwicklungshilfearbeit geleistet wurde und oft noch bis heute geleistet wird.

Eine Zusammenarbeit, die das Wissen und die Erfahrung der Kleinbauern – und hier explizit auch der Bäuerinnen – nutzen und entwickeln will, setzt deshalb voraus, dass der Experte bereit ist, erst einmal *sein* Expertenwissen zu »verlernen«, um für das der anderen offen zu sein und sich eher als Vermittler zu sehen und Lernräume zu schaffen. Es gibt, wie für alles, auch für diesen Ansatz schöne Fachworte: *people-led development* – von der Bevölkerung selbst geführte und gesteuerte Entwicklung. Und *farmer empowerment* – Bauern in die Lage versetzen, ihre eigenen Stärken zu entwickeln.

Mit dieser Grundhaltung wird versucht, *Agroécologie* in Haiti zu entwickeln; und mit derselben Methode arbeiten kirchliche und nichtkirchliche Organisationen am buchstäblich anderen Ende der Welt: auf den Philippinen. Im Jahr 1985 hat dort etwas begonnen, was heute eine über die meisten der vielen Inseln dieses Staates verbreitete Initiative geworden ist: MASIPAG. Der Name *Magsasaka at Sieyentipiko para sa Pagunlag ng Akrikultura* steht für eine Partnerschaft zwischen

Bauern und Wissenschaftlern. Deren gemeinsames Ziel ist die landwirtschaftliche Entwicklung. Ursprünglich ging es darum, auf der Grundlage der traditionellen Sorten eigene, an die lokalen Bedingungen angepasste Reissorten zu züchten. Die im Zuge der »Grünen Revolution« eingeführten Hochertragssorten (High Yield Varieties, HYV) schienen zwar zunächst zu halten, was ihr Name versprach, doch nur da, wo der Aufwand an Düngemitteln und Pestiziden hoch genug und die Witterungsbedingungen passend waren. Die notwendigen Voraussetzungen passten allerdings nicht zu den Erfahrungen der Bauern vor Ort. Einerseits waren die beschriebenen Bedingungen oft nicht gegeben. Darüber hinaus trieb das Erfordernis, teure Betriebsmittel zu kaufen, viele in die oben bereits ausgiebig besprochene Schuldenfalle.

Auf den Philippinen ist geradezu idealtypisch gegeben, was ich anhand globaler Zahlen schon dargestellt habe: 73 % der Einwohner leben auf dem Land, und dort finden sich auch die Menschen, die hungern und auch sonst am Existenzminimum leben. Das wesentliche Grundnahrungsmittel ist Reis. Für die Ärmsten der Armen stellt er überhaupt das einzige Nahrungsmittel dar.

Trotz der großen Bedeutung des Reisanbaus hat die philippinische Regierung über Jahrzehnte vor allem auf den Export für den Weltmarkt durch große Plantagenunternehmen gesetzt, statt die bäuerliche Nahrungsmittelproduktion für den heimischen Markt zu stärken. In der Welternährungskrise von 2008 hat sich gezeigt, dass diese Politik die Menschen auf den Philippinen, die an der Armutsgrenze leben, extrem verwundbar für Schwankungen der Reispreise macht. Denn wer keine Souveränität über die Produktion der eigenen Nahrungsmittel hat, hängt von den Rohstoffbörsen der globalisierten Welt ab. Außerdem führten die einseitige Förderung der oben beschriebenen Hochertragssorten und die Subventionierung von Düngemitteln dazu, dass viele Bauern ihre traditionellen, lokal angepassten Anbauweisen aufgaben. Damit wurden selbst sie anfällig für jede Art von Krise, sei es durch Klimaveränderungen, steigenden Schädlingsdruck oder steigende Rohölpreise.

Als Ergebnis einer im Juli 1985 veranstalteten Konferenz zu Fragen des Reisanbaus brachten Bauern 47 traditionelle Reissorten in ein Zuchtprogramm ein, mit dem eigene MASIPAG-Linien entwickelt werden sollten. Nur ein Jahr später begannen auf einer neu eingerichteten Versuchsfarm die Züchtungsarbeit und auch die Entwicklung umweltverträglicher, an natürliche Regelungsmechanismen angepasster Anbaupraktiken.

Mittlerweile ist aus diesen Anfängen ein nationales Programm geworden. Drei von MASIPAG betriebene »Back-up Farms«, zehn Saatgutbanken regionaler Gemeinschaftsinitiativen und 272 von den Bauerngruppen betriebene Versuchsstationen in 40 Provinzen verfügen heute über 2000 lokale Sorten und von Bauern gezüchtete Linien. MASIPAG arbeitet in 45 der 97 Provinzen des Landes, in 672 »Peoples Organisations« – bäuerlichen Basisgruppen, in denen ca. 35 000 Bauernfamilien zusammengeschlossen sind. 60 verschiedene Nichtregierungsorganisationen, 15 Wissenschaftler verschiedener philippinischer Hochschulen und 40 hauptamtliche Mitarbeiter sorgen für den Erfolg der Bewegung, die nach wie vor von Bauern und Bäuerinnen getragen und gesteuert wird.

Zwar ist weiterhin die Entwicklung und Pflege vielfältiger und unter den jeweiligen regionalen Bedingungen leistungsfähiger Sorten Auftrag und Aufgabe von MASIPAG. Daneben geht es aber auch darum, in wissenschaftlicher Zusammenarbeit zwischen Bauern und Wissenschaftlern ökologische Anbausysteme weiterzuentwickeln Diese sollen dem Konzept von *Agroécologie* folgen, das ich bereits für Haiti dargestellt habe. Die Verbreitung der Ergebnisse dieser Arbeit und die Wissensweitergabe ist vor allem Aufgabe der Bauern und Bäuerinnen selbst. Sie nutzen dafür Versuchsflächen, Feldtage und kulturelle Veranstaltungen.

Längst ist dieser landesweiten Initiative auch politische Bedeutung zugewachsen. Vertreter von MASIPAG setzen sich für die Rechte der Bauern und für deren Interessen bei allem ein, was Landeigentum, Recht auf die genetischen Ressourcen, Umweltschutz und Agrarpolitik betrifft.

In 2007 und 2008 wurde eine großangelegte Studie durchgeführt, mittels deren erhoben werden sollte, welche Ergebnisse die ökologischen Anbaumethoden im Vergleich zu den konventionellen Methoden zeitigen. Dafür wurden in den Regionen Luzon, Visayas und Mindanao insgesamt 840 in Struktur und Größe vergleichbare Bauernhöfe ausgewählt. Diese Untersuchungsgruppe wurde in drei Kategorien unterteilt: 280 bereits völlig auf ökologische Erzeugung umgestellte Höfe, eine Gruppe von 280, die ihre Umstellung gerade begonnen hatten, und 280 Höfe, die konventionell wirtschaften.[8] Da für die Datenerhebung bei philippinischen Kleinbauern nicht auf Buchführungsergebnisse oder amtliche Statistiken zurückgegriffen werden konnte, arbeiteten die Wissenschaftler vor allem mit Befragungen. In deren Verlauf versuchten sie zusammen mit den Probanden, die heutige ökonomische Situation durchzurechnen und die Veränderungen über die letzten sieben Jahre auf Grundlage der subjektiven Wahrnehmung und Erfahrung zu plausibel zueinander passenden Zahlen zu verdichten.

Ich übernehme daraus die Zusammenstellung der wichtigsten Ergebnisse, die sehr eindrücklich verdeutlichen, dass unter den praktischen Bedingungen eines Entwicklungslandes die ökologische Alternative nicht nur all die im vorangegangenen Kapitel beschriebenen Probleme in Bezug auf die natürlichen Lebensgrundlagen vermeidet. Sondern dass sie außerdem produktiver und – im Hinblick auf die ökonomische und soziale Situation der Menschen – erfolgreicher ist als die von schnell durchreisenden Bundestagsabgeordneten empfohlene industrielle Landwirtschaft!

Der Übersichtlichkeit halber beschränke ich mich hier auf die Gegenüberstellung der beiden Gruppen ökologische Variante und konventionelle Variante und lasse die Gruppe der Umstellungsbetriebe außen vor.

In Bezug auf ihre *Ernährungssicherung und -unabhängigkeit* befanden 88 % der Ökobauern[9], dass sich ihre Situation seit dem Jahr 2000 erheblich verbessert habe. Bei ihren konventionellen Kollegen sahen nur 44 % diese Verbesserung, 18 % schätzten ihre Ernährungssicherheit seit 2000 sogar schlechter ein. Das wiederum traf auf nur 2 % der Ökobauern zu. Die signifikant bessere Selbstversorgung der MASIPAG-Familien – 42 % höher als bei den konventionellen Betrieben – ist von besonderer Bedeutung, weil die Ökobauern laut Erhebung an oder unter der Armutsgrenze zu verorten sind, also meist von ihrer Landwirtschaft nicht leben konnten, extrem krisenanfällig sind und schnell in der Verschuldungsfalle sitzen.

Ökobauern essen 56 % mehr Obst, 55 % mehr proteinreiche Grundnahrungsmittel und 40 % mehr Fleisch als im Jahr 2000. Dies ist ein zwischen 2- und 3,7-mal höherer Anstieg als bei den konventionellen Bauern.

Ökobauern bauen im Durchschnitt 40 bis 50 verschiedene Nahrungspflanzen an. Das ist ein Drittel mehr, als auf konventionellen Betrieben wachsen. Interessant ist, dass in den Ökobetrieben im Schnitt 4,8 verschiedene Sorten Reis angebaut wurden. Bei den konventionellen waren es nur 1,6 Sorten. Auch zeigt die Tatsache, dass immerhin 70 % der Ökobauern eigene Sortenversuche durchführen, was von den konventionellen Kollegen nur ganze 3 % tun, dass der Erfolg der bäuerlichen Saatzucht das Ergebnis einer ebenso bewussten wie wissenschaftlichen Arbeit ist. Sie kann sich mit der (mit vielen öffentlichen Mitteln geförderten) Züchtungsarbeit der Wissenschaftler vom Internationalen Reisforschungsinstitut IRRI durchaus messen.

Ähnlich sieht es mit der *ökonomischen Situation* aus. Sowohl in absoluten Zahlen je Betrieb als auch auf den Hektar Land bezogen, liegen die ökologisch wirtschaftenden Betriebe im Durchschnitt signifikant vor den konventionellen. Das ist umso mehr der Fall, wenn man die für die Eigenversorgung verwandten Erzeugnisse der Betriebe hinzurechnet. Wichtig ist auch, dass die jährliche Eigenkapitalbildung der Ökobetriebe im Schnitt mit 4749 Pesos positiv ist, während sie bei den konventionellen Betrieben durchschnittlich fast um 5000 Pesos abnimmt. Bei den Ökobetrieben sinkt der Anteil der verschuldeten Betriebe. Auch insgesamt haben Ökobauern weniger Schulden als ihre konventionellen Kollegen.

Angesichts der Bedeutung von Reis als Grundnahrungsmittel, sowohl für die Eigenversorgung als auch für die Vermarktung, ist die Höhe der *Reiserträge je Hektar* von besonderer Bedeutung. Bemerkenswert ist, dass der hohe Einsatz an teuer zugekauften Betriebsmitteln und von Hochertrags-Reissorten in den konventionellen Betrieben im Gesamtdurchschnitt nicht zu höheren Erträgen führt. Die MASIPAG-Sorten im ökologischen Anbau schneiden gleich gut ab: Mit Erträgen zwischen 3287 und 3478 kg/ha je nach Anbauregion konnten keine signifikanten Unterschiede zwischen den beiden Anbauverfahren festgestellt werden.[10] Der wirtschaftliche Erfolg der Ökobauern bringt mit sich, dass auch der *Viehbesatz je Betrieb* – und daraus resultierend der Einkommensbeitrag aus der Tierhaltung — bei ihnen höher ist, wobei ein signifikanter Unterschied nur bei Wasserbüffeln, Rindern, Ziegen und Hühnern festzustellen ist. Eine Rolle mag dabei spielen, dass der Dung der Tiere für den Ökobauern ein wertvolleres Betriebsmittel ist als für den konventionellen Bauern, der seine Felder aus dem Düngersack düngt.

Die Art und Weise, wie sich die Bauern in MASIPAG organisiert haben, führt auch zu einem *sozialen Unterschied,* der nur wenig mit der unmittelbaren landwirtschaftlichen Produktion zu tun hat. Sie sind politisch aktiver, haben Gemeinschaftsarbeit und gemeinschaftliche Vermarktung besser organisiert und schätzen ihre eigenen Zukunftschancen deutlich positiver ein als ihre konventionellen Nachbarn.

In diesem Zusammenhang ist eine grundsätzliche Einschätzung der Autoren der Studie bemerkenswert. Sie sehen in der Art, wie die Entwicklung von MASIPAG von den Bauern ausgegangen ist und nach wie vor ausgeht, und damit in der Erstarkung der Eigeninitiative das entscheidende Erfolgskriterium. Sie schlussfolgern, dass die positiven Ergebnisse von MASIPAG nicht erzielt worden wären, wenn die Umstellung auf ökologische Wirtschaftsweise im Rahmen eines klassischen Projektes – als Folge der Belehrung durch Experten und unterstützt durch finanzielle oder sonstige Vorteile aller Art – stattgefunden hätte.

Die Kompostrevolution im Tigray

Es gibt nicht viele Untersuchungen, welche die Produktionsweisen der Ökologischen Intensivierung systematisch und mit großem Aufwand mit konventionellen Landbaumethoden vergleichen. Wie wichtig es ist, dabei nicht dem Missverständnis zu erliegen, Ökologischer Landbau sei gleichbedeutend mit »Weglassen von Chemie«, zeigt eine Studie, die auf Veranlassung der Landwirtschaftsorganisation der Vereinten Nationen durchgeführt wurde. Hier ging es um eine Weltgegend, die nicht nur weit entfernt von den bislang betrachteten liegt, sondern wo Bauern auch unter völlig anderen Bedingungen wirtschaften müssen als ihre Kollegen in Haiti oder auf den Philippinen. Die Rede ist von Äthiopien, einem der »Hot Spots« auf der Landkarte des Welthungers. Dort wiederum geht es um eine der trockensten und ärmsten Regionen dieses riesigen Landes im Osten Afrikas, den Tigray. In dieser Region leben ca. vier Millionen Menschen, die fast durchweg als Kleinbauern ihren Lebensunterhalt bestreiten. Zwar fallen dort in der Hauptregenzeit, oft in heftigen Unwettern, ausreichende Mengen an Niederschlag, aber eben nur in der Zeit von Juni bis September. Den Rest des Jahres ist die Vegetation auf das angewiesen, was die Böden an Feuchtigkeit speichern können.

Erträge bei unterschiedlichen Düngungsverfahren im Tigray

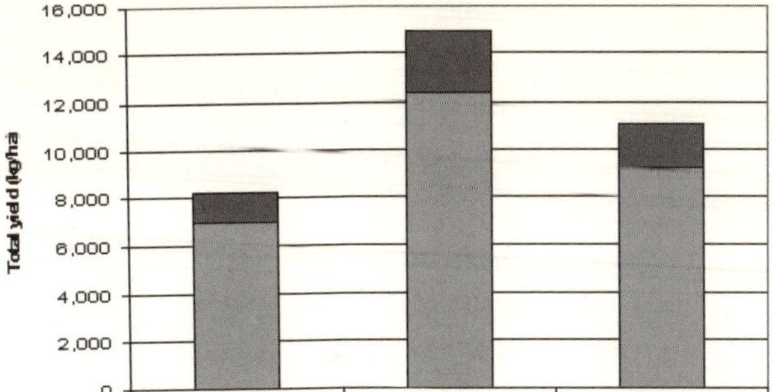

	No input	Compost	Chemical fertilizer
Grain	1.208	2.550	1.783
Straw	6.987	12.375	9.231

Treatment

Quelle: FAO

Im Jahr 1996 hatte das äthiopische *Institut für nachhaltige Entwicklung*[11] im Tigray ein Projekt für nachhaltige Landwirtschaft gestartet. Durch Beratung und Ausbildung – auch hier mit einem partizipatorischen, die Initiative der Landwirte einschließenden Ansatz – wurde die Herstellung von Kompost, die Verwendung lokaler Sorten und die Revitalisierung traditioneller, umweltgerechter Ackerbaupraktiken gefördert. Durch die FAO wurde dann eine Auswertungsstudie initiiert, von der ich hier berichten will. Ihr Ziel war es, herauszufinden, ob ein ökologischer Ansatz helfen könnte, die Bodenfruchtbarkeit zu verbessern und Erträge zu steigern. Von 2001 bis 2006 wurden insgesamt 779 Felder beerntet, auf denen 14 verschiedene Feldfrüchte wuchsen. Unterschieden wurden Parzellen, die mit Mineraldünger (Stickstoff, Phosphat) gedüngt wurden, solche, auf denen Kompost ausgebracht wurde, und als Nullparzellen solche, auf denen weder das eine noch das andere zur Anwendung kam. Die Auswertung erfolgte getrennt nach Korn und Stroh. Da das Stroh wesentlich für die Tierfütterung ist, war es wichtig, diesen Bestandteil der Ernte gesondert zu ermitteln. Das obige Schaubild zeigt die beeindruckenden Resultate (im Ertragsschnitt über alle Kulturen).

Es unterstreicht eindrücklich, dass ein klug eingesetztes System der Ökologischen Intensivierung etwas völlig anderes ist als konventioneller Anbau ohne mineralischen Dünger. Denn diese »Nullvariante« des Versuchs bringt es auf gerade einmal die Hälfte des Ertrages, der durch die Kompostdüngung erzielt wird.

Eigentlich hätte man aber außer den Erntefrüchten und dem Stroh noch etwas anderes messen müssen: die Bildung organischer Substanz *unter* der Bodenoberfläche. Sie besteht aus der Wurzelmasse, die sich weitgehend proportional zum oberirdischen Aufwuchs bildet. Darüber hinaus wimmeln darin Milliarden von Organismen vom kleinsten Bodenbakterium über verschiedenste Würmer bis hin zum größten Laufkäfer. Die von (und aus) den Organismen und Ernteresten gebildete organische Masse, die von ihnen bewirkte Strukturierung der Bodenkrümel und der durch ihr Zusammenwirken gebildete Humus ist es, was die Bodenfruchtbarkeit ausmacht. Eine Sichtweise, die Boden nur als Substrat für die Fixierung von Wurzeln betrachtet und die auf die im Bodenwasser gelösten Nährstoffe und ihre Regulierung durch Kunstdünger begrenzt ist, übersieht das Wesentlichste: die essenzielle Bedeutung des Bodens als lebendigem, hoch organisiertem Organismus. Und nicht gerade unwichtig in diesem Zusammenhang: Darüber hinaus bildet der Aufbau von Humus eine CO_2-Senke, also eine Möglichkeit, das sich in der Atmosphäre anreichernde Klimagas dauerhaft zu binden. Neben dem unmittelbar sichtbaren Resultat der höheren Erträge führt die ökologische Variante in dem beschriebenen Beispiel noch zu einem weiteren Effekt, der für die Zukunft der Ernährung der Menschen im Tigray von durchschlagender Bedeutung sind: Die Anreicherung des Bodens mit Humus macht ihn stabiler gegen Erosion. Humus sorgt dafür, dass Niederschlagswasser versickert, anstatt oberflächlich abzulaufen, und hält die Feuchtigkeit noch lange, nachdem es zu regnen aufgehört hat. Viel mehr, als es die trockenheitsresistenten Pflanzen könnten, die zu entwickeln die Gentechnik-Industrie seit vielen Jahren verspricht, ist ein solches System, das auf Vielfalt und Bodenfruchtbarkeit setzt, in der Lage, die Extreme abzupuffern, die durch den Klimawandel immer häufiger den Verlauf der Witterung bestimmen.

Nach allem bisher Gesagten ist es fast überflüssig zu erwähnen, aber der Vollständigkeit halber muss man doch wiederholen, dass Bauern, die selbsterzeugten Kompost einsetzen, unabhängig bleiben: Sie brauchen kein Geld für Kunstdünger auszugeben, und sie brauchen sich nicht mit einem Problem herumzuärgern, das in Äthiopien offenbar viele konventionell wirtschaftende Bauern haben: die Unzuverlässigkeit der Logistik. Die führt nämlich oft dazu, dass die Düngemittel erst dann ausgeliefert werden, wenn der Zeitpunkt für ihre Anwendung bereits verstrichen ist.

Die FAO hat 2009 eine weitere Studie angestellt. Damit sollte geklärt werden, welche Hindernisse einer schnelleren Verbreitung dieses offensichtlich erfolgreichen Systems entgegenstehen.[12] Neben einer massiven Propaganda der staatlichen Landwirtschaftsberatung, die den Bauern erklärt, modern sei nur, wer Mineraldünger einsetzt, sehen die Wissenschaftler ein Problem, das sich sicherlich auch an anderen Orten ergibt: Da die Umstellung von konventionell auf ökologisch eben *nicht* aus dem schieren Weglassen der chemisch-synthetischen Betriebsmittel besteht, sondern in der Anwendung eines ganzen Systems an Maßnahmen, bedarf es einer Bewusstseinsbildung und Wissensvermittlung, die sich nicht von heute auf morgen ergibt. Techniken müssen gelernt, Erfahrungen gesammelt werden. Dass gerade jemand, dessen Existenz ständig auf der Kippe steht, Angst davor hat, ein System zu verlassen, das er kennt, um etwas Neues und damit Unsicheres zu beginnen, kann man sich sehr gut vorstellen. So ist es nicht verwunderlich, dass es auch hier, ähnlich wie auf den Philippinen und in Haiti, die in Gemeinschaften organisierten Bauern sind, die am ehesten eine Umstellung angehen.

Listig die Natur belauschen

Im Sommer 2010 hatte ich ein Streitgespräch zu absolvieren, das der *SPIEGEL* in einer Ausgabe seines Magazins SPIEGEL WISSEN veröffentlichte. Mein Widerpart in dem Doppel-Interview war ein Vorstandsmitglied der BASF, das für den Bereich der Agro-Gentechnik verantwortlich zeichnet, der Chemiker Dr. Stefan Marcinowski. Wie nicht anders zu erwarten, unterschieden sich unsere Positionen zur Einschätzung von Sicherheit und Stellenwert gentechnisch veränderter Pflanzen deutlich. Ganz zum Ende des Gespräches kamen wir an einen Punkt, den ich bemerkenswert fand. Marcinowski erklärte mir sinngemäß, er sehe es als seine Aufgabe an, einen Beitrag zur Ernährung dadurch zu leisten, dass man die Natur genau beobachte, um dann das, was man an Nützlichem gefunden hat, nachzubauen. Für mich war damit klar, wodurch sich unsere Sichtweisen so sehr unterschieden, dass wir zwangsläufig zu ganz unterschiedlichen Ergebnissen kamen. Denn für mich, so erklärte ich in dem Gespräch, ginge es auch darum, die Natur genau zu beobachten. Dann aber beginne der Unterschied: Der Zweck sei nämlich, herauszufinden, durch welche Regelmechanismen die Natur funktioniert, um dann Bedingungen zu fördern, diese Mechanismen zur Entfaltung zu bringen und um sie möglichst intelligent zu nutzen. Die bereits aufgeführten Beispiele Ökologischer Intensivierung haben gezeigt, dass diese Methode jedem aufmerksam mit der Natur umgehenden Bauern zugänglich ist. Aber auch Wissenschaftler können auf diese Weise arbeiten und verblüffende Resultate erzielen.

Als wir über die Frage sprachen, welche Rolle die Gentechnik in der Züchtung spielt und welche sie in Zukunft spielen könnte, habe ich auseinandergesetzt, dass eine der beiden heute praktizierten Technologien der Einbau des Gens aus dem Bacillus thuringiensis in Pflanzen ist, so dass diese dann in der Lage sind, in allen ihren Zellen dasselbe Insektengift zu produzieren, das in der Natur durch das Bakterium gebildet wird. Mais ist die Pflanze, für die diese Technologie vor allem angewandt wird, und der Schädling, um den es dabei geht, heißt *Maiszünsler*. Das ist ein recht unscheinbarer Schmetterling, dessen Raupen sich in den Maisstengel fressen, ihn von innen aushöhlen und dadurch zum Abknicken bringen. Die unappetitlichen Tierchen kriechen aber auch in die Spindeln der Maiskolben und richten so an den Früchten der Maispflanze Schaden an. Eigentlich kann man diesem Schädling, der bis dato die einzige Gefährdung der Pflanzengesundheit beim Mais darstellte, durch einige ganz simple ackerbauliche Maßnahmen ganz gut begegnen: Am wirksamsten ist es, wenn man eine Fruchtfolge einhält, also in der Abfolge der Jahre verschiedene Pflanzen anbaut und nicht ein ums andere Jahr immer wieder Mais. Dann kann man nach der Ernte die Maisstoppeln klein häckseln und anschließend unterpflügen. Beides hält das schädliche Tierchen gut in Schach. In dem Maß, wie in unseren Breiten im Gefolge von Biogasanlagen und regional konzentrierter Massentierhaltung die Landschaften zu reinen Maiswüsten verkommen, steigt natürlich auch die Gefahr an, dass der Zünsler zu einem Problem wird.

Problematischer als dieser Schmetterling ist ein anderes Tierchen, das in diesen Monaten vom Südosten Europas her die Maisfelder des Kontinentes bedroht. Es ist ein Käfer, und sein Name ist *Maiswurzelbohrer*. Wie der Name sagt, bohren sich seine Larven im Boden in die Wurzeln der flach wurzelnden Maispflanze, so dass diese nicht nur in ihrer Nährstoffaufnahme, sondern auch in ihrer Standfestigkeit beeinträchtigt wird. Schon ein kleiner Wind wirft dann flächenweise Mais in den Dreck – das Ergebnis ist Totalschaden. Offenbar wurde der Schädling aus Amerika nach Europa eingeschleppt. Dass er auf dem Balkan vor ein paar Jahren begann, sich im Umkreis internationaler Flughäfen auszubreiten, weist deutlich auf den Einschleppungsweg hin. Seit dieser Zeit hat er Kurs auf Mitteleuropa genommen und wird schon seit zwei Jahren, wenn auch sporadisch, im Oberrheintal, dem Rottaler Gäu und anderen Regionen mit intensivem Maisanbau gesichtet. Wo er auftaucht, greift eine von der Europäischen Union verordnete Radikalkur: Die Flächen sind umzupflügen und für ein paar Jahre aus dem Maisanbau zu nehmen. Denn auch *Diabrotica* – so heißt der Wurzelbohrer in feinem Lateinisch – findet nur dort ideale Vermehrungsmöglichkeiten vor, wo kein Fruchtwechsel eingehalten wird.

Fast triumphierend verweist seitdem die Gentechniklobby von Monsanto und BASF darauf hin, dass spätestens mit Auftreten des furchterregenden Käfers Schluss sein müsse mit dem Widerstand gegen Gentechnikmais, denn sonst drohe der Notstand für unsere Mastbullen und Biogasbakterien. Man wird unschwer verstehen, weshalb ich in dieser Situation elektrisiert war, als ich im Sommer 2007 in einer landwirtschaftlichen Fachzeitschrift eine kleine, unscheinbare Notiz las: Die Saaten-Union, ein Zusammenschluss kleiner mittelständischer Pflanzenzuchtunternehmen in Deutschland, teilte mit, sie sei dabei, eine *Diabrotica*-resistente Maissorte zu züchten. Nicht gentechnisch, sondern auf konventionellem Wege! Bald danach fand sich eine Gelegenheit, mit dem Fachmann der Saatzuchtfirma zu sprechen, der für die entsprechenden Arbeiten verantwortlich zeichnete. Ich rechnete damit, von ihm eine lange und komplizierte Geschichte über Auswahl, Kreuzung und Mutationsstimulierung im Labor zu hören. Nichts dergleichen. Alles, was die Züchter getan hatten, war, nach Ungarn zu fahren, wo das Untier bereits wütete, und auf den befallenen Feldern die Pflanzen herauszusuchen, die keine Schäden zeigten. Mit denen wurde dann weiter gekreuzt und so selektiert, dass die Resistenzeigenschaft, die diese Pflanzen offenbar auszeichnete, in der neuen Linie stabil auftrat. Dass es so einfach sei, wurde ich belehrt, sei auch keine Überraschung. Denn schließlich habe der Käfer in seiner Ursprungsregion in Mittelamerika schon lange mit dem Mais koexistiert, offenbar ohne ihn ausrotten zu können. So sei klar gewesen, dass es eine natürliche Resistenz geben müsste. Auf welchem Mechanismus diese Resistenz beruhe, wisse man im Übrigen noch nicht. Wahrscheinlich »schmeckten« die entsprechenden Maissorten dem Schädling nicht. Aber der Vorteil gegenüber der Bt-Technologie von Monsanto sei sicherlich, dass deren Abwehrmechanismus lediglich auf einem einzigen Gen beruhe und deshalb durch Resistenzbildung bei der Gegenseite, den Schädlingen, leicht zu durchbrechen sei. Und dann, sozusagen beim Verabschieden, erzählte mir der Züchtungsexperte noch eine erstaunliche Geschichte: Forscher des Max-Planck-Institutes in Jena hätten untersucht, was sich an den Wurzeln von Mais abspielt, wenn die Käferlarven mit ihrem verderblichen Tun beginnen. Sie hätten herausgefunden, dass dann die Maiswurzeln *Terpene* bilden. Das sind Duftstoffe, und die wirken als Lockmittel für Nematoden, die ebenfalls im Boden leben. Daraufhin kämen die Nematoden zum Ort des Verbrechens und fräßen die *Diabrotica*-Larven auf![13]

Ich weiß nicht, ob es bereits gelungen ist, diese Erkenntnis zu einer Nutzanwendung zu bringen. Aber ist es nicht beeindruckend, wie raffiniert die Natur selbst mit einem Problem umgeht, zu dem der Erfinderkraft der Gentechnikstrategen nicht mehr einfällt als der Einbau von Insektengift produzierenden Bakteriengenen in Pflanzen?

Ach ja, eine Anmerkung wäre zu dem Zuchtprojekt der Saaten-Union noch zu machen: Im Jahr 2008 hat die Saaten-Union ihr Mais-Saatzuchtgeschäft verkauft. Und damit auch das Projekt des *Diabrotica*-resistenten Mais. Käufer war die Firma *Dow-Agro-Science.* Das ist die Firma, die den Gentechnikmais mit der Monsanto-Technologie zur Bekämpfung des Wurzelbohrers herstellt. Muss ich erwähnen, dass man dort das Projekt mittlerweile eingestampft hat?

Push and pull – Es gibt noch viel zu verstehen ...

Die Zünsler sind global verbreitete Tiere, sie flattern nicht nur durch unsere Breiten, sondern sind auch in warmen Gefilden zu Hause. Der Mais, den sie dort bedrohen, dient nicht als Futter für Vieh und Biogasanlagen, sondern hat eine viel unmittelbarere Bedeutung für die Menschen. Er ist eines der wichtigsten Grundnahrungsmittel. Entsprechend existenziell ist die Bedrohung, die dieser Schädling darstellt.

Einer, der sich mit solchen Bedrohungen auskennt und es sich zur Lebensaufgabe gemacht hat, sich ihnen in den Weg zu stellen, ist Hans Herren. Der Schweizer Insektenforscher mit dem weiß gewordenen Stoppelbart strahlt die fachliche Souveränität und Ruhe aus, über die man wohl nur verfügt, wenn man sich mit einem milden, aber unüberhörbaren Schweizerdeutsch ausdrückt. Er begann seine Tätigkeit in Nigeria im Jahr 1979 und erwarb sich am *International Institute of Tropical Agriculture* (IITA, Internationales Institut für tropische Landwirtschaft) in Nigeria hohe Verdienste durch seinen maßgeblichen Anteil am Sieg über die Maniok-Schmierlaus. Dieses Tier trägt nicht nur einen unappetitlichen Namen, es ist – genauer genommen: war – eine Bedrohung für die Ernährung Hunderter von Millionen Menschen im Afrika südlich der Sahara. Maniok oder Cassava ist uns weiter oben schon begegnet: Dieses Knollengewächs liefert enorm hohe Flächenerträge und bildet vor allem für Kleinbauern die Hauptquelle ihrer Nahrungsenergie. Ursprünglich stammt die Pflanze aus Südamerika, und von dort wanderte in den 1970er Jahren ein Schädling hinterher, eben jene Schmierlaus. Sie verursachte in den Befallsgebieten Ernteausfälle von bis zu 80 %. Versuche, ihr mit Insektengiften beizukommen, hatten sich als nicht erfolgversprechend erwiesen. Die Forscher des IITA suchten an der Quelle des Übels nach einer Lösung. Denn genau wie im Fall des Maiswurzelbohrers musste es ja dort, wo schon jahrhundertelang Schädling und Nutzpflanze miteinander auskamen, etwas geben, das diese Koexistenz möglich macht. Herren und seine Kollegen wurden fündig. 1981 fanden sie in Paraguay eine Schlupfwespe, die als Feind der Schmierlaus spezialisiert ist. Und so reiste sie als Dritte im Bunde dem Maniok und seinem Schädling hinterher. In den Jahren bis 1993 gelang es, in allen Befallsgebieten vom Senegal bis Madagaskar ein Gleichgewicht zwischen dem Schädling und seinem Parasiten aufzubauen, das die Maniokproduktion in Afrika gerettet hat.

Auch an seiner nächsten Wirkungsstätte, dem *International Centre of Insect Physiology and Ecology* (ICIPE, Internationales Zentrum für Insekten-Physiologie und Ökologie) in Kenia, das Herren von 1994 bis 2005 zu leiten hatte, ging es um biologische Schädlingsbekämpfung.

In Kenia und vielen anderen Regionen des Schwarzen Kontinentes grassieren zwei Probleme, die in den Maisfeldern der Bauern schier unüberwindlich geworden sind. Das eine ist ein Unkraut, das *Striga* heißt, das andere der uns bereits bekannte Maiszünsler, der wegen seiner Eigenschaft, sich in den Stengel der Maispflanze zu bohren, auf Englisch *stemborer* genannt wird.

Striga trägt oberirdisch sehr hübsche rosa Blüten und verrichtet unterirdisch ein übles Geschäft. Mit seinen Wurzeln dockt das Unkraut an die Wurzeln der Maispflanzen an und tut dort, für was Parasiten da sind: Es saugt dem Mais die Nährstoffe und das Wasser weg, und während es unter Bildung seiner unschuldigen Blüten gedeiht, verkümmert der Mais. Trotz seiner enormen Verbreitung und der dadurch potenziell großen Kundschaft stellt Striga für die Hersteller chemisch-synthetischer Pestizide eine unlösbare Aufgabe dar, denn jedes Herbizid, das es abtöten würde, würde auch den Mais in Mitleidenschaft ziehen.

Als wäre Striga nicht Bedrohung genug, macht gleichzeitig der Stängelbohrer seinem Namen alle Ehre und legt seine Eier in den Stängel der Maispflanze. Die werden dort zu Raupen, die ihre Wohnung inwändig aushöhlen, den Saftfluss in der Pflanze unterbrechen und sowohl dadurch als auch durch Aufsteigen in die Kolben den Ertrag vernichten. Vorausgesetzt, man trifft den richtigen Zeitpunkt, könnte man dem Falter durch Insektizide zu Leibe rücken. Aber erstens träfe man damit auch Nutzinsekten und zweitens ist es gar nicht leicht, genau dann die Spritze in Gang zu setzen, wenn das Tierchen zur Eiablage angeflogen kommt. Wer jedoch hier eine unfehlbare Methode anzubieten hat, das sind die Saatgutverkäufer von Monsanto. Ihr Bt-Mais trägt ja das Insektengift in sich und tötet so die Raupen ab, ehe sie ihr Zerstörungswerk beginnen können. Natürlich ist das Saatgut etwas teurer, damit die Patentgebühren nach St. Louis fließen können. Und das jedes Jahr, weil ja der Bauer neues Saatgut aus seiner Ernte weder abzweigen kann noch darf. Aber was ist das schon als Nachteil, wenn dagegen der Schutz gegen den Schädling steht? Jedenfalls solange dieser nicht durch Resistenzbildung den Schutz außer Kraft gesetzt hat (was allerdings längst passiert).

In dieser Situation gelang es den Forschern des ICIPE und den mit ihnen zusammenarbeitenden Kollegen des britischen *Rothamsted Research Institute,* ein System der ökologischen Regulierung zu finden, das so etwas wie ein Flaggschiff der biologischen Schädlingsbekämpfung geworden ist: das *push and pull system.* Es ist schnell beschrieben: Zwischen den Reihen des Maisfeldes pflanzt der Bauer *Desmodium.* Diese Pflanze hat zwei Eigenschaften. Ihre Wurzeln scheiden eine Substanz aus, die den Strigasamen zum Keimen bringt, und eine zweite, die die Keimlinge dieses Krautes absterben lässt. Und ihre Blätter verströmen einen Stoff, der das Wohlbefinden des Stengelbohrers nachhaltig stört. Damit dem alle Lust vergeht, sich weiter im Maisfeld aufzuhalten, wird um die Parzelle herum ein Gras gepflanzt, das *Napiergras.* Das ist wiederum völlig nach dem Geschmack des Falters und lädt ihn ein, seine Eier auf ihm abzulegen. Das aber ist ein fataler Irrtum – aus Faltersicht. Denn die Raupen, die sich später entwickeln, können mit dem Gras nichts anfangen und gehen ein. Dass zu guter Letzt Desmodium, als Gründünger in den Boden eingearbeitet, die Bodenfruchtbarkeit erhöht und Erosion verhindert, während Napier ein vorzügliches Futter für die Tiere des Bauern abgibt, rundet das *push and pull system* aufs vortrefflichste ab. Genial daran ist nicht nur, dass es funktioniert – es bringt den Bauern auch nicht in die Situation, teure Spritzmittel oder Gentechniksaatgut erwerben und sich im Zweifelsfall dafür verschulden zu müssen.

Dass auch dieses System nur nachhaltig sinnvoll ist, wenn es in ein schlüssiges Konzept der Ökologischen Intensivierung eingebunden ist, in dem für biologische Vielfalt und eine Erhöhung der Bodenfruchtbarkeit durch Kompost, Gründüngung und Fruchtwechsel gesorgt wird, versteht sich von selbst.

Innovation im Fischbecken

Im Frühjahr 2011 wurde den Fischessern unter uns, jedenfalls denjenigen, die auch fernsehen, der Appetit auf einen Fisch verdorben, der sich in den vergangenen Jahren einen respektablen Platz auf unserer Speisekarte erobert hat: 56 000 Tonnen Pangasius werden in Deutschland jährlich verzehrt – das entspricht 4,4 % des Fischverbrauches, Tendenz stark steigend. Er entstammt nahezu durchweg aus Aquakulturen; wer ihn isst, sollte sich nicht den Vorwurf machen müssen, er esse gerade die Meere leer.

Die Dokumentation aus dem fernen Vietnam, in dem der Großteil der Pangasius-Produktion für Europa stattfindet, zeigte, dass es keinen Anlass für dieses gute Gefühl gibt. Zwar ist der zu den Welsen gehörende Fisch kein Raubfisch, wie Lachse oder Forellen, bei denen 5 kg Fisch gefangen werden, um 1 kg Speisefisch zu erzeugen. Trotzdem wird für jedes Kilogramm Pangasius ein Kilogramm Wildfisch als Futter eingesetzt, weshalb eine Entlastung der Meere nun gerade nicht gegeben ist.

Zusätzlich entsteht aber eine gewaltige Belastung der Umwelt. So werden Medikamente und übergroße Nährstoffmengen aus den Ausscheidungen der Fische in die Gewässer gespült, an die die Fischteiche angeschlossen sind. Der massive Antibiotikaeinsatz, der wegen der hohen Besatzdichten – 300 Fische werden je Quadratmeter Teichfläche gehalten – erforderlich ist, produziert resistente Keime, die auch für Menschen gefährlich sind. Und er führt zu Rückständen im Speisefisch, die von uns ahnungslos zusammen mit dem köstlichen Fischfilet verspeist werden. Was Fische empfinden, ist für uns noch viel weniger nachzuvollziehen, als das bei Hühnern oder Schweinen der Fall ist. Dass diese Form der Haltung es den Tieren jedoch unmöglich macht, sich auch nur annähernd so zu verhalten, wie das in der natürlichen Umgebung möglich wäre, liegt auf der Hand.

Um den vietnamesischen Fischzüchtern eine Alternative bieten zu können, die ihnen ein Einkommen erhält, das nicht durch die Zerstörung ihrer natürlichen Lebensgrundlagen erkauft ist, hat der Naturland-Verband zusammen mit der staatlichen Entwicklungshilfeorganisation GTZ (heute GIZ) ein Pangasius-Projekt in Vietnam gestartet. Ausgangspunkt war die gemeinsame Entwicklung von Richtlinien, um ein naturverträgliches und tiergerechtes Haltungskonzept zu konzipieren. Wichtigste Eckpunkte sind die radikale Reduzierung der Besatzdichte und die ökologische Fütterung. Nicht mehr als zehn Fische dürfen je Kubikmeter Wasser gehalten werden, wo konventionell zwischen 100 und 150 Tiere Platz finden müssen. Beim Futter sind nur pflanzliche Erzeugnisse aus Ökologischem Anbau erlaubt und für die Eiweißkomponente ist ein Fischmehl zugelassen, das aus den bei der Speisefischverarbeitung anfallenden Resten stammt. Die Besatzdichte ist so mit den natürlichen Bedingungen im Einklang, dass auf dem Boden des Teiches Futter wächst, durch das eine deutlich geringere Zufütterung erforderlich ist. Gleichzeitig unterbleibt der Austrag von Nährstoffen in die umliegenden Gewässer. Eine Zufütterung von Antibiotika ist weder erlaubt, noch ist sie nötig, weil die Tiere nicht dem Infektionsdruck ausgesetzt sind, der auf den dichtgedrängten Fischen in den konventionellen Becken lastet.

Diese Art der Fischzucht bringt zwar erheblich geringere Mengenerträge als die konventionelle Variante. Sie bringt aufgrund der Kaufbereitschaft entsprechend sensibilisierter Kunden in Europa aber ein Einkommen, das es dem vietnamesischen Bauern ermöglicht, seine Familie ebenso zu ernähren wie mit der intensiven Produktion. Auch dort, wo die Aquakultur nicht der Erzielung von Einkommen durch Export, sondern der lokalen Selbstversorgung dient, ist eine ökologische Aquakultur die einzige langfristig gangbare Alternative – weil sie den Futter-Input verringert und weil sie die natürlichen Lebensgrundlagen der Bauern und ihrer Nachbarn nicht in Gefahr bringt.

Aber im Ernst: Kann denn jetzt Bio die Welt ernähren?

»Kann man mit Bio die Welt ernähren?«, ist eine Frage, die mir in jedem Gespräch zu unserem Thema gestellt wird, sobald klar wird, dass ich ein Verfechter des Ökologischen Landbaus bin. Da die meisten, mit denen ich über so etwas spreche, mich schon kennen, kommt diese Frage auch gleich am Anfang.

Wer dieses Buch bis hierher gelesen hat, wird feststellen,

dass diese Frage noch nicht beantwortet ist. Vielleicht werden Sie aber auch feststellen, dass es eine einfache Antwort auf diese Frage nicht geben kann. Die Vorstellung greift zu kurz, man müsse nur die Anzahl der für Ackerbau zur Verfügung stehenden Hektare mit einem unter Ökolandbau-Bedingungen annehmbaren Weizen- oder Reisertrag multiplizieren, dann durch die Anzahl der heute und in 40 Jahren auf dem Erdenrund zu stopfenden Mäuler dividieren, um dann zu wissen, ob genügend Kalorien zur Verfügung stehen. Oder man müsse den heutigen Verbrauch an Nahrungsmitteln unter den Annahmen von Bevölkerungswachstum und Wohlstandsentwicklung hochrechnen, um zu sehen, was wir im Jahr 2050 auf den Tisch des Hauses legen müssen, wenn neun Milliarden Menschen unseren Planeten bevölkern, ein gewachsener Anteil von ihnen so konsumieren möchte, wie wir das heute in München, Tokio oder Seattle tun, und obendrein ein Anteil von x % der Autofahrer seine Limousine mit Biosprit antreibt. Dann hätte man eine Menge, die durch die Weltacker und -grünlandfläche zu teilen wäre. Der sich dann ergebende Hektarertrag wäre dann das, was wir schaffen müssen, und die Landbaumethode der Zukunft wäre dann die, die diesen Ertrag versprechen könnte.

Ganz offensichtlich setzen solche simplen Rechnungen Annahmen voraus, die so einfach nicht zu treffen sind. Denn was brauchen wir tatsächlich? Ist es, um nur eines der Beispiele aus dem dritten Kapitel aufzugreifen, tatsächlich erforderlich, dass wir 200 % erzeugen, um 100 % konsumieren zu können, weil wir das Menschenrecht, 50 % der Lebensmittel auf den Müll zu befördern, garantieren müssen? Und von welchen Lebensmitteln sprechen wir eigentlich? Von dem, was in unserer Fachsprache »Veredelungsprodukte« heißt – also Fleisch, bei dem durch die »Veredelung« von 7 kg Getreide und Sojabohnen 1 kg Nackensteak geworden ist? Sprechen wir nur von Reis und Weizen, oder auch von Kartoffeln und Yamswurzeln und der ganzen übrigen unglaublichen Vielfalt von Pflanzen, die nicht nur einen – zum Teil – höheren Kalorienertrag auf der Fläche erzielen, sondern durch ihre Vielfalt den erforderlichen Beitrag zur Gesundheit der Menschen leisten?

Die einfache Frage, wer auf welche Weise »die Welt ernähren kann«, ist in sich ebenso falsch wie der Begriff »Welternährung«, auch wenn ich ihn selbst immer wieder verwende, weil er so angenehm kurz und gut eingeführt ist. Aber gibt es tatsächlich jemand, der »die Welt« ernähren kann? Oder geht es nicht darum, dass allen Menschen, wo immer sie auf dieser Welt leben, das Recht verschafft werden muss, souverän über ihre eigene Ernährung zu bestimmen und diese so weit als irgend möglich selbst in der Hand zu behalten?

Ich weiß natürlich auch, dass es Länder gibt, die haben weder ausreichend fruchtbare Ackerflächen noch Wasser genug, um eine Eigenversorgung mit Grundnahrungsmitteln sicherstellen zu können. Dubai oder Ägypten zum Beispiel oder Singapur und Japan. Und nach der schrecklichen Zerstörung seiner Böden gehört auch Haiti zu diesen Ländern. Deshalb gibt es kein Entweder-oder. Vollkommen klar ist: Es braucht einen Welthandel mit Agrargütern, der mit Überschüssen in den einen Regionen Defizite in anderen Regionen ausgleicht. Und es braucht gleichzeitig ein Maximum an Souveränität der einzelnen Staaten und Regionen bis hinein in die Haushalte der auf dem Lande lebenden Ärmsten der Armen.

Gerade die Krisenjahre 2007 und 2008 (und erneut das Jahr 2011) sind Argumente gegen die bereits heute bestehende Abhängigkeit gerade der ärmsten Volkswirtschaften von globalen Handelsströmen. Kaum deutete sich durch die Überschwemmungen in Australien, die Flächenbrände in Russland und eine weltweit schlechtere Ernte im Sommer 2010 an, dass es zu einer Verknappung auf landwirtschaftlichen Rohstoffmärkten kommen könnte, sperrte eines der Hauptexportländer für Getreide, die Ukraine, seine Ausfuhr. Die Preise schnellten in die Höhe, die Spekulation an den Rohstoffbörsen trug das Ihre dazu bei. In einer Volkswirtschaft wie der unseren werden von so einer Entwicklung noch nicht einmal die Preisindizes merklich beeinflusst, denn der Anteil unseres Einkommens, der für Lebensmittel ausgegeben wird, liegt nur wenig über 10 %. Weil zudem der Anteil der Rohstoffkosten an unseren Lebensmitteln sehr gering ist – in einem Brötchen für 60 Cent stecken gerade einmal für 2 Cent Getreide –, wirkt sich der Anstieg der Rohstoffpreise kaum noch aus.

Ganz anders ist das für eine Familie in einem der Länder, die auf der Schattenseite der Weltökonomie leben. Für sie bildet der Lebensmitteleinkauf den größten Posten ihres privaten Haushaltes. Für sie bedeutet es den Unterschied zwischen satt werden oder hungern, ob die Preisausschläge der Rohstoffbörsen in Chicago oder Paris ungebremst auf sie durchschlagen oder ob die eigene Landwirtschaft in der Lage ist, eine Grundversorgung sicherzustellen.

Wir müssen deshalb, anstatt von *Welternährung* zu sprechen, von *Ernährungssouveränität* und von *globaler Ernährungssicherung* sprechen, um nicht in die »We feed the world«-Bilder zu geraten, mit denen die Agrarindustrie ihre Aufgaben – und ihre Geschäftsfelder – beschreibt.

Dies alles vorangeschickt, will ich die Frage umformulieren: Kann Bio Ernährungssouveränität eher garantieren als die konventionelle, industrielle Landwirtschaft? Die Antwort hierauf ist durch die Beispiele gegeben, die ich in diesem Kapitel beschrieben habe. Sie zeigen, dass das Konzept der Ökologischen Intensivierung geradezu die Voraussetzung für die Ernährungssouveränität derjenigen ist, die auf dieser Welt unter Unterernährung leiden. Dass damit einer gewaltigen Industrie, deren Kollateralschaden Unterernährung ist, gewissermaßen die Geschäftsgrundlage entzogen wird, zeigt, wo das eigentliche Problem liegt.

Zunächst bleibt aber die Frage, ob Bio produktiv genug ist, um eine globale Ernährungssicherung angesichts der steigenden Erdbevölkerung sicherzustellen. Es gibt eine Studie der Universität Michigan, die 2007 den Versuch unternommen hat, zu quantifizieren, wie viel Nahrungsmittel durch eine ökologische, mit geringem Input an Betriebsmitteln arbeitende, nachhaltige und kleinbäuerliche Landwirtschaft zur Verfügung gestellt werden könnten.[14] Dafür haben die Wissenschaftler des *Institute for Food and Development Policy* 91 Studien ausgewertet, die 293 Fälle beschreiben, in denen Ökologischer und Konventioneller Landbau in Bezug auf den erzielbaren Ertrag verglichen wurden. Auch hier wurde unter »Ökologischer Landbau« nicht der zertifizierte Ökolandbau verstanden, sondern das, was wir oben mit Ökologischer Intensivierung beschrieben haben. Die Auswertung untersuchte auf diese Weise, welche Nahrungsmengen in zehn verschiedenen Kategorien von Grundnahrungsmitteln durch die Umstellung der Weltagrarfläche auf Ökologische Landwirtschaft erzeugt werden könnten.

Sie geht davon aus, dass es zwei verschiedene Ausgangspunkte für die Umstellung gibt, je nachdem, welche der beiden Formen von den Bauern derzeit praktiziert wird:

- Einerseits von einer traditionellen Landwirtschaft kommend, die mangels Zugang oder Kaufkraft ohne Chemie arbeitet, aber die Prinzipien des Ökolandbaus nicht anwendet.
- Andererseits von einer industriellen Landwirtschaft ausgehend, die alle Methoden einer »modernen« Landwirtschaft praktiziert, wie sie von der »Grünen Revolution« seit 40 Jahren gepusht werden, insbesondere den Einsatz von chemisch-synthetischen Dünge- und Pflanzenschutzmitteln und von gentechnisch verändertem Saatgut.

Das Ergebnis dieser Studie: Die Umstellung der globalen Nahrungsmittelerzeugung auf Ökologischen Landbau würde zu einer *Erhöhung* der Nahrungsmittelproduktion um 50 % auf 4381 Kilokalorien pro Person und Tag (bei einem Bedarf von 2200 bis 2500 kcal/Person/Tag je nach Geschlecht, Größe und körperlicher Arbeit für eine erwachsene Person) führen!

Es war zu erwarten, dass diese Studie angegriffen und in Frage gestellt werden würde.[15] Denn schließlich muss man in solchen Fällen immer Annahmen treffen, auf denen man Rechnungen aufbaut, und wer andere Annahmen zugrunde legt, kommt dann zu anderen Ergebnissen. Es ist aber unsinnig, wenn Kritiker den Wissenschaftlern aus Michigan vorhalten, sie müssten ein optimiertes Anbausystem der Ökologischen Intensivierung einem optimierten Anbausystem der konventionellen Landwirtschaft gegenüberstellen und nur daraus ließen sich gültige Schlussfolgerungen ableiten. Denn erstens gibt es solche optimierten Fälle für beide Systeme nicht – zu unterschiedlich sind dafür die Bedingungen in jeder Region dieser Erde. Und zweitens ist gerade die Herangehensweise die richtige, die von den real gegebenen Verhältnissen in der Welt ausgeht und tatsächlich bestehende Beispiele gegeneinander abwägt.

Erst recht muss ein zweiter Einwand zurückgewiesen werden, der auf die künftig noch möglichen Produktionssteigerungen in der industriellen Landwirtschaft, insbesondere auf das Potenzial der Agro-Gentechnik verweist. Denn nicht nur ist von diesen Steigerungen nichts zu spüren. Außer beim Mais ist der Ertragszuwachs praktisch zum Stillstand gekommen. Das Gegenteil ist richtig: Angesichts der Milliarden, die in die konventionelle Agrarforschung investiert wurden, und der lächerlich geringen Mittel, die man für die Entwicklung der Ökologischen Landwirtschaft eingesetzt hat, ist gerade bei der Letzteren ein großes Potenzial zu vermuten, das darauf wartet, gehoben zu werden.

Ein völlig anderes Bild ergibt sich, wenn man die Ertragspotenziale des Ökologischen Landbaus mit den Resultaten einer intensiven Hochertragslandwirtschaft vergleicht, wie sie in Mitteleuropa üblich ist. Denn hier sind die konventionellen Hektarerträge deutlich höher als in Ländern wie Russland, Ukraine, USA oder China. Dort wird auf riesigen Flächen sehr viel extensiver gewirtschaftet als bei uns. Deshalb weichen dort die Erträge der ökologischen und der konventionellen Wirtschaftsweise nicht so stark voneinander ab, wie das bei uns der Fall ist.

Eine Arbeit an der Universität in Kassel-Witzenhausen[16] hat es unternommen, die verfügbaren Biomassepotenziale für Energie und Rohstoffe bei flächendeckendem Ökologischem Landbau in Deutschland anhand von Modellrechnungen zu ermitteln. Dabei wurde zunächst errechnet, welche Biomasse für Ernährung *und* Energieerzeugung zur Verfügung stehen würde, wenn man die gesamte Fläche nach den Regeln des zertifiziert ökologischen Landbaus bewirtschaften würde. Dann wurden Szenarien unterschiedlicher Konsummuster unterstellt, indem zwei Warenkörbe miteinander verglichen wurden: der tatsächliche Warenkorb, wie er sich aus dem durchschnittlichen Einkauf der deutschen Verbraucher ergibt, und ein Warenkorb, der auf einer 60%igen Reduktion des Fleischverbrauchs beruht. Das Ergebnis ist, dass unter dieser Voraussetzung 3,7 Millionen Hektar landwirtschaftliche Nutzfläche[17] zur Verfügung stehen würden, um Energiepflanzen und sonstige nachwachsende Rohstoffe zu produzieren – ökologisch zu produzieren, wohlgemerkt!

Dies führt uns zurück zu dem Ausgangspunkt, den wir im zweiten Kapitel dieses Buches intensiv beleuchtet haben und den wir über aller statistischen Betrachtung nicht aus dem Auge verlieren dürfen: Es ist völlig egal, welches Produktionssystem wir einsetzen – ob es ein konventionelles ist (mit allen Nebenfolgen für unsere natürlichen Lebensgrundlagen) oder eines der Ökologischen Intensivierung: Wenn es uns nicht gelingt, die Ausbreitung des westlichen Lebensstils mit seinem hohen Fleischkonsum, seiner Überernährung und seiner Lebensmittelvernichtung zu verhindern, dann gibt es keine technische Lösung, die den Zusammenbruch des Ernährungssystems verhindert. Das Gleiche gilt für den Fall, dass es uns nicht gelingt, die Zerstörung unserer natürlichen Lebensgrundlagen, insbesondere, was den Boden und das klimatische Gleichgewicht betrifft, zu stoppen.

Ökologische Intensivierung – Alles andere als eine verschrobene Einzelmeinung

Zwar steht ein Diskussionsbeitrag, wie dieses Buch einer sein will, für sich. Er muss sich an seinen Argumenten und an den Fakten, mit denen sie unterlegt werden, messen lassen. Meine Erfahrung deckt sich aber möglicherweise mit der meiner Leser: Einzuordnen, ob das, was ich lese oder höre, Hand und Fuß hat, fällt mir leichter, wenn ich wahrnehmen kann, ob eine Position isoliert als Einzelmeinung vorgetragen wird oder ob sie von anderen geteilt wird, denen ich Kompetenz zutraue. Ich will Ihnen deshalb einige sehr aktuelle Stimmen vorstellen, die in der Debatte Gewicht haben.

Ein Wälzer namens Weltagrarbericht

Es liegt im Wesen von Dokumenten, die 2000 Seiten dick sind, dass sie nur von wenigen sehr interessierten Menschen von vorne bis hinten gelesen werden. Wahrscheinlich muss man entweder auf einer einsamen Insel gestrandet und deshalb mit viel Zeit und zusätzlich mit der Fähigkeit des Schnelllesens ausgestattet sein, um eine solche Lektüre zu bewältigen. Es setzt also keine hellseherischen Fähigkeiten voraus, wenn ich vermute, dass die wenigsten der Leser dieses Buches den Bericht des *Weltagrarrates* gelesen haben, der im April 2008 von der Plenarsitzung des Umweltgipfels in Johannesburg verabschiedet wurde. Da dieser Bericht eines der wichtigsten Dokumente in der Diskussion um die zukünftige Ausrichtung von Landwirtschaft und Ernährung in der Welt ist, ist es unabdingbar, ihn hier in einigen Zeilen vorzustellen.[18]

Benny Haerlin ist ein zäher Kämpfer für Umweltschutz und eine zukunftsfähige Landwirtschaft; er hat in seinem Leben reiche Konferenzerfahrung auf europäischem und internationalem Niveau gesammelt. Dass er sich im Herbst 2002 im Gründungskreis des Weltagrarrates wiederfand, war einem erstaunlichen Umstand geschuldet: Der Weltbank war es ein wichtiges Anliegen, durch die Auswahl der Akteure für Ausgewogenheit in der Arbeit des Weltagrarrates zu sorgen. Ein Vertreter des amerikanischen Chemie- und Saatgutriesen Monsanto sollte ebenso dabei sein wie ein Aktivist von Greenpeace. Dass Haerlin damals die Gentechnik-Kampagne dieser Organisation leitete, verschaffte ihm eine Aufgabe, die ihn für viele Jahre in Beschlag nahm. Heute leitet er das Berliner Büro der *Zukunftsstiftung Landwirtschaft,* die biologische Saatzucht fördert, sich aber auch mit grundsätzlichen agrarpolitischen Themen befasst. Nach wie vor hält er Vorträge zum Weltagrarbericht, schreibt Artikel und betreibt eine Webseite zu dem Thema, um Politiker von der Bedeutung dieses Dokuments und der darin dargestellten Erkenntnisse zu überzeugen. Robert Horsch, damals Vizepräsident von Monsanto, zog sich dagegen schon während der Konzeptphase aus dem Prozess zurück. Heute leitet er die Agrarabteilung der *Bill und Melinda Gates Stiftung.* Ein Kollege des Konkurrenten Syngenta nahm seinen Platz im Aufsichtsrat des Weltagrarrates ein.

Wenn Benny Haerlin beschreibt, wie zäh die Delegierten um jeden Satz des Abschlussberichtes gerungen haben, bekommt man eine Ahnung davon, welche enorme Leistung es darstellt, dass am Ende ein Konsens gefunden und verabschiedet werden konnte. Dem ging wie gesagt ein mühsamer Prozess voraus, der über Jahre dauerte. Nachdem die Weltbank und die Vereinten Nationen den Vorschlag gemacht hatten, eine »Internationale Bewertung des landwirtschaftlichen Wissens, der Forschung und der Technologie für Entwicklung« *(International Assessment of Agricultural Knowledge, Science, and Technology for Development, IAASTD),* kurz: Weltagrarbericht, vorzunehmen, fanden zunächst Anhörungen in allen Kontinenten statt, um eine präzise Aufgabenstellung und Struktur zu erarbeiten. Dies mündete in einen gemeinsamen Vorschlag mehrerer UN-Organisationen[19], auf den hin das Plenum der Nairobi-Konferenz den Prozess startete. Ein Büro wurde eingerichtet, das mit je 30 Regierungs- und Nichtregierungsvertretern besetzt wurde. Unter Letzteren fanden sich sowohl Personen aus Nichtregierungsorganisationen (NGO) als auch Vertreter der Wirtschaft und der Wissenschaft. Direktor dieses Büros war *Robert T. Watson,* der bereits das *Intergovernmental Panel on Climate Change* (IPCC), den Weltklimarat, geleitet hatte. Die Präsidentschaft versah die Kenianerin *Judy Wakungu,* die das Afrikanische Zentrum für Technologiestudien leitet, zusammen mit jemand, der uns schon begegnet ist: der Schweizer *Hans Herren.*

Aufgabe des Büros war es, im Konsens die Autoren zu identifizieren, die den Bericht verfassen sollten, und die Fragen zu formulieren, die sie beantworten sollten. Dass die Erstellung des Berichtes volle drei Jahre in Anspruch nahm, unterstützt die Ernsthaftigkeit des Vorganges. Zwei Entwürfe wurden der Fachwelt, dem sogenannten *peer review,* vorgelegt und rund 20 000 Kommentare nach den Regeln wissenschaftlicher Beweisführung verarbeitet. Bei der Auswahl der Autoren wurde zudem Wert darauf gelegt, nicht allein wissenschaftliche Expertise, sondern auch praktische Erfahrung und traditionelles Wissen, das in den Gesellschaften aller Regionen dieser Welt verfügbar ist, einfließen zu lassen. Von 2005 bis 2008 wurden von 400 Autorinnen und Autoren fünf regionale, ein globaler und ein Synthese-Bericht zu dem Ergebnis gebracht, das dann im April 2008 in Johannesburg verabschiedet wurde. Als sich das Ergebnis abzeichnete und vertrauliche Briefe an die Leitung der Weltbank, das Ergebnis doch bitte schön »ausgewogener« zu gestalten, das wissenschaftliche Verfahren nicht aushebeln konnten, zogen sich die Vertreter von Syngenta und der Gentechnikvereinigung *Croplife* unter Protest zurück. Die Vertreter der USA, von Kanada und Australien, die intensiv an dem Bericht mitgearbeitet hatten, wollten ihn in seiner Gänze schließlich in Johannesburg ebenfalls nicht unterzeichnen. Zu kritisch war ihnen der Bericht mit dem Potenzial der Gentechnik und Agrarchemie, aber auch des Welthandels für die Lösung der Welternährungsprobleme umgegangen.

Es ist wichtig, den Prozess und die Stellung der an seinem Zustandekommen Beteiligten so ausführlich darzustellen, weil durch die Breite der involvierten Organisationen und der beteiligten Autoren deutlich wird, dass es sich hier nicht um ein Gefälligkeitsgutachten für die Vertreter einer Denkrichtung handelt. Außerdem hilft diese Information, die herablassende Kritik der Agrarindustrie einzuschätzen, die den Weltagrarbericht als das unwissenschaftliche Machwerk verblendeter und fortschrittsfeindlicher Öko-Ideologen abzuqualifizieren versucht.

Eine zentrale Frage steht über allen Fragen, die den Autoren vorgelegt wurden. Sie lautet:

»Wie können wir durch die Schaffung, Verbreitung und Nutzung von landwirtschaftlichem Wissen, Forschung und Technologie Hunger und Armut verringern, ländliche Existenzen verbessern und eine gerechte, ökologisch, ökonomisch und sozial nachhaltige Entwicklung befördern?«[20]

Dass, wie Benny Haerlin erzählt, alleine um diese Frage *fast ein halbes Jahr* gerungen wurde, verwundert nicht. Denn in ihr steckt sowohl das Ziel, das es zu erreichen gilt, als auch der zentrale Weg: Wissen, Wissenschaft und Erfahrung. Dass Wissenschaft, also die Frucht der Expertenarbeit, auf eine Stufe mit dem gestellt wird, was die Menschen und ihre Gemeinschaften an Wissen und Erfahrung besitzen und ausbauen, bildet die besondere Qualität des IAASTD-Prozesses. Es ist der Schlüssel für eine Entwicklung, die nicht aufoktroyiert ist, sondern in der Verantwortung derjenigen liegt, um deren Lebensumstände und Lebensgrundlagen es geht.

So wie die Fragen sich in einer zentralen Formulierung zusammenfassen lassen, so findet auch das Ergebnis sein Kondensat in einem kurzen Satz: *»Business as usual is not an option«* – Weitermachen wie bisher ist keine Option! Diese Erkenntnis ergibt sich aus einer Analyse, wie sie auch im zweiten und dritten Kapitel dieses Buches vorgenommen wurde: Nicht die Produktivität der Fläche ist der entscheidende Faktor für die Unterernährung einer Milliarde Erdenbürger, sondern soziale und wirtschaftliche Missstände, die Zerstörung der natürlichen Lebensgrundlagen und der Lebensstil eines Teiles der Weltbevölkerung, der für sich einen unverhältnismäßig hohen Anteil an den Ressourcen dieser Erde in Anspruch nimmt. Und auch der Weltagrarbericht kommt zu der Schlussfolgerung, dass die Lösung nicht in der kapitalintensiven Hochtechnologie, dem Einsatz von Gentechnik, Mineraldünger und Agrarchemie liegt – also in der Intensivierung des *usual business.* Vielmehr müsse in die Eigenkräfte einer ökologischen und kleinbäuerlichen, diversifizierten Landwirtschaft investiert werden. Dazu gehört die Herstellung von Rahmenbedingungen einer funktionierenden Infrastruktur, Rechtssicherheit vor allem in Bodenfragen und die Verbesserung des Marktzuganges.

Einen besonderen Schwerpunkt setzt der Bericht auf Bildung, Forschung und Wissenstransfer. Hier sieht er die größten Defizite und damit auch das wirkungsstärkste Potenzial. Die Autoren weisen aber darauf hin, dass dazu die Inwertsetzung von bäuerlichem Wissen und den Erfahrungen der ländlichen Gemeinschaft unabdingbar gehört. An vielen Stellen betonen sie, wie wichtig es ist, die Position der Frauen zu stärken, die in vielen Gesellschaften die Hauptlast der landwirtschaftlichen Arbeit tragen, aber oft zu wenig Rechte und keinen Zugang zu Bildung haben.

Sowohl von seinen Aussagen als auch von seiner Entstehungsgeschichte her ist der Weltagrarbericht derzeit eines der wichtigsten Dokumente zur Frage von Landwirtschaft und Ernährungssicherung. Er hat großen Einfluss auf die Diskussion in staatlichen und nichtstaatlichen Entwicklungshilfeorganisationen und auch in übernationalen Gremien. Dass ihn die deutsche Bundesregierung im Gegensatz zu 58 Regierungen – etwa von Frankreich, Großbritannien, China, Indien, Brasilien – bis heute nicht unterzeichnet und sich im Gegensatz etwa zu den USA auch nicht an seiner Erstellung beteiligte, ist schlicht ein Ärgernis. Es wird dadurch nicht geringer, dass der Parlamentarische Staatssekretär des Landwirtschaftsministeriums, Gerd Müller, im Bundestag erklärte, die Bundesregierung halte den »Bericht für einen wichtigen Beitrag zur Diskussion der globalen Ernährungssicherung«, im Übrigen seien darin ohnehin nur »überwiegend bekannte Fakten zusammengetragen worden«.[21] Aha!

Ich will diesen Abschnitt mit einer zusammenfassenden Schlussfolgerung von Robert T. Watson beschließen. Der Co-Vorsitzende des IAASTD, der Vorsitzender des Weltklimarates gewesen war und neben vielen anderen Funktionen die des wissenschaftlichen Chef-Beraters des englischen Landwirtschaftsministeriums innehat, formulierte sie so:

»Wenn wir darauf bestehen, so weiterzumachen, wie bisher, wird es nicht möglich sein, die Weltbevölkerung über das nächste halbe Jahrhundert hinaus zu ernähren. Eine solche Handlungsweise würde die Umweltzerstörung verschlimmern und den Abstand zwischen den Reichen und den Habenichtsen vergrößern. Wir haben jetzt die Möglichkeit, unsere intellektuellen Ressourcen so einzusetzen, dass wir diese Bedrohung vermeiden können. Wenn wir das nicht schaffen, dann werden wir uns einer Welt gegenübersehen, die niemand bewohnen möchte!«[22]

War das alles tatsächlich »überwiegend bekannt«?

Ins Kapital der Natur investieren – Ein Bericht der UNEP

Das für Fragen der Entwicklung zuständige *United Nations Environment Programme*, UNEP, veröffentlichte im Frühjahr 2011 einen Bericht, der die Diskussion aufgreift, die durch den Weltagrarbericht angestoßen wurde. Unterstützt durch eine Fülle von Zahlen und Daten, plädiert der Bericht für eine »Grüne Landwirtschaft«, die er in Gegensatz zur konventionellen Landwirtschaft setzt.[23]

Die Schlussfolgerungen fordern eine Abkehr von der industriellen Landwirtschaft, wie sie in den hoch entwickelten Volkswirtschaften üblich (»konventionell«) geworden ist. Sie habe zwar hohe Erträge ermöglicht, aber nur durch hohen Einsatz endlicher Ressourcen und die damit einhergehenden Umweltbelastungen. Aber auch die traditionelle Landwirtschaft in den Entwicklungsländern biete keinen Ausweg, weil sie zu wenig produziert und trotzdem zu einer Verarmung der Böden und in der Folge zu Inanspruchnahme von Waldflächen führt.

»Grüne Landwirtschaft« als Alternative zu diesen nicht nachhaltigen Systemen »nutzt die organischen Ressourcen, die am jeweiligen Ort vorhanden sind, und nutzt natürliche biologische Prozesse, um die Bodenfruchtbarkeit zu heben. Sie verbessert die Wasser-Ausnutzung und erhöht die Vielfalt bei Nutztieren und -pflanzen. Sie verwendet integrierte Methoden, um Unkraut und Pflanzenkrankheiten in Schach zu halten, und sie unterstützt Kleinbauern und bäuerliche Familienbetriebe.«[24]

Der Bericht hält eine solche Art von Landwirtschaft für geeignet, auch die bis 2050 gewachsene Weltbevölkerung zu ernähren – allerdings nur, wenn schnell der nötige Übergang begonnen werde. Der wiederum sei zu flankieren von allen Maßnahmen, die die Rahmenbedingungen betreffen: Bildung und Forschung, Verbesserung der Rechtssituation insbesondere im Hinblick auf Bodenrechte, Entwicklung der Infrastruktur etc.

Auch die UNCTAD, die Handels- und Entwicklungsorganisation der Vereinten Nationen *(United Nations Conference on Trade and Development)*, stößt in dieses Horn. In einem Dokument vom Februar 2009, das sich unter dem Titel »Sustaining African Agriculture« mit den Entwicklungsperspektiven der afrikanischen Landwirtschaft befasst, macht die Organisation deutlich, dass Ökologischer Landbau ein weites Spektrum an Vorteilen bietet, von Ernährungssicherung bis hin zu Vorteilen für die wirtschaftliche, ökologische und soziale Situation. Sie verweist auf eine gemeinsam mit der UNEP verfasste Studie[25], in deren Rahmen 114 verschiedene Projekte ausgewertet worden sind. Sie hätten gezeigt, dass die Umstellung auf Methoden des Ökologischen Landbaus zu einer Erhöhung der landwirtschaftlichen Produktivität um 116 % geführt hätte. Diese Umstellung hätte darüber hinaus dauerhafte Verbesserungen in bäuerlichen Gemeinschaften durch den Aufbau natürlicher, menschlicher, sozialer und finanzieller Ressourcen bewirkt. Sie fordern deshalb in Ablösung der »Grünen Revolution« der Vergangenheit, die nur durch den intensiven Einsatz von Chemie und Kapital möglich gewesen sei, eine neue und nachhaltige Grüne Revolution im Sinne der Ökologischen Intensivierung.

Im Februar 2011 meldete sich der Vorsitzende der Abteilung Handel und Entwicklung in der UNCTAD, Ulrich Hoffmann, mit einem »Diskussionspapier«[26] zu Wort, in dem es vor allem um die Herausforderungen geht, die sich aus dem Klimawandel für die Ernährungssituation ergeben. Es trägt den umständlichen Titel »Unter der Herausforderung des Klimawandels die Ernährung in Entwicklungsländern sichern: die wichtigsten Handels- und Entwicklungsthemen im Hinblick auf einen fundamentalen Umbau der Landwirtschaft« (eigene

Übersetzung).[27] Das Papier weist darauf hin, dass unter allen Wirtschaftszweigen die Landwirtschaft den größten Anteil an den Treibhausgas-Emissionen beisteuert – mehr als alle energieintensiven Industrien zusammen genommen und sogar mehr als die Energiewirtschaft selbst.[28] Es zeigt aber auch die Möglichkeit auf, wie die Landwirtschaft von einem Teil des Problems zu einem wesentlichen Teil der Lösung werden könnte. Dafür müsste nach Ansicht der Autoren ein Paradigmenwechsel geschafft werden: weg von einer konventionellen, industrialisierten Landwirtschaft, die auf einer Monokultur-Wirtschaft basiert und in hohem Maße auf den Einsatz externer Hilfsstoffe angewiesen ist, hin zu einer Vielfalt nachhaltiger Produktionssysteme, durch die vor allem die Produktivität der Kleinbauern erhöht wird. Auch dieses Papier sieht in einer Ökologischen Landwirtschaft im Sinne der beschriebenen Ökologischen Intensivierung die Alternative, mit deren Hilfe sowohl der Herausforderung einer wachsenden Weltbevölkerung als auch den sich durch den Klimawandel verschärfenden Bedingungen begegnet werden kann.

Unter dem Eindruck des Krisenjahres 2008 veröffentlichte die *Deutsche Bank* im September 2009 ein Papier mit dem Titel »Lebensmittel – eine Welt voller Spannung«. Nach einer Analyse der globalen Ernährungssituation stellen die Autoren fest, dass das bestehende System der Lebensmittelerzeugung zu erheblichen Problemen insbesondere in Bezug auf Biodiversität, Klimawandel und Bodenfruchtbarkeit geführt habe. Die erforderliche Steigerung der Produktion müsse deshalb mit nachhaltigen Alternativen zu diesem System erfolgen. In Bezug auf Afrika stellt das Papier für den Bioanbau fest, dass er »ebenso produktiv sein kann wie die kommerzielle Landwirtschaft, aber sehr viel nachhaltiger ist. Der Bioanbau erfordert mehr Arbeitseinsatz, dessen Kosten aber beim Kauf von Stickstoffdünger, Insektiziden und Herbiziden wieder eingespart wird und vor allem in Afrika, wo Arbeit billig und Kapital rar ist, netto zu Einsparungen führt.« Weiter heißt es, eine nachhaltige Nutzung der natürlichen Ressourcen (Boden, Wasser und Biodiversität) und die Bewahrung gesunder Agrosysteme seien von entscheidender Bedeutung, um die landwirtschaftliche Produktivität und die langfristige Lebensmittelsicherheit in der EU zu bewahren. Entsprechend müsste die Gemeinsame Europäische Agrarpolitik neu ausgerichtet werden.

Erwähnt sei schließlich noch das Papier des *Sonderberichterstatters der Vereinten Nationen, Olivier de Schutter.* Er hat es der UNO-Vollversammlung zu Weihnachten 2010 auf den Gabentisch gelegt. Für ihn ist die entscheidende Frage nicht, wie viel, sondern *wie* Nahrungsmittel produziert werden, um dauerhaft den Hunger besiegen zu können. Auch für ihn ist *agroecology* – also Agroécologie – die Methode, mit der vorgegangen werden muss.[29]

Es gibt nicht nur Fans des Ökolandbaus ...

Es versteht sich, dass nicht alle Papiere, die man zur Frage der Welternährung lesen kann, zu dem Schluss kommen, die Ökologische Intensivierung sei das Mittel der Wahl. Direktesten Zugang zu Positionen, die gegen die oben zitierten Stellungnahmen großer internationaler Organisationen argumentieren, hat man auf den Homepages der Agrarindustrie.

Auch viele Wissenschaftler – vor allem aus den Reihen der Molekulargenetiker und der Biotechnologen – unterstützen Ansätze, die in technologischem Fortschritt, vor allem in dem der Agro-Gentechnik, den Königsweg in eine Welt ohne Hunger sehen.

Diese Position genießt politische und damit erhebliche finanzielle Unterstützung. Nach der Bundestagswahl 2005 stellte die Regierung eine *Hightech-Strategie Deutschland* vor. Sie wollte damit dokumentieren, wie sie die großen Herausforderungen des 21. Jahrhunderts durch technologische Innovation auf allen Feldern angehen würde. Gleichzeitig war dieses Papier ein forschungspolitisches Grundsatzprogramm, in dem erkennbar wurde, in welche Richtung in Zukunft staatliche Forschungsgelder investiert werden müssten.

Landwirtschaft kommt darin an zwei Stellen vor: Im Kapitel »Pflanzen: Neue Wege in Landwirtschaft und Industrie – *Rohstofflieferanten der Zukunft*« und im Kapitel »Biotechnologie: Lebenswissenschaften vor einer breiten Anwendung – Innovationen auf der Grundlage der Leitwissenschaften des 21. Jahrhundert«. Vier Jahre später wurde das Forschungsministerium konkreter. Ein »BioÖkonomieRat« wurde gebildet, der an der industrienahen Akademie *Acatec* angesiedelt und mit einem üppigen Jahresbudget von zwei Millionen Euro ausgestattet wurde. Seine Aufgabe war die Ausarbeitung einer »BioÖkonomie-Strategie«. Im Text des 63-seitigen Gutachtens, das der Rat nach eineinhalb teuren Jahren vorlegte, tauchten alle Begriffe auf, die aus Gründen politischer Korrektheit auftauchen müssen – so auch die Welternährung und der Ökologische Landbau sowie die effiziente Nutzung natürlicher Ressourcen. Das alles ist in einen sehr wenig aussagenden Text verpackt, dessen Intention sich erst erschließt, wenn man sich die Stellen markiert, an denen es konkret wird. Denn dort geht es um die Themen, um die es der Hightech-Strategie immer ging: um Rohstoffe für Industrie und um Agro-Gentechnik. So ist beispielsweise umfangreich davon die Rede, man müsse durch Öffentlichkeitsarbeit die Gesellschaft für die Notwendigkeit begeistern, Agrarforschung und -entwicklung voranzutreiben. Als einzigen Inhalt dieser Kommunikation führt das Gutachten dann die Notwendigkeit auf, der mangelnden Akzeptanz für Pflanzen-Biotechnologie abzuhelfen.[30] Wer sich für die Frage interessiert, in welche Richtung die Politik die Agrarforschung in den nächsten Jahren steuern will, sollte sich die Mühe machen, diesen entlarvend dürftigen Bericht zu lesen!

Ich selbst hatte die Gelegenheit, aus dem Munde der für Forschung und Bildung zuständigen Ministerin in der Deutschen Bundesregierung, *Annette Schavan,* eine ebenso komprimierte wie ehrliche Antwort auf diese Frage zu erhalten. Die Vorgeschichte dazu war, dass die Kabinettskollegin von Frau Schavan, die CSU-Ministerin *Aigner* zum Zorn der gesamten Biotechnologie-Branche den Anbau des einzig in der Europäischen Union zugelassenen Gentechnikmaises verbot. Aufgrund neuer umweltbiologischer Erkenntnisse wurde dem MON810, einem Produkt der Firma Monsanto, ein Anbauverbot erteilt. Die ebenfalls empörte Forschungsministerin lud darauf zu einem runden Tisch ein, an dem auch Aigner Platz nehmen durfte. Als Vertreter der Biobranche (Biolebensmittel, nicht Biotechnologie!) forderte ich Teilnahme an diesem Tisch ein und wurde tatsächlich eingeladen.

Das Thema des ersten runden Tisches sollte die Welternährung sein – denn diese sicherstellen zu müssen ist ja bekanntlich der wichtigste Daseinszweck der Agro-Gentechnik. Dass unter 25 Teilnehmern des Gespräches gerade einmal fünf waren, die man der »gentechnikkritischen« Richtung zuordnen konnte, war zwar ein starkes Stück – aber es kam ja nicht unerwartet. Dass aber zum Thema Welternährung die Ministerin, immerhin auch Mitglied im Zentralkomitee der Deutschen Katholiken, nicht einen einzigen Vertreter einer staatlichen oder kirchlichen Entwicklungshilfeorganisation eingeladen hatte, darf man getrost als Skandal bezeichnen. Zumal dann noch eines der beiden ausführlichen Impulsreferate von meinem alten Bekannten Stefan Marcinowski vorgetragen wurde – dem für Biotechnologie zuständigen Vorstandsmitglied der BASF. Es wäre eine Übertreibung zu behaupten, Zweifel an einem technologiezentrierten Ansatz für die Bekämpfung von Hunger und Elend in der Welt sei die Grundstimmung im Hause der Ministerin gewesen …

In der nächsten Runde ging es zwar nicht mehr um das Welternährungsthema, aber wenigstens wurden auf unseren

Protest hin dieses Mal Vertreter der Kirchen eingeladen. Das Verhältnis zwischen Befürwortern und Gegnern der Agro-Gentechnik blieb jedoch in dieser ebenso wie in der letzten (dritten) Runde unverändert – und Sie müssen mir glauben, dass es nicht einfach ist, angesichts einer professoralen Übermacht aus den Instituten und Laboren der Biotechnologie seine Argumente beieinanderzuhalten. In dieser Atmosphäre fiel der Satz der Forschungsministerin, wegen dem ich den besagten runden Tisch Pflanzenbiotechnologie hier erwähne. Ich hatte ein besseres Gleichgewicht in der Forschungsförderung zwischen Ökolandbau-Forschung und Gentechnik eingefordert. Die Ministerin ging mich daraufhin mit scharfer Stimme und frontal an: Ob ich denn wirklich dächte, sie, Annette Schavan, werde zu Beginn des 21. Jahrhunderts Forschungspolitik auf Ökolandbau verengen?

Da von Verengung ja gar nicht die Rede gewesen war, sondern die Forderung sich auf die Gewichtung der Forschungsförderung gerichtet hatte, war die Aussage hinter den regierungsamtlichen Worten klar: »Im 21. Jahrhundert reden wir über Innovation, nicht über Ökolandbau.« Und hinter der Aussage wiederum steckt ein Bild von Landwirtschaft und Agrarforschung, das sich Innovation nur in den Laboren der Gentechnikindustrie, nicht aber auf den Höfen der Kleinbauern und in den Wirkungszusammenhängen der Natur vorstellen kann.

Wenige Monate später zeigte sich, dass die Auswirkung einer solchen Sichtweise sich keineswegs auf akademische Diskussionen beschränkt. Im November 2010 verkündeten die Ministerinnen stolz, für die vom *BioÖkonomieRat* erstellte *BioÖkonomie-Strategie* werde man in den nächsten sechs Jahren 2,4 Milliarden Euro einsetzen. Und noch eine Woche später wurde das mit 16 Millionen Euro ausgestattete Bundesprogramm Ökologischer Landbau, dessen Hälfte der praxisorientierten Ökolandbauforschung gewidmet ist, für alle Formen der »nachhaltigen Landwirtschaft« geöffnet. Damit gibt es selbst dieses winzige Instrument einer expliziten Unterstützung für die Entwicklung des Ökologischen Landbausystems nicht mehr. Nach Aussage des Abgeordneten *Peter Bleser* (später Aigners Staatssekretär), der Initiator dieser Öffnung gewesen war, ist jede Art von Landwirtschaft nachhaltig, die Recht und Gesetz achtet.

Wenn wir nun in das sechste Kapitel einsteigen, um zu überlegen, welche Schritte vonnöten sind, um zu einer ökologischen, nachhaltig mit den Ressourcen dieser Erde umgehenden Landwirtschaft zu kommen und mit ihr den Zusammenbruch des weltweiten Ernährungssystems zu verhindern, dann zeigt uns diese Geschichte, wie dick das Brett ist, das es noch zu bohren gilt!

6.
Was tun?

»There is enough for everybody's need –
but not for everybody's greed.«
Mahatma Gandhi

Ich habe im Verlauf der letzten Jahre an vielen Gesprächen und Podiumsdiskussionen zu dem Thema teilgenommen, mit dem sich dieses Buch befasst. Es ist nie schwierig, zu einer gemeinsamen Einschätzung zu kommen, was die Analyse des Problems und seiner Ursache betrifft. Auch die Überzeugung, wohin es gehen muss, ist für alle klar (was allerdings für all die auf völlig andere Weise gilt, die eine »zweite Grüne Revolution« im Stil der ersten propagieren und die eine Intensivierung der industriellen, chemiegestützten Landwirtschaft einfordern). Wenn es allerdings darum geht, zu formulieren, welche konkreten Maßnahmen in dieser konkreten Welt zu ergreifen sind, begegnet man regelmäßig einer gewissen Wortkargheit.

Um es an einem Beispiel zu verdeutlichen: Es ist klar, dass in den Industrienationen und zunehmend auch in den Schwellenländern zu viel Fleisch gegessen wird und dass beim »Veredelungsprozess« von Futtergetreide zu Fleisch wertvolle, weil knappe Nahrungskalorien vergeudet werden. Es ist deshalb auch klar, dass wir zu einer Änderung der Ernährungsstile dieses Teils der Weltbevölkerung kommen müssen. Wir müssen weniger Fleisch essen. Aber ist das bereits die Antwort?

Nein! Sie ist es nicht! Denn *wie* um alles in der Welt bekommen wir die Menschen dazu, weniger Fleisch zu essen? Durch Überzeugung und Überredung? Das dürfte nicht reichen, weil zu befürchten steht, dass die Anzahl derer, die sich einen Samstagnachmittag nicht ohne Grillparty vorstellen können, größer bleibt als die der freiwilligen Selbstbeschränker. Durch die Ausgabe von Fleischverzehrsgutscheinen? Wohl eher auch nicht – selbst wenn mich eine Mehrheit der Weltbevölkerung demnächst zum Weltpräsidenten wählen sollte.

Ich will in diesem letzten Kapitel über die Transformationsprozesse schreiben, die einzuleiten sind, damit wir eine ökologisch verträgliche Landwirtschaft bekommen, die mit den Ressourcen dieser Erde nachhaltig umgeht. Wir müssen zu Lebens- und Ernährungsstilen kommen, mit denen wir jedes Jahr nur eine Erde verbrauchen, nicht aber anderthalb, wie wir es gerade tun. Solche Prozesse zu beschreiben ist nicht nur für Landwirtschaft und Ernährung eine herausfordernde und erst am Beginn ihrer Bewältigung stehende Frage. Das Gleiche gilt auch für das große Thema des Klimawandels. Im Mai 2011 hat der Wissenschaftliche Beirat der Bundesregierung *Globale Umweltveränderungen* (WBGU) ein Gutachten mit dem Titel »Welt im Wandel – Gesellschaftsvertrag für eine Große Transformation« (WBGU-Gutachten)[1] veröffentlicht, in dem einerseits ein erster Versuch gemacht wird, die Handlungsoptionen umfassend und konkret zu umschreiben. Das Gutachten macht aber auch deutlich, dass es der Entwicklung eines eigenen Forschungsfeldes bedarf, um den Umbau von Wirtschaft und Gesellschaft und die Bedingungen, damit er stattfinden kann, zu beschreiben. Und dass parallel dazu eine Bildungsanstrengung unternommen werden muss, um die unabdingbare Teilhabe der Bevölkerung an diesem Prozess sicherzustellen.

So muss ich Sie jetzt, anders als in den fünf vorangegangenen Kapiteln, bitten, mir auf unsicheres Terrain zu folgen und weniger begangene Pfade zu begehen. Und damit wir uns dabei nicht verlaufen, sollten wir uns erst einmal die Wanderkarte genauer ansehen und die einzelnen Wegmarken beschreiben.

Die Preise und die ökologische Wahrheit

Im Februar 2011 war meiner Zeitung eine knappe *dpa*-Notiz mit dem Titel »Ein weiterer Müllskandal erschüttert Neapel« zu entnehmen: »*Jahrelang soll Stadtmüll direkt ins Mittelmeer gelangt sein. Weite Teile der Küste bis in das weit südlicher gelegene Salerno wurden verschmutzt ... Den Ermittlern zufolge hatten hohe Beamte und Betreiber von Kläranlagen über Jahre hinweg vereinbart, verflüssigten Stadtmüll aus der Gegend ohne ökologische Aufarbeitung in das Mittelmeer zu leiten ...*«

Ich weiß nicht, wie in Neapel die Richtlinien aussehen, durch die die Vergabe von Müllentsorgungsaufträgen an entsprechende Firmen geregelt werden. Aber nehmen wir einmal an, die Stadtverwaltung hätte eine Ausschreibung gemacht und dann den Auftrag an die bestanbietende Firma erteilt, also die Firma, die das günstigste Angebot gemacht hat. Dann wäre nach dem marktwirtschaftlichen Prinzip verfahren worden, dass der im Vorteil ist, der seine Ressourcen – Arbeit, Maschinen, Treibstoffe etc. – am effizientesten einsetzt.

Nehmen wir weiter an, dass in den Ausschreibungsbedingungen vorgesehen war, dass der Müll ordnungsgemäß in eine Deponie oder Müllverbrennungsanlage verbracht wird. Dann könnte es durchaus sein, dass eine teurere Firma in Wirklichkeit die billigere war. Dann nämlich, wenn sie die Kosten der ordentlichen Müllentsorgung mit eingerechnet hätte. Man könnte sagen, die Preise der teureren Firma hätten die *ökologische Wahrheit* ausgesagt – nicht jedoch die des Müll-ins-Meer-Pumpers. Denn Müll entsorgen kostet in jedem Fall Geld. Bringt man ihn ordnungsgemäß zur Deponie, dann kostet das Gebühren. Entsorgt man ihn ins Meer, dann kostet er auch, beispielsweise durch die Einnahmeausfälle der Strandhotels, in denen niemand mehr Ferien machen möchte, weil es vom Meer her nach Müll stinkt (um nur eine der Kostenstellen zu nennen).

Andersherum betrachtet und um einen weiteren Begriff einzuführen: Der Müll-ins-Meer-Pumper hat all den Schaden,

den er angerichtet hat, anderen überlassen. Er hat einen Teil seiner Entsorgungskosten *externalisiert.* Hätte er stattdessen die Hoteliers entschädigen, den Strand säubern und einen irgendwie zu beziffernden weiteren ökologischen Schaden bezahlen müssen, dann wäre sein Entsorgungspreis deutlich höher geworden, höchstwahrscheinlich teurer als der seines ordentlichen Kollegen. Nur dann hätte man davon sprechen können, dass die *Kosten internalisiert,* in den Preis eingerechnet worden wären.

Kosteninternalisierung ist *der* zentrale Begriff für unsere gesamte Diskussion. Das neapolitanische Beispiel hat zwar mit Lebensmittelproduktion und den Problemen der Ernährungssicherung nichts zu tun, es zeigt aber sehr drastisch, welchen Unterschied es macht, ob die Preise die ökologische Wahrheit sprechen und welche Wirkung erzielt werden könnte, würden die vollen Kosten internalisiert.

Allgemeingüter und Marktversagen

Im Fall des Müllskandals ging es um Kriminalität. Da hat einer gegen Recht und Gesetz in der Umwelt abgeladen, was ordnungsgemäß entsorgt hätte werden müssen. Es kann aber auch passieren, dass jemand völlig ohne Gesetze zu brechen durch seine wirtschaftliche Betätigung Kosten für die Allgemeinheit oder die Umwelt verursacht.

Wenn eine Fabrik einen Schadstoff ausstößt, der in einem nahe gelegenen Wald die Bäume abtötet, dann kann der Waldbesitzer über diesen Schaden eine Rechnung an den Fabrikbesitzer stellen und bekommt diese auch bezahlt. In der zweiten Hälfte des 20. Jahrhunderts hat man deshalb die Schornsteine vieler Fabriken der Schwerindustrie immer höher gebaut, um eine bessere Verdünnung und eine weiträumigere Verteilung der Schadstoffe zu erreichen. Die massive Schädigung der Nachbarn war damit behoben – dafür wurden ab Mitte der

70er Jahre neuartige Waldschäden beobachtet, die sich so dramatisch entwickelten, dass man ein Waldsterben befürchten musste.

Betriebswirtschaftlich hatten die Industrieunternehmen alles richtig gemacht. Sie waren Kosten aus dem Weg gegangen, die sich durch Schädigungen in zuordenbarer Nähe ergeben hätten. Der Markt, auf dem Angebot und Nachfrage den Preis bestimmen, konnte das Problem des Waldsterbens offenbar nicht regeln. Ganz im Gegenteil: Hätte eines der Unternehmen beschlossen, seine Schornsteine mit teuren Filtern auszustatten, während seine Konkurrenten munter weiter Schwefel und Schlimmeres in die Atmosphäre pusten, wäre es durch den Markt abgestraft worden. Denn schließlich hätte es ja die Preise seiner Produkte um die Kosten der Filteranlagen erhöhen müssen. Anders ausgedrückt: Weil das *Allgemeingut* Luftreinheit nichts kostet, muss hier von einem *Marktversagen* gesprochen werden. Denn der Markt belohnt nicht den Schutz des Allgemeingutes, sondern dessen Schädigung.

Erst als in den 80er Jahren der Staat durch gesetzliche Auflagen die Unternehmen zwang, ihre Schadstoffe durch entsprechende Vorrichtungen in der Fabrik zu behalten, kam es zu einer deutlichen Verringerung der Schadstoffbelastung und des aus ihr herrührenden »sauren Regens«.

Ein weiteres Beispiel soll uns näher an unser eigentliches Thema heranführen: Als ich Schüler war – in den 60er Jahren –, gab es einen Inbegriff von Luxus: Krabbencocktail. James Bond aß Krabbencocktail in Gegenwart sich räkelnder russischer Agentinnen am Pool. James Bond – und mein Freund und Vetter Johannes, der zu seinem Geburtstag Geld von den Eltern ins Internat geschickt bekommen hatte. Er saß mit seinen Freunden um ein Glas Krabbencocktail im Domhotel, während wir einen Tisch weiter zu dritt um ein Glas Coca-Cola mit drei Strohhalmen hockten und schrecklich neidisch waren. So etwas brennt sich ins Gedächtnis. Ein halbes Jahrhundert später gehören die Krustentiere, die etwas größer sind und jetzt Shrimps heißen, zur Normalausstattung der Jahresfeier jedes Sportvereins. James Bond würde sich schämen, mit einem Glas voll davon gefilmt zu werden. Was ist da passiert? Shrimps sind billiger geworden, eindeutig. Aber kosten sie deshalb tatsächlich weniger?

Um das zu erfahren, muss man nach Ecuador fahren. Kein Land, außer vielleicht noch Vietnam, exportiert so viele dieser Tiere wie das Land am Äquator. Kilometerweit reihen sich an seiner Pazifikküste Becken, in denen sie gezüchtet werden – Shrimpsfarmen eben. Die Produktion ist ebenso perfekt durchorganisiert wie Ernte, Verpackung, Kühlung und Transport. Wenn sie bei uns tiefgefroren im Supermarkt liegen, zahlt man für ein Pfund so etwa 6 bis 10 Euro, bereits ohne Schale – man muss sie nur noch in Knoblauchöl dünsten. Der Preis ist ungefähr das, was mir der Fliesenleger für zehn Minuten Zigarettenpause berechnet. Weil ich sehr gerne Shrimps in Weißweinsauce esse, wäre das eine gute Nachricht – wenn dieser Preis den tatsächlichen Kosten entsprechen würde.

Tut er aber nicht: Um die Teiche anzulegen, werden Mangrovenwälder abgeholzt. Das ist ein Bestand aus Bäumen, die salztolerant sind und die in den von Ebbe und Flut bestimmten Randbereichen tropischer Küsten wurzeln. Sie bilden den Lebensraum für eine Vielzahl von Tieren und Pflanzen und insbesondere die Kinderstube vieler Fischarten, die für die Fischerei von Bedeutung sind. Darüber hinaus schützen sie die Küsten vor den Angriffen des Meeres – wo sie fehlen, haben Tsunamis eine viel fürchterlichere Wirkung als dort, wo sie deren Wucht abbremsen können. Keine dieser ökologischen Leistungen können die Shrimpsbecken erfüllen, und doch zahlt niemand für die dadurch entstandenen Kosten an der Ladenkasse in Bergen-Enkheim.

Um 1 kg Shrimps zu erzeugen, braucht es ca. 2,5 kg Futter. Davon besteht ein Viertel aus Fischen, also ca. 600 g. Diese 600 g (getrocknetes) Fischfutter dürften 3 kg frischem Fisch entsprechen. Um also 1 kg Shrimps ernten zu können, muss man zuvor 3 kg Fisch fangen, und das geschieht in der Regel mit Schleppnetzfischerei – also jener Methode, deren zerstörerische Wirkung ich weiter oben beschrieben habe. Auch deren Langfristfolgen finden sich im Preis nicht wieder.

Die Rentabilität der Aufzucht hängt wesentlich von der Produktion je Quadratmeter ab. Entsprechend ist es erforderlich, ein Maximum an Tieren in den Becken aufzuziehen. Wenn sie ausgewachsen sind, existieren auf einem Quadratmeter 60 Krustentierchen. Da ein so enges Zusammenleben in keiner Weise dem entspricht, was in der natürlichen Umgebung gegeben wäre, kommt es zu Infektionskrankheiten – denen dadurch vorgebeugt wird, dass Antibiotika ins Futter gemischt werden. Rückstände davon finden sich nicht selten in der Ware, die bei uns verkauft wird, was für unsere Gesundheit nicht gut ist. Wie immer man das bewerten möchte – im Preis enthalten ist das nicht. Der Eintrag von Medikamenten, noch mehr aber der der Ausscheidungen der Tiere in den Schlamm der Becken kann – je nach den klimatischen Verhältnissen – dazu führen, dass diese nach einigen Jahren aufgegeben werden müssen, weil dann die Lebensbedingungen zu feindlich geworden sind.

Nicht nur der ökologische Kollateralschaden wird durch den Markt nicht verhindert, sondern auch nicht der soziale. In Ecuador besteht er darin, dass die in der Regel im Besitz großer Konzerne befindlichen Teichanlagen den Küstenbereich auch dort beanspruchen, wo sonst Küstenbewohner der traditionellen Nutzung der Mangrovenränder nachgehen würden, indem sie beispielsweise Muscheln oder Brennholz sammeln. Da sie darauf aber kein verbrieftes Recht besitzen, können sie das nicht mehr. Auch diese Wirkung ist schlecht in Zahlen zu fassen, sie besteht aber aus Kosten, die die einheimische Bevölkerung tragen muss – nicht der Käufer preiswerter Shrimps in Europa.

Auch in diesem Beispiel begegnen wir jeder Menge »externer Kosten«, die sich im Preis nicht wiederfinden, so dass die

Marktkräfte ein Wirtschaften hervorbringen, das sowohl ökologische als auch soziale Missstände mit sich bringt. Um diese Zusammenhänge noch einmal zu verdeutlichen, habe ich das Beispiel gebracht, nicht um Ihnen den Appetit zu verderben. Dass das auch gar nicht nötig ist, werden Sie sehen, wenn ich weiter unten noch einmal darauf zurückkomme.

Was liegt im Werkzeugkasten?

Bevor wir im nächsten Schritt besprechen, wie Kosten zu internalisieren und Marktversagen auszugleichen ist, sollten wir uns ansehen, welche Werkzeuge uns dafür zur Verfügung stehen. Ich will dafür sozusagen den Werkzeugkasten auspacken und seinen Inhalt schön geordnet auf der Werkbank ausbreiten.

Als Erstes können wir zwei Kategorien unterscheiden: Da gibt es die Instrumente der Zivilgesellschaft – bis hin zu dem, was jedes einzelne ihrer Mitglieder tun kann, also auch Sie, verehrter Leser. Und es gibt die Instrumente des Staates – die einzelner Staaten, die des Zusammenschlusses mehrerer Staaten und solche, die sich aus Abkommen zwischen verschiedenen Staaten oder Staatengemeinschaften ergeben.

Mit der zweiten Kategorie will ich beginnen.

Was in der Macht des Staates liegt

Am nächsten liegen hier Instrumente, bei denen sich die Assoziation an Schraubzwinge und Hammer am schnellsten einstellt: *Ge- und Verbote.* Davon wird für die Landwirtschaft reichlich Gebrauch gemacht. Im Düngerecht, im Pflanzenschutzrecht, im Landwirtschaftsgesetz, im Naturschutz- und im Umweltschutzrecht – überall wird auch geregelt, was Bauern dürfen und was sie nicht dürfen. Betriebsmittel werden zugelassen oder nicht, Gesetze und Verordnungen regeln, wie weit der Bauer Abstand vom Bach halten muss, wenn er Pestizide spritzt, zu welchen Jahreszeiten er seine Gülle auf die Felder bringen darf und wann nicht. All das ist landwirtschaftliches Fachrecht. Wenn Sie jemand fragen, der für die Allgemeingüter zuständig ist, die durch solche Regelungen geschützt werden sollen, werden Sie vermutlich hören, es müsse mehr und strenger geregelt werden. Das könnte dann ein Vertreter von Nabu[2], BUND[3] oder Greenpeace sein. Fragen Sie aber einen Vertreter des Bauernverbandes, der für die spricht, denen Ge- und Verbote auferlegt werden, wird man Ihnen vermutlich versichern, es werde schon viel zu viel geregelt. Diese unterschiedliche Sichtweise kommt nicht unerwartet …

Die bereits geschilderten Probleme, die durch unsere »moderne« konventionelle Landwirtschaft insbesondere in Natur und Umwelt verursacht werden, haben ihre Ursache nicht oder nur in sehr geringem Umfang darin, dass Ge- und Verbote durch landwirtschaftliche Gesetzesbrecher überschritten würden. Sie entstehen im Rahmen der ordnungsgemäßen, gesetzlich zulässigen Praxis. Sicher gibt es Fälle, in denen Regelungen wegen des politischen Einflusses derjenigen unzureichend ausfallen, die von ihnen betroffen wären. Es ist leicht vorstellbar, dass z. B. die Vertreter der chemischen Industrie alle Hebel auf Stopp stellen möchten, wenn es um eine Verschärfung eines Pflanzenschutzmittelgesetzes geht. Erfolgreiche Lobbyarbeit ist jedoch keineswegs der einzige Grund, weshalb nicht alle Bereiche durch Ge- und Verbote zufriedenstellend geregelt sind, in denen der Markt beim Schutz öffentlicher Güter versagt.

Die Möglichkeiten staatlicher Reglementierungen finden häufig ihre Grenzen an den Grenzen: Bei fast allem, was unsere Landwirtschaft produziert, gibt es Konkurrenten in anderen Wirtschaftsräumen, die das gleiche Produkt herstellen und die es wegen der entsprechenden Freihandelsabkommen auch auf unserem Markt verkaufen können. Am deutlichsten ist das bei Tierschutzstandards. Man könnte durchaus in Deutschland oder in der Europäischen Union per Gesetz dafür sorgen, dass alle konventionellen Masthähnchen so viel Platz haben wie ihre ökologisch aufgezogenen Kollegen und dass sie ins Freie dürfen. Das würde zur Folge haben, dass die Aufzuchtkosten deutlich ansteigen und damit Hühnerbrust und Chickennuggets doch erheblich teurer würden. Damit wären sie aber nicht mehr zu den Hähnchen aus Brasilien konkurrenzfähig, die ohne solche Auflagen aufgezogen werden können. Im Extremfall verlagert sich dann die Produktion nach Brasilien, und Hühnerfleischprodukte kommen dann von dort. Damit haben wir aber die Umweltschäden, die wir bei uns vermeiden wollten, nur exportiert, und es geht den Tieren, die auf dem Teller der Deutschen landen, so schlecht wie vorher – nur eben woanders.

Das gleiche Problem stellt sich bei *Steuern.* Die kann man erheben, um bestimmte Produktionsverfahren teurer zu machen, durch die die Umwelt belastet wird, oder um Anreize zu geben, damit mit knappen Ressourcen sparsamer umgegangen wird. Auch dieses Instrument funktioniert nur dann gut, wenn die dadurch verursachten Ungleichgewichte des Wettbewerbs nicht zu groß werden. Denn auch in diesem Fall wird die Produktion verlagert – dorthin, wo solche Steuern nicht erhoben werden.

Um solche Effekte zu vermeiden und damit die Einsatzmöglichkeiten staatlicher Rechtsetzung und steuerlicher Lenkung zu erweitern, kann man versuchen, mit den Staaten, in denen die Konkurrenzproduktion stattfindet, *Abkommen* zu treffen, damit sie von ihren Bauern vergleichbare Standards einfordern. Sind sie dazu nicht bereit, kann man *Importzölle* erheben, die den Kostenunterschied zwischen der Produktion im Inland und im Ausland ausgleichen. Auf diese Weise würde auf dem deutschen Markt das brasilianische Hähnchen genauso viel kosten wie das deutsche. So wie die Dinge liegen, ist nicht sehr wahrscheinlich, dass die Brasilianer einer solchen Importsteuer zustimmen würden, wobei – und darüber ist später noch zu sprechen – es durchaus Anreize gäbe, die man ihnen anbieten könnte. Ohne ihr Einverständnis riskiert man aber Ärger. Der kann zum Beispiel so aussehen, dass die Brasilianer sich dadurch revanchieren, dass sie auf deutsche Autos oder Staubsauger Strafzölle erheben. In einem Land wie Deutschland, dessen Wirtschaft vom Export seiner Industrieprodukte lebt, wäre ein solcher Versuch zum Scheitern verurteilt.

Zuckerbrot statt Peitsche

Es gibt also Situationen, in denen der Staat seine Bauern nicht durch Regelungen oder die Erhebung spezieller Steuern dazu bringen kann, etwas zu tun, was sie freiwillig nicht tun würden, weil der Markt sie dafür nicht belohnt.

Daran können die geschilderten globalen Wettbewerbsverhältnisse schuld sein. Es gibt aber auch Dinge, die man nicht einfach anordnen kann. Wenn ein Allgäuer Bauer es leid ist, seine Kühe Jahr für Jahr auf die Alm zu treiben, weil er damit mehr Aufwand hat, als die Milch ihm einbringt, dann gibt es kein Gesetz, das ihn dazu zwingen könnte. Für die voralpenländische Tourismusindustrie aber wäre das ein Problem, weil das Wandern im dichten Wald wenig reizvoll ist. Außerdem gibt es jede Menge Tiere und Pflanzen, deren Lebensraum die von Weidetieren offen gehaltenen Berglandschaften sind.

In dieser Situation muss an die Stelle der Peitsche das Zuckerbrot treten: Wenn die Gesellschaft will, dass die Almen offen gehalten, Biotope für seltene Arten geschützt oder tiergerechte Haltungsverfahren eine Chance bekommen, dann müssen dafür *Anreizprogramme* eingeführt werden: Dann bekommt zum Beispiel der Almbauer eine Beweidungsprämie, die ihm die Mühe und die Kosten ausgleicht und für die er bereit ist, zusammen mit seinen Kühen der Landschaftspflege nachzugehen. Oder es wird dem Bauern ein zinsverbilligter Investitionskredit gewährt, der einen besonders tiergerechten Stall baut.

Den Verbraucher ins Boot nehmen

Es muss aber nicht auf den Staat warten, wer etwas Gutes tun will. Ich kann als Bauer eine Leistung erbringen, die über die Erzeugung meiner Produkte hinausgeht, und dafür die Beteiligung der Verbraucher erbitten. Das funktioniert aber nur, wenn die Leistung, die ich erbringe, klar beschrieben und für meine Mitmenschen einleuchtend ist. Und wenn ich für sie so vertrauenswürdig bin, dass sie mir das abnehmen. Wenn ich freilich mit so vielen Kunden zu tun habe, dass sie mich nicht persönlich kennen, oder wenn ich ihnen meine Kartoffeln gar nicht direkt verkaufe, sondern der Kartoffelpufferfabrik oder dem Großhändler – dann muss ein Dritter dazukommen, der das Vertrauensverhältnis herstellt: der *Zertifizierer.* Er formuliert Richtlinien für meine Erzeugung und definiert so die Anforderungen, die ich erfüllen muss, um zertifiziert zu werden. Er organisiert eine Kontrolle, die überprüft, ob ich auch alle Richtlinien einhalte, und er erklärt – meist durch ein Label auf den Produkten – dem Verbraucher, dass das Produkt, das er da aus dem Regal gefischt hat, den Anforderungen entspricht.

Der Ökologische Landbau verfährt nach diesem Prinzip, und er tut es schon seit fast einem Jahrhundert. Lange Jahrzehnte hindurch gab es da den direkten Kontakt zwischen Kunden und Erzeugern, die schon früh die Anforderungen in Richtlinien festgelegt hatten, die sie an sich stellten. Die Kontrolle bestand darin, dass sich Bauern in Gruppen organisierten, die zusammen Besuch auf den einzelnen Höfen machten. Im Fokus stand dann weniger die Vermeidung von Betrug – denn damit brauchte man damals noch nicht zu rechnen. Es ging vielmehr darum, sich gegenseitig zu helfen, den Richtlinien entsprechend zu arbeiten, und mit den Problemen, die sich dabei stellten, fertig zu werden. Erst die Ausweitung des Ökologischen Landbaus in den 1980er Jahren machte es allmählich erforderlich, hier ein System zu erstellen: Auf der einen Seite Betriebsberater, die dabei helfen sollten, es »richtig zu machen«. Auf der anderen Seite Kontrolleure, die jedes Jahr zur

Überprüfung der Richtlinienerfüllung auf die Betriebe kamen. Seit die EU im Jahr 1990 den Biolandbau gesetzlich definierte, sind auch die Kontrolleure nicht mehr im Auftrag der Anbauverbände, sondern des Staates auf den Betrieben und werden von staatlichen Behörden überwacht.

Es gibt aber nach wie vor Zertifizierungssysteme, die in privater Trägerschaft liegen – so hat beispielsweise der *Marine Stewardship Council* (MSC) Richtlinien für eine nachhaltige Nutzung der Meeresfischbestände verfasst und zertifiziert Fischprodukte, die danach gefangen worden sind. Der Naturland-Verband hat am Viktoriasee zusammen mit der deutschen Entwicklungshilfe ein Projekt zur nachhaltigen Bewirtschaftung der Fischbestände und zum Erhalt der handwerklichen Fischerei ins Leben gerufen und versieht die Produkte, die daraus auf unseren Markt kommen, mit seinem Prüfzeichen. So, wie es gelingt, immer mehr Menschen dazu zu bringen, die Lebensmittelerzeugung aus Ökologischem Landbau durch ihre Kaufentscheidung zu unterstützen, findet auch der Absatz solcher Fischereierzeugnisse zunehmend Absatz.

Von einem weiteren Beispiel will ich berichten, das zwar nichts mit einer besonderen Produktionsweise zu tun hat, das aber zeigt, dass Verbraucher durchaus bereit dazu sind, mit ihrem Kaufverhalten Verantwortung zu übernehmen – wenn man ihnen dafür ein Instrument in die Hand gibt. An der Grenze zwischen Hessen und Nordrhein-Westfalen, im idyllischen Örtchen Willingen-Usseln, gibt es die kleine Upländer Bauernmolkerei mit besonderer Geschichte. Nach einem Jahrhundert als genossenschaftliche Molkerei in Bauernhand, die mit einer Jahresmenge von 180 000 Litern begonnen und in den 1960er Jahren auf 20 Millionen angewachsen war, wurde sie mit einem der großen Milchwerke der Republik fusioniert – und dann geschlossen. Mit Hilfe von Unterstützern aus dem kommunalen Bereich, von Verbrauchern und Umweltschützern erwarben eine Reihe von Biobauern der näheren Umgebung die stillgelegten Produktionsanlagen – zum kopfschüttelnden Gespött der Branche. Denn schließlich galt als ausgemacht: Nur wer immer größer wird, kann mithalten. 15 Jahre später steht die Molkerei bestens da; sie konnte 2011 eine weitere Produktionsanlage, eine Käserei, übernehmen. Die Molkerei beschäftigt wieder so viele Menschen, wie bei der Liquidierung auf die Straße geschickt worden waren, und sie liegt regelmäßig an der Spitze der Tabelle, in der die Milchpreise, die die deutschen Molkereien an ihre Bauern zahlen, verglichen werden. Das aber verhindert nicht, dass auch das Milchgeld, das die Upländer ihren Bauern zahlt, an die allgemeine Preisentwicklung gekoppelt ist. Und die war so miserabel, dass im Sommer 2008 erstmals die ganze Bevölkerung mit der Frage der Milchpreise konfrontiert wurde. Damals schütteten Tausende von Milchbauern das kostbare, aber unterbezahlte Lebensmittel auf die Felder, um gegen den Verfall ihrer wirtschaftlichen Grundlagen zu protestieren. Die Genossen in Willingen wollten dieser Entwicklung schon 2005 nicht mehr zusehen und beschlossen, ihren Lieferanten 10 Cent je Liter mehr auszuzahlen. Ihnen war aber klar, dass man nicht einfach die Milch im Laden um diesen Betrag teurer machen kann. Denn dann kaufen die Leute eben eine andere Milch. Zusammen mit einem Institut der Uni Hamburg entwickelten sie deshalb das Projekt *Erzeugerfair-Milch*. Vereinfacht gesprochen funktionierte es so, dass der Ladenbesitzer 10-Cent-Marken mit der Milch geliefert bekam und diese auf die Milchtüten klebte. Die Verbraucher bekamen so die Möglichkeit, freiwillig 10 Cent mehr je Liter zu zahlen – um die örtlichen Milchbauern zu unterstützen. Und, o Wunder, die angeblich so geizgeilen Kunden griffen deutlich mehr zu den verteuerten Produkten als zu den daneben stehenden billigeren.

Um ein bereits eingeführtes und obendrein sehr plastisches Beispiel für die Wirksamkeit von *Zertifizierung* aufzuzeigen, komme ich noch einmal auf die Shrimps zurück. Im Jahr 1999 kam die *Gesellschaft für Technische Zusammenarbeit* (GTZ) auf die Aquakulturexperten des Naturland-Verbandes zu. In Ecuador, Thailand und Bangladesch hatten sie die negativen Folgen der Shrimpsproduktion für die Umwelt und die soziale Entwicklung der lokalen Bevölkerung studiert und suchten nun nach brauchbaren Alternativen. Die sollten so beschaffen sein, dass die sehr attraktiven Einkommensmöglichkeiten für die Menschen ohne diese Nachteile erhalten blieben. Zusammen mit Naturland wurde ein Richtlinienwerk entwickelt, mit dem eine umweltverträgliche und soziale Shrimpsproduktion beschrieben wurde. Darin wurde z. B. festgelegt, dass statt der üblichen 50 bis 60 Tiere nur 15 je Quadratmeter Teichfläche gehalten werden dürfen. Unter diesen Bedingungen reichen 0,8 kg Futter für 1 kg Shrimps. Von der mit 25 % angesetzten Eiweißkomponente darf nur ein Viertel aus Fischmehl bestehen – und das wiederum kommt aus den Nebenprodukten der Speisefischverarbeitung. Der Rest des Futters ist pflanzlichen Ursprungs und kommt aus ökologischem Anbau. Dass Fütterungsantibiotika nicht erlaubt sind, versteht sich von selbst. Dazu kommen die Sozialrichtlinien, die für alle Produkte mit dem Siegel des Naturland-Verbandes gelten und die sicherstellen, dass die Arbeiter in den Shrimpsfarmen und den Verarbeitungsbetrieben angemessen entlohnt werden, sich gewerkschaftlich organisieren können, dass ausbeuterische Kinderarbeit verhindert wird und vieles mehr. Alle Farmer werden verpflichtet, mindestens 50 % der ehemaligen Mangrovenfläche auf ihrem Anwesen wieder aufzuforsten. Diese Produktionsform passt sich in die natürliche Umwelt ein, ohne sie zu schädigen, ermöglicht, dass die Becken dauerhaft genutzt werden können, und trägt zur Etablierung bereits verloren gegangener Mangrovenbestände bei.

Nun galt es, Produzenten zu finden, die bereit waren, unter diesen Bedingungen zu wirtschaften; es mussten Futtermittelhersteller motiviert werden, entsprechendes Futter zu produzieren und – es musste ein Markt für die nun deutlich teureren Produkte gefunden werden. Dazu sollte das Naturland-Zeichen, das im Biomarkt eine gewisse Bekanntheit und vor allem das Vertrauen der Verbraucher genießt, genutzt werden. Mit diesem Zeichen und der dazugehörenden Verbraucherinformation wird den Kunden signalisiert: »Hier ist ein Produkt, das nach Vorschriften produziert wird, die keine externen Kosten verursachen. Du kannst es mit gutem Gewissen kaufen.«

Es hat zwar einige Jahre gedauert, aber heute gehört das Shrimpsprojekt zu den erfolgreichsten Initiativen der Naturland-Aquakultur. Jährlich werden ca. 9000 Tonnen Shrimps mit diesem Zeichen auf dem deutschen und internationalen[4] Markt verkauft, mehr als 10 000 Hektar Teichfläche sind von konventioneller auf ökologische Erzeugung umgestellt worden, und mehr als 5000 einzelne Shrimpsfarmer (mindestens 15 000 Arbeitsplätze, einschließlich derer in der Verarbeitung) verdienen einen attraktiven Lebensunterhalt. Und eine große Menge Verbraucher freut sich über köstliche Krustentierchen, die unbelastet von Antibiotika sind und (jedenfalls mir) besonders gut schmecken. Sie kosten bis zu zweimal so viel wie die konventionellen Konkurrenten. Aber das macht nichts aus, wenn man nur halb so viel isst – denn das kann man ja nun mit deutlich erhöhtem Genuss tun und mit dem guten Gefühl, nicht anderswo auf der Welt Kosten verursacht zu haben, die man nicht selber trägt.

Staat und Verbraucher reichen sich die Hand

Oben habe ich die Bio- bzw. Ökozertifizierung von Lebensmitteln als ein Beispiel dafür beschrieben, wie man durch Definition von Richtlinien, die Sicherstellung ihrer Einhaltung durch Beratung und Kontrollen und die daran anschließende Zertifizierung den Verbraucher dazu bewegen kann, freiwillig zu ermöglichen, dass die Preise die tatsächlichen Kosten widerspiegeln.

Seit 1990 stimmt das nicht mehr ganz, denn seit dieser Zeit

beteiligt sich der Staat an diesem Projekt. Unterschiedlich nach Staat und Region wird in der ganzen Europäischen Union ein an die Fläche gekoppelter Betrag an die Bauern gezahlt, die bereit sind, auf Ökologischen Landbau umzustellen und diese Wirtschaftsweise beizubehalten.[5] Nach einer Untersuchung von Buchführungsergebnissen durch das staatliche *Johann Heinrich von Thünen-Institut* in Braunschweig wäre in jedem Jahr der Gewinn der Biobetriebe deutlich geringer als der bei konventionellen Vergleichsbetrieben, wenn die Förderung wegfiele. Förderung hat also mittlerweile entscheidende Bedeutung erlangt: Ohne sie würden konventionelle Betriebe nicht umstellen und die meisten Biobetriebe könnten nicht mehr lange wirtschaftlich durchhalten. Das lässt zwei nicht selten gezogene Schlussfolgerungen zu. Die erste: Bio rechnet sich nur, wenn es subventioniert wird – ist also per se unwirtschaftlich. Die zweite: Man sollte die Bioprämien europaweit abschaffen. Dann würden die Preise ansteigen, und die Biobauern würden nicht mehr am Tropf öffentlicher Kassen (mit ihren Unwägbarkeiten!) hängen. Beides halte ich für falsch.

Erstens: Auch konventionell wird zusätzlich zu den flächenbezogenen Prämien, die alle Betriebe erhalten, subventioniert – nur nicht durch direkte Zahlung. Erwähnt seien nur die Kosten, die durch die Einträge von Pestiziden, Nitrat und Phosphaten in Gewässer entstehen. Auch die zahlt die Allgemeinheit – aber nicht, wie bei der Bioprämie vorsorgend, sondern in den Auswirkungen der Schädigung. Das im Juni 2011 veröffentlichte *European Nitrogen Assessment*[6] beziffert die jährlichen Kosten für Umweltschäden, die in Bezug auf Wasserqualität, Luftqualität, Klimawandel, Ökosysteme und Biodiversität sowie Bodenqualität entstehen, auf einen Betrag von 70 bis 320 Mrd. Euro. Sie liegen damit doppelt so hoch wie die Gewinne, die man sich mit Hilfe der Stickstoffdüngung in der Landwirtschaft erhofft. Alle Gemeinkosten mit eingerechnet, dürfte Ökologischer Landbau deshalb wirtschaftlicher sein, auch unter Einrechnung der Prämie. Zweitens: Wenn von

Ökobetrieben Leistungen für die gesamte Gesellschaft erbracht werden, dann wäre es nicht zu rechtfertigen, diese Leistungen nur von den Naturkost-Kunden an der Ladentheke abgelten zu lassen. So betrachtet, sind die Ökoprämien der staatliche Teil eines sehr modernen Modells: *Public Private Partnership*. Verbraucher und Staat ermöglichen gemeinsam Ökologische Landwirtschaft.

Ich hoffe nun, liebe Leser, Sie sind nicht ganz erschöpft von diesem ausgiebigen Sortieren der Werkzeuge. Ehe wir uns jetzt aufmachen zu besprechen, wie diese Werkzeuge eingesetzt werden könnten, um den großen Transformationsprozess zuwege zu bringen, lassen Sie mich zusammenfassen. Vor uns liegen:

- staatliche Ge- und Verbote sowie Steuern,
- Anreizprogramme,
- Zertifizierungssysteme,
- die Kombination aus Zertifizierungssystemen und Anreizprogrammen.

Was geht?

Mutter Teresa, die Heilige von Kalkutta, soll einmal einen Journalisten verblüfft haben, der von ihr wissen wollte, was sich in der Katholischen Kirche ändern müsse. Sie habe, berichtet der, ihn einen Moment nachdenklich angesehen und dann gesagt: »Sie. Und ich.«

Diese Geschichte kam mir in den Sinn, als ich darüber nachdachte, wie man diesen letzten Abschnitt gliedern könnte, in dem es um konkrete Handlungsoptionen gehen soll. Ganz sicher, und dafür spricht vieles, was Mutter Teresa sonst getan und gesagt hat, meinte sie mit dieser Antwort nicht, in der Organisation *Katholische Kirche* müsse sich nichts ändern. Ich verstehe ihre knappe Antwort so, dass am Ausgangspunkt, dort, wo anzufangen ist, der Einzelne dran ist und es weder angeht noch für irgendetwas nützlich ist, sich mit ausgestrecktem Arm und Zeigefinger in eine gemütliche Ecke zu setzen und auf die Menschen und Strukturen zu deuten, denen man Änderungsbedarf zuschreiben möchte.

Bei unserem Thema ist das ähnlich. Es müssen sich Strukturen und Rahmenbedingungen ändern. Unbedingt sogar, wenn wir das Problem der globalen Ernährungssicherung in den Griff bekommen wollen. Und doch ist es der Einzelne – also: *Sie. Und ich* –, die den unmittelbaren Anfang machen können. Ich will dieses Buch und dieses Kapitel mit dieser Frage abschließen und beginne deshalb erst einmal mit den gesellschaftlichen Handlungsfeldern:

- der deutschen Politik in den verschiedensten Bereichen,
- der europäischen Agrarpolitik
- und der globalen Wirtschaftspolitik, die sich in multilateralen Vertragswerken konkretisiert, insbesondere dem Welthandelsabkommen im Rahmen der WTO.[7]

Sie werden sich vielleicht wundern, warum ich erst umfangreich darlege, dass nur eine Ökologische Landwirtschaft unser aller Ernährung auf Dauer sicherstellen kann, und jetzt nicht einfach fordere, es müsse per Gesetz die gesamte Landwirtschaft auf Ökologischen Landbau umgestellt werden.

Diese Forderung unterbleibt nicht nur, weil sie politisch nicht durchsetzbar wäre, weder in Deutschland noch in der EU. Sie unterbleibt auch, weil der ökologische Landbau weiterentwickelt werden muss, sowohl was das Produktionssystem betrifft, als auch was die Fähigkeit der Landwirte betrifft, mit diesem System umzugehen.

Dass eine 100-%-Umstellung heute nicht zu erreichen ist, hat deshalb den Vorteil, dass der Ökolandbau sich in Konkurrenz zum konventionellen System entwickeln und bewähren muss. So etwas setzt Triebkräfte frei und stärkt die Fähigkeit des Ökolandbaus, als Pionier wegbereitend für eine Transformation der gesamten Landwirtschaft zu wirken. Allerdings muss eine solche Konkurrenz fair sein: Die wahren Kosten der Produktion müssen in den Preis eingerechnet (internalisiert) werden. Profite zu Lasten der Allgemeinheit darf es nicht mehr geben.

Die Maßnahmen müssen deshalb auf drei Ziele ausgerichtet sein:

- Rahmenbedingungen so zu setzen, dass möglichst viele externe Kosten von Landwirtschaft und Ernährung internalisiert werden,
- möglichst viele Anreize für eine nachhaltige Produktion und einen nachhaltigen Konsum zu geben,
- Wissen und Bewusstsein in der Bevölkerung herzustellen für die Folgen ihres Lebensstiles im Allgemeinen und ihres Ernährungsverhaltens im Speziellen.

Denn wenn der Verbrauch von Ressourcen einen realistischen Preis hat, dann lohnt es sich, mit diesen Ressourcen sparsam umzugehen. Und wo nachhaltiges Wirtschaften belohnt wird, da rentiert es sich, Allgemeingüter und Lebenschancen künftiger Generationen nicht zu schädigen. Und nur wer begreift, was er mit seinem Handeln anrichtet, wird sein Verhalten so ändern, dass es keinen Schaden anrichtet.

Es gibt in der Wirtschaft ein Prinzip, nach dem man Mitarbeiter oder Partner dazu bringen kann, ihr Bestes zu geben, das auch auf diese Ziele zutrifft. Es heißt *alignment of interests* und bezeichnet das In-Übereinstimmung-Bringen von Interessen. Erklärt hat es mir ein Brauer, der eines Tages beschloss, sein Bier nicht mehr von eigenen Fahrern, sondern von selbständigen Fuhrunternehmern ausfahren zu lassen. Das Interesse des Brauers war, in möglichst vielen Gaststätten und Läden sein Bier unterzubringen. Das der Bierfahrer, einen möglichst entspannten Tag aus gut bezahlten Arbeitsstunden zu verbringen. Erst in dem neuen System kamen die Interessen in Übereinstimmung: Auch die Fuhrunternehmer wollen viele

Kunden beliefern. Sie sind deshalb nicht grantig, sondern vergnügt, wenn eine neue Wirtschaft zu versorgen ist und wenn sie möglichst viele in ihrer Tour unterbringen. Ebenso muss es Ziel der politischen Maßnahmen sein, *alignment of interests* herzustellen: zwischen den Bauern und der Gesellschaft, zwischen der Natur und ihren Bewirtschaftern.

Der erste Hebel: Stickstoff

Im Jahr 2008, als die Kurven der Nahrungsmittelpreise ihre ersten Rekordspitzen ausbildeten, stiegen auch die Energiekosten in nie da gewesene Höhen. Den Landwirten bescherte das nicht nur erhöhte Kraftstoffpreise, sondern auch teuren Dünger. Die Notierungen der verschiedenen Formen von Stickstoffdünger gingen förmlich durch die Decke. Damals widmete das Kundenmagazin einer großen deutschen Saatzuchtfirma ein ganzes Heft dem Thema *Bodenfruchtbarkeit.* Dass ich mich daran erinnere, hängt damit zusammen, dass dies ein Thema ist, das sonst nur in den Mitgliedszeitschriften von Ökolandbauverbänden behandelt wird. Für den konventionellen Ackerbau hingegen spielt die Frage der Nährstoffversorgung aus dem Boden kaum eine Rolle, weil dort der Nachschub aus dem Düngersack kommt. Tatsächlich wurde im einleitenden Artikel des Heftes auch erläutert, dass es die gestiegenen Stickstoffpreise seien, durch die die Bodenfruchtbarkeitsfrage in den Vordergrund gerückt würde.

Stickstoff, in der chemischen Elemententabelle mit dem Buchstaben N bezeichnet, ist das wichtigste Element im Baustein allen Lebens. Er wird von Pflanzen und Tieren in höchst unterschiedlicher Form aufgenommen: als Molekül in Verbindung mit Sauerstoff oder Wasserstoff oder in die komplexe Struktur von Aminosäuren eingebaut, aus denen die Proteine zusammengesetzt sind. Durch die Zufuhr von Stickstoff in der Düngung beeinflusst der Bauer direkt den Mengenertrag seiner Pflanzen. Und ohne eiweißreiche Futtermittel ist auch der Höchstertrag an Eiern, Milch und Fleisch nicht herstellbar.

Gleichzeitig stehen Stickstoff und Eiweiß auch im Zentrum etlicher Probleme einer intensiven Landwirtschaft. Die Überdüngung und ihre Folgen für das Wasser, die Auslösung von Krankheitsanfälligkeit bei Pflanze und Tier, die Auswirkung des Anbaus von Sojabohnen in Südamerika – all das war bereits Gegenstand der vorangegangenen Kapitel.

Der Import von Stickstoff in den landwirtschaftlichen Betrieb – als Düngemittel und als Eiweißfuttermittel – ist deshalb *der* Hebel, wenn es darum geht, diese Probleme anzugehen und die Intensität der landwirtschaftlichen Produktion zu steuern.

Dieser Hebel muss durch zwei Maßnahmen in Bewegung gesetzt werden:

1. Durch eine Besteuerung von Stickstoff …

Eine Stickstoffsteuer ist einfach zu erheben, weil sie an der Produktion des Düngemittels (und dem Import) ansetzen kann. Für die Wirkung einer solchen Steuer liegen aus etlichen europäischen Ländern Erfahrungen vor, die zeigen, dass sie nur dann zu einer spürbaren Reduktion des Stickstoffeinsatzes führt, wenn sie in sehr spürbarer Höhe erhoben wird. In einer Studie des WWF[8] ist von 80 % des Stickstoffpreises als der kritischen Grenze die Rede. Allerdings zeigt die Wirkung der (sehr viel geringeren) Preisanhebungen, die durch die Energieverteuerung ausgelöst wurden, dass schon vor Erreichung dieser Grenze Reaktionen ausgelöst werden.

Es gibt eine Besteuerungsform, die sehr viel unmittelbarer an den durch Stickstoff verursachten Problemen ansetzt: die Stickstoff*überschuss*steuer. Sie nimmt als Bezugsgröße nicht das Kilogramm N, das als Düngemittel eingekauft wird, sondern die Differenz zwischen dem (als Düngemittel oder als Eiweißfuttermittel) in den Betrieb eingeführten Stickstoff und dem Stickstoff, der in den Ernteprodukten als Eiweiß enthalten ist und so wieder aus dem Betrieb ausgeführt wird (z. B. als Weizen oder Milch). Damit wird nur das besteuert, was Probleme im Grundwasser (durch Auswaschung) und im Klima (durch Ausgasung von Stickoxiden) verursacht: der nicht verwendete Überschuss. Nachteil dieser Methode ist aber, dass die Erhebung der Besteuerungsgrundlage enorm bürokratisch und damit teurer ist. Es ist deshalb sinnvoller, neben dem mineralischen Stickstoff, der in den verschiedenen Düngemitteln enthalten ist, auch das Eiweiß zu besteuern, das in Futtermitteln enthalten ist. Wie bei den Düngemittelwerken und beim Düngerimport hat man hier über den Futtermittelhandel ebenfalls einen »Flaschenhals«, an dem sich die Steuer leicht erheben lässt.

2. Durch eine Förderung des Leguminosenanbaus ...

Das Aufkommen der Stickstoff- und Eiweißsteuer muss der Landwirtschaft wieder zur Verfügung gestellt und darf nicht zum Stopfen allgemeiner Haushaltslöcher verwendet werden. Es ist ebenso sinnvoll wie logisch, es dort einzusetzen, wo die Wirkung auf den Stickstoffkreislauf verstärkt werden kann: bei der Förderung des Anbaus von Leguminosen. Von diesen Pflanzen war schon einmal die Rede, als die durch die Düngung verursachten Probleme der konventionellen Landwirtschaft vorgestellt wurden. An ihren Wurzeln siedeln Bakterien, die das Kunststück beherrschen, den elementaren Stickstoff der Luft zu binden und zu sammeln und ihn so ihrer Wirtspflanze und darüber hinaus dem Boden zur Verfügung zu stellen. Ackerbohnen, Erbsen, Klee, Wicken, Luzerne und Lupinen sind einige der für den Acker- und Futterbau wichtigsten unserer Leguminosen. Ihr Anbau ermöglicht nicht nur die natürliche Düngung mit Stickstoff und die Erzeugung eiweißreicher Futtermittel, sondern führt auch zum Aufbau von Humus und dadurch zur Festlegung von CO_2. Zusammen mit

Mist, Jauche und Gülle stellen sie eine Stickstoffquelle dar, die keinen Einsatz fossiler Energie erfordert und die einen Kreislauf der Nährstoffe auf dem Betrieb ermöglicht. Die Förderung des Leguminosenanbaus kann direkt über die Zahlung von Prämien erfolgen.[9] Darüber hinaus kann ein bestimmter Leguminosenanteil in der Fruchtfolge bei der Auszahlung anderer Agrarfördermittel zur Bedingung gemacht werden, was im noch folgenden Abschnitt zur europäischen Agrarpolitik zu behandeln sein wird. Dringend erforderlich sind aber auch Investitionen in die Züchtung von Leguminosen, weil hier ein enormer Rückstand aufzuholen ist. Das hängt damit zusammen, dass durch die billigen Stickstoffquellen des Mineraldüngers und der Importfuttermittel in den letzten Jahrzehnten Leguminosen fast nur noch in Ökobetrieben angebaut wurden. Die von diesen Betrieben nachgefragten Saatgutmengen waren aber zu gering, so dass es für die Saatzuchtfirmen, die solche Leguminosensorten vermehrten und vertrieben, eine Investition in die teure züchterische Entwicklung nicht lohnend war. Während bei Mais, Weizen, Gerste und Roggen Millionen für Züchtungsforschung ausgegeben und entsprechende Ertragssteigerungen erzielt wurden, blieb die Ertragsentwicklung bei unseren heimischen Leguminosenarten praktisch stehen. Das wiederum verstärkte den Rückgang ihres Anbaus, weil sich ihre Erzeugung im Vergleich zu den großen Getreidearten immer weniger lohnte. Aber nicht nur die Erhöhung des Mengenertrages wäre ein Ziel für die Arbeit der Züchter. Auch der Eiweißgehalt oder die Widerstandsfähigkeit gegen Krankheiten harren der Bearbeitung. Erst eine dauerhafte Ausweitung des Anbaus wird die Saatzuchtfirmen dazu bringen, sich hier zu engagieren – so lange muss mit öffentlichen Mitteln, aufgebracht durch die Stickstoffsteuer, der Anschub geleistet werden. Da zur Entwicklung einer Sorte eineinhalb Jahrzehnte Züchtungsarbeit eingeplant werden müssen, braucht es dafür einen langen Atem!

Beide Maßnahmen – Stickstoff- und Eiweißsteuer und die Förderung des Leguminosenanbaus – begünstigen Betriebsformen, die im Kreislauf der betriebseigenen Nährstoffe wirtschaften, und benachteiligen solche, die auf der Grundlage von künstlich erzeugtem Stickstoff ihre Feldfrüchte produzieren und mit Hilfe von südamerikanischem Soja-Eiweiß ihre Tiere füttern. Sie fördern eine Landwirtschaft, die sich auf die Energie der Sonne stützt (die vermittels Photosynthese der Pflanzen auf dem Acker erzeugt wird), und benachteiligen eine Landwirtschaft, deren Basis fossile Energien bilden.

Das WBGU-Gutachten schlägt vor, »zu prüfen, ob im Rahmen einer Steuerreform die Emissionsintensität der Lebensmittel als Kriterium für Besteuerung von Agrarprodukten herangezogen werden soll«.[10] Ich bin sicher, dass diese Prüfung ergeben würde, dass die Stickstoffsteuer einen erheblich einfacher zu bedienenden Hebel abgibt, um zum Ergebnis einer emissionsärmeren Landwirtschaft zu kommen.

Der zweite Hebel: Tierschutz und Baurecht

Im November 2010 hatte der Landrat des Landkreises Emsland, Hermann Bröring, eine beachtenswerte Eingebung. Kaum ein Kreis der Republik wird von so vielen Schweinen und Hühnern bewohnt wie ebendieser. Schon die bisherigen 32 Millionen Schweine – das ist das Zehnfache dessen, was im selben Gebiet an Menschen wohnt – bringen einen Politiker ins Schwitzen, dem der Frieden zwischen den Bürgern am Herzen liegt, für die er Verantwortung trägt. Dass aber dem Kreisbauamt zudem noch Bauanträge für weitere zehn Millionen Mastplätze vorlagen, dürfte den Landrat ziemlich schlaflos gemacht haben. Bis er eine geniale Idee hatte. Herr Bröring beriet sich mit dem Kreisbrandinspektor und stellte darauf fest, dass es in den beantragten Ställen nicht möglich sein würde, binnen der brandschutzrechtlich vorgesehenen Rettungsfrist alle Schweine aus dem Gebäude zu schaffen. Und lehnte darauf den nächstanstehenden Antrag ab.

Diese Geschichte hat ihr Ende noch nicht gefunden, während ich diese Zeilen schreibe, und so weiß ich nicht, ob der Brandschutz auf Dauer ein geeigneter Hebel sein wird, um den Wahnsinn einer Tierproduktionsindustrie, die in keinem Verhältnis zur landwirtschaftlichen Fläche mehr steht, aufzuhalten. Eine Produktion, die nur noch existiert, weil in Tankschiffen die Gülle bis nach Mecklenburg gefahren wird, um dort auf den Äckern entsorgt zu werden.

Dass jedoch das Baurecht als solches eine wichtige Rolle spielen muss, wenn es um die Eindämmung der Massentierhaltung geht, steht außer Zweifel. Das hängt vor allem mit der Frage zusammen, wer im sogenannten »baulichen Außenbereich« ein Gebäude errichten darf – also dort, wo man Schweineställe errichten muss, wenn man ihre Geruchsemissionen weit genug von anderen Gebäuden fernhalten möchte. Im Außenbereich darf eigentlich nur bauen, wer dazu »privilegiert« ist. Und das sind Landwirte; Gewerbebetriebe sind es nicht.

Landwirt ist, wer nur so viele Tiere hält, als er von seinen eigenen Flächen ernähren kann, und dessen Tiere nicht mehr an Fläche beanspruchen, als er hat.

Mit einer vernünftigen Ausgestaltung des Baurechtes ließen sich demnach viele Auswüchse verhindern. Zusätzlich spielt die weiter unten zu behandelnde europäische Subventionspolitik hier eine Rolle.

Werden diese Rechtsbereiche durch den Hebel des Tierschutzes ergänzt, kann man sehr schnell einen deutlichen Schritt weiter kommen. Denn die Haltungsverfahren der industriellen Tierproduktion sind bei Schweinen und bei Geflügel nur möglich, wenn man bestimmte Eingriffe an den Tieren vornimmt. Nur wer den Schweinen die Schwänze abschneidet (»kupiert« heißt das, damit's nicht so schlimm klingt), vermeidet, dass die Tiere sich den Kringel gegenseitig abknabbern und sich dadurch in der Folge schlimme Entzündungen zuziehen, die sogar tödlich verlaufen können. Und nur wenn man den Hühnern die Schnabelspitzen, also ihr empfindlichstes Tastorgan, abschmirgelt oder abbrennt, kommt man drumrum, dass die Tiere sich durch Bepicken gegenseitig verletzen. Beide Verhaltensweisen haben in erster Linie mit der zu engen Haltung in den Ställen zu tun, z. T. aber auch mit einer Zucht, deren Ziel hohe Tageszunahmen und Eierausbeute ist, nicht aber ein »sozialverträgliches« Verhalten.

Im Umkehrschluss heißt das: Verbietet man das Schnäbelkürzen und das Kupieren der Schweineschwänzchen, dann wird eine Massentierhaltung unmöglich, die heute im konventionellen Betrieb der Standard ist – und zwar unabhängig davon, ob die Tiere dicht an dicht beim kleinen Bauern um die Ecke stehen oder ob sie unter gleichen Bedingungen in riesigen Ställen in den »Veredelungszentren« der Republik gehalten werden. Unlängst übrigens hat unsere derzeitige Landwirtschaftsministerin Ilse Aigner Vorstöße in diese Richtung unternommen – und sah sich sofort einem Trommelfeuer an Protest aus dem Berufsstand gegenüber, in dem man sehr wohl weiß, mit welchen Konsequenzen das verbunden wäre … Auch der niedersächsische Landwirtschaftsminister Lindemann hat inzwischen einen Plan zur Verbesserung des Tierschutzes vorgelegt, so dass diese Diskussion nun unausweichlich ist.

Public Money for Public Goods: die europäische Agrarpolitik

Bevor ich jetzt Maßnahmen anspreche, mit denen durch Anreize Rahmenbedingungen der landwirtschaftlichen Produktion gesetzt werden, muss ich Sie auf einen kleinen Exkurs mitnehmen. Er betrifft die *Gemeinsame Agrarpolitik* (GAP) der Europäischen Union. Sie hat deshalb so große Bedeutung, weil sie das am stärksten vergemeinschaftete Politikfeld Europas ist und dies auch von Anfang an war. Aus diesem Grund nimmt die GAP auch den größten Einzelhaushalt der EU in Anspruch. Er beträgt 56 Milliarden Euro und damit 40 % des gesamten Brüsseler Etats. Alle sieben Jahre wird dieser Haushalt neu beschlossen und jede neue Finanzierungsperiode ist auch der Beginn einer neuen politischen Ausrichtung. 2013 ist es wieder so weit, dass ein 7-Jahres-Zeitraum endet, und so laufen die Verhandlungen zwischen den Staaten und mit der Kommission auf Hochtouren. Die Reform von Lissabon hat es mit sich gebracht, dass zum ersten Mal auch das Straßburger Parlament entscheidend mitreden wird.

Es lohnt sich aus zwei Gründen, die Grundmechanismen der europäischen Agrarpolitik zu verstehen. Erstens um im Hinblick auf unser Thema beurteilen zu können, welche Auswirkungen dieses wichtige Politikfeld auf die zukünftige Entwicklung von Landwirtschaft und Ernährung hat. Und zweitens, weil es sich bei Agrarpolitik keineswegs um ein Spezialthema handelt, das nur Bauern und Fachpolitiker betrifft. Vielmehr werden hier die Landschaft und die Umwelt gestaltet, in der wir leben, und die Rahmenbedingungen für die Produktion der Nahrungsmittel gesetzt, die wir täglich essen. Es betrifft auch Sie, sollten Sie zu denen gehören, die Steuern zahlen. Kurz: Es geht um Ihr Geld.

Die europäischen Agrargelder werden auf zwei »Säulen« aufgeteilt. Eine erste, dicke, und eine zweite, dünne. Diese Architektur geht auf den Anfang der 1990er Jahre zurück, als die bis dahin garantierten Festpreise für landwirtschaftliche Erzeugnisse aufgehoben wurden.[11] Damit die Bauern, die ihre Produkte nun zu den erheblich geringeren Weltmarktpreisen verkaufen mussten, nicht reihenweise pleitegingen, wurden ihnen feste Beträge je Hektar Acker bezahlt, durch die der entstandene Verlust ausgeglichen werden sollte. Diese Gelder machen ca. 80 % des EU-Agrarbudgets aus und bilden die »erste Säule«. Zur gleichen Zeit begann man damit, an bestimmte

Auflagen geknüpfte Zahlungen zu leisten, um Anreize zu setzen: Was vom Markt nicht (oder nicht ausreichend) honoriert wird, woran die Gesellschaft aber ein Interesse hat, sollte auf diese Weise gefördert werden. Durch die Programme der »zweiten Säule« werden sogenannte »Agrarumweltmaßnahmen« unterstützt, wie z. B. die Anlage von Blühstreifen, das Beweiden der Trockenrasenhänge im Altmühltal oder der alpinen Hochalmen, Erosionsschutzmaßnahmen durch Winterbegrünung oder Mulchsaatverfahren[12] und auch, als ganzes System von Agrarumweltmaßnahmen, der Ökologische Landbau. Darüber hinaus finden sich in dieser Säule Investitionsförderungen für neue Ställe, Maschinen oder sogar Verarbeitungsanlagen (bis hin zu gigantischen Schlachthöfen).

Zwanzig Jahre nach Entstehen dieser zwei Säulen ist es Zeit, zu einer neuen, einfacheren Systematik zu gelangen: zu einem Fonds für die Finanzierung von landwirtschaftlichen Umweltleistungen. Öffentliches Geld muss dafür eingesetzt werden, öffentliche Güter zu erzeugen.

Dann würde nicht mehr, ohne entsprechende Gegenleistung, eine Einkommensübertragung an die Bauern geleistet, wie das heute in der ersten Säule der Fall ist. Dann würden auch nicht mehr Betriebe von diesen Zahlungen umso mehr profitieren, je größer sie sind. Belohnt wird derzeit, wer mit möglichst wenig Arbeitsaufwand möglichst große Flächen bewirtschaftet. In einem neuen System würde vom Staat definiert, welche Leistungen er erbracht haben möchte, und auf diese Ziele hin würden Anreizprogramme konzipiert. Damit könnte man den Ausbau des Ökolandbaus beschleunigen und durch entsprechende Maßnahmen sonstige gewünschte Effekte erzielen.

Dass ich das verlange, ist weder originell, noch geschieht es aus der Position eines einsamen Rufers heraus. Längst haben Umweltverbände, Kirchen, Ökoanbauverbände und Verbraucherorganisationen genau diese Forderung erhoben.[13] Auch der für Landwirtschaft zuständige Kommissar, der Rumäne

Ciolos, will in diese Richtung gehen, wenngleich er seine Vorschläge vorsichtig, zwischen allen Interessen und politischen Kräften abwägend, formuliert. Allerdings deutet der Stand der Diskussion darauf hin, dass eine tatsächliche Auflösung der Säulenarchitektur erst nach 2020 gelingen wird, so dass in der kommenden Finanzierungsperiode weiterhin, wenn auch reduzierte, Direktzahlungen erfolgen werden. Dies ist auch deshalb sinnvoll, weil ein allzu abrupter Abbau solcher Zahlungen vom Markt nicht kompensiert würde und deshalb flächendeckend zur Existenzgefährdung von Betrieben führen würde.

Unter diesen Prämissen ergeben sich aus der Gemeinsamen Agrarpolitik der EU etliche Möglichkeiten für die Förderung eines Ernährungsverhaltens und einer landwirtschaftlichen Produktion, wie sie für die langfristige globale Ernährungssicherung erforderlich sind. Das will ich durch konkrete Maßnahmenvorschläge illustrieren:

- Solange Einkommensübertragungen in Form von Direktzahlungen erfolgen, müssen diese an die Erfüllung ökologischer Mindeststandards geknüpft werden. Einer davon muss ein *Mindestanteil an Leguminosen in der Fruchtfolge* sein. Das würde nicht nur zur Anhebung der Bodenfruchtbarkeit und Verminderung des Einsatzes von energieintensiv hergestelltem künstlichem Stickstoff führen. Es würde auch zur Reduzierung der Sojaimporte und damit des Drucks auf den südamerikanischen Urwald beitragen.
- Betriebe, die sich darauf verpflichten, ihre Tiere ausschließlich mit selbsterzeugtem Eiweißfutter zu füttern, sollten eine *Selbstversorgerprämie* erhalten. Diese Maßnahme würde die Intensität der Tierhaltung reduzieren, weil in solchen Betrieben nur noch betriebseigene Flächen für die Eiweißerzeugung zur Verfügung stehen würden. Sie setzt somit einen Anreiz für einen geschlossenen betrieblichen Nährstoffkreislauf. Für Bauern, die Rinder oder andere Wiederkäuer halten, wird dadurch das Grünland interes-

santer, weil es wirtschaftlicher wäre, das in Kräutern und Gräsern enthaltene Eiweiß zu nutzen.

Neben der Wirkung, die eine solche Maßnahme auf den Import von Eiweißfuttermitteln, den Stickstoffkreislauf und die Überschusssituation auf dem Milchmarkt hat, ergeben sich Folgen für den einzelnen Betrieb. Schon heute gibt es Biobetriebe, die ausschließlich aus dem Grundfutter Milch erzeugen (also ohne Getreidezufütterung). Einer von ihnen ist Johannes Brenner, Biobauer aus der Nähe von München. Die augenscheinlichste Folge ist für ihn eine Verbesserung des Gesundheitszustandes und der Fruchtbarkeit der Tiere. Seine Motivation für diese Wirtschaftsweise bringt er auf einen sehr klaren Punkt: »Mein Ziel ist es, den Betrieb so einfach wie möglich zu bewirtschaften. Ich will mir auch als Landwirt ein Stück Lebensqualität erhalten.«[14] Und deshalb sieht er den Tierarzt lieber beim Skatspielen in der Wirtschaft als alle naselang in seinem Stall. Wirtschaftlich interessant ist das Ganze für ihn, weil seine Kühe im Schnitt immerhin 5000 Liter im Jahr geben. Das sind zwar nur 70 % des bundesdeutschen Durchschnitts. Aber dafür erhält er den höheren Biomilchpreis und hat deutlich weniger Kosten für Futter und für die Tiergesundheit. Am wichtigsten aber: Seine Kühe geben ihre Milch mehr als doppelt so viele Jahre lang wie im durchschnittlichen konventionellen Betrieb. Eine jahrzehntelange Zuchtauslese auf stabile Gesundheit und Langlebigkeit (statt auf maximale Milchleistung) und der Verzicht auf leistungssteigerndes Kraftfutter haben das möglich gemacht. Auf diese Weise ist der Anteil der »unproduktiven« ersten zwei Jahre – bis eine Jungkuh ihr erstes Kalb auf die Welt bringt – am Gesamtleben der Kuh erheblich geringer.

Wie relevant die Art der Fütterung für die Tiergesundheit und darüber hinaus sogar für die der Menschen ist, zeigt sich an einem Thema, das im Frühsommer 2011 die Bundesrepublik wochenlang in Atem hielt: Die wegen ihrer stark gesundheitsgefährdenden Toxin-Ausscheidung gefürchteten Ehec-Bakterien bilden sich vor allem im Verdauungstrakt von Rindern, die mit Kraftfutter auf hohe Leistungen getrimmt werden. Frisst das Rind nur das, wofür sein Verdauungstrakt vorgesehen ist, also Gras und anderes Rauhfutter, wird dort der Säuregrad (pH-Wert) so ungünstig für die gefährlichen Bakterien, dass sie sich kaum vermehren können.

Zu alledem gibt es auch noch eine Wirkung auf die Qualität der Milch. Gesundheitsförderliche Omega-3-Fettsäuren steigen bei zunehmendem Rauhfutteranteil in der Ration an, und nicht wenige Menschen, die Milch nicht vertragen, berichten davon, dass ihnen »Heumilch« keine Probleme bereitet. Hier wird nicht nur auf Getreidezufütterung verzichtet, sondern auch auf die Verabreichung von Silage[15]. Weil man Silage mit noch feuchtem Erntegut herstellen kann, Heu aber nur lagerfähig ist, wenn es wirklich ganz trocken ist, stellt das den Bauern vor nicht geringe Herausforderungen. Aber die erfolgreichen Heumilchprogramme in Österreich zeigen, dass es ein starkes Verbraucherinteresse gibt, das sich in entsprechend höheren Preisen niederschlägt. Dadurch ergibt sich für einen Teilbereich der Selbstversorgerprämie die Chance, auch den Verbraucher an der ökologischen Umorientierung der Milcherzeugung zu beteiligen.

- Eine ähnliche Wirkung entfaltet die bereits in einigen Bundesländern eingesetzte *Beweidungsprämie*. Sie wird an Betriebe gezahlt, die bereit sind, ihre Rinder eine Mindestzahl von Tagen (je nach örtlicher Witterung) auf der Weide zu halten. Neben der Inwertsetzung von Grünland ergibt sich hier eine Auswirkung auf das Landschaftsbild. Wer mit wachen Augen das Allgäu durchwandert oder wer durch die nur noch mit Gras, Mais und Fichten bewachsenen Gegenden zwischen Passau und Wels fährt, wird feststellen, dass kaum noch Tiere auf den Weiden zu sehen sind.

Erblickt man dann doch noch irgendwo eine Herde im Grünen, wird einem augenblicklich bewusst, welche Verarmung des Landschaftsbildes das bedeutet. Obendrein ist die Beweidung – also das Zusammenwirken von Gras und Graser – ein deutlicher Gewinn für die Biodiversität auf dem Grünland im Vergleich zu den mehrfach abrasierten Wiesen, an deren Pflege keine Tiere mehr mit ihrer Zunge und mit dem Tritt ihrer Hufe mitwirken. Genaueres dazu kann man bei Anita Idel[16] nachlesen.

- *Erosionsschutz-Maßnahmen* brauchen weiterhin einen Platz in den Programmen der EU-Agrarpolitik. Je nach Region und topographischen Verhältnissen kann es sich um ackerbauliche Systeme handeln oder um das Errichten von Strukturen wie Hecken oder Rainen. Dazu gehören neue Konzepte wie die Kombination von Wald- und Feldbau (»Agro-Forest-Systeme«).
- Dass *Investitionsprämien* nur für besonders tiergerechte Haltungsverfahren ausgezahlt und nicht zur Ausstattung industrieller Tierproduktionsanlagen verwandt werden dürfen, sollte sich von selbst verstehen. Auch hier darf nicht die einzelbetriebliche Rationalisierung, sondern muss die gesellschaftliche Leistung im Vordergrund stehen.[17] Die Durchsetzung dieses Grundsatzes wird aber dennoch heftige Diskussionen auslösen – zu groß sind die wirtschaftlichen Interessen, die mit der Massenproduktion insbesondere von Schweinen und Hühnern verbunden sind.
- Es bleibt zwar richtig, zur Vermeidung von Versorgungsengpässen in Krisenzeiten staatliche Lagerhaltung landwirtschaftlicher Rohstoffe zu betreiben – so wie auch strategische Ölreserven in öffentlicher Hand angelegt sind. Es darf aber keine Dumpingexporte von Überschüssen oder Verbilligung von Lebensmittelausfuhr durch *Exporterstattungen* mehr geben. Auch hier ist zwar die politische Übereinstimmung gegeben. Dennoch kommt es immer wieder dazu, wenn durch Überproduktion Preiseinbrü-

che zu beklagen sind. Es muss an dieser Stelle noch einmal wiederholt werden, dass es auch ohne diese Maßnahmen bei Wettbewerbsverzerrungen insbesondere zum Schaden der Entwicklungsländer bleibt, solange die Produktion in Europa durch die Zahlung direkter Beihilfen an die Bauern verbilligt wird.[18]

- Prämien zur Umstellung auf den *Ökologischen Landbau* und für die Beibehaltung dieser Wirtschaftsweise sind weiterhin eine effiziente Maßnahme, um ein ganzes Bündel von Zielen wie extensive, umweltschonende Wirtschaftsweise, Tierschutz, Energieeffizienz, Schaffung von Arbeitsplätzen im ländlichen Raum zu erreichen. Dass der Ökolandbau über ein eigenes erprobtes Kontrollsystem verfügt und gesetzlich klar definiert ist, macht diese Maßnahme einfach zu administrieren. Außerdem werden durch das mit ihm verbundene Zertifizierungssystem die Verbraucher an der Finanzierung dieser Agrarumweltmaßnahme beteiligt.

In allen Politikfeldern den Umbau der Landwirtschaft mitdenken!

Landwirtschaftliches Fachrecht und EU-Agrarpolitik sind von zentraler Bedeutung für die Setzung des Rahmens, in dem sich Landwirtschaft und Nahrungsmittelproduktion bewegen. Wenn es aber nicht gelingt, in allen politischen und gesellschaftlichen Feldern, die dazu Bezug haben, kohärent auf das gleiche Ziel hinzuarbeiten, wird der Umbau unseres Landwirtschafts- und Ernährungssystems nicht gelingen.

- In Frankreich wurde in einem Gesetz (»Grenelle 1«) das Ziel festgelegt, bis 2012 in allen öffentlichen Kantinen (Behörden und staatliche Betriebe, Universitäten, Krankenhäuser, Kasernen, Strafanstalten) zu 20% Produkte aus Ökologischem Landbau einzusetzen. Eine solche Maßnahme lässt sehr schnell Verarbeitungs- und Lieferstrukturen entstehen, die für die Entwicklung der Außerhausverpflegung mit Bioprodukten unerlässlich ist. 90 % der deutschen Haushalte geben in Restaurants, Kantinen und an Imbissständen Geld aus und hinterlassen dort im Monatsdurchschnitt fast 100 Euro. Hier liegt ein offensichtlich großes und noch weitgehend unerschöpftes Nachfragepotenzial. Was in Frankreich möglich ist, sollte in Deutschland nicht unterbleiben. Es ist einfach nicht folgerichtig, wenn in der Nachhaltigkeitsstrategie der Bundesregierung ein Ziel von 20 % Ökolandbau steht, dieses einfach anzuwendende Instrument aber zu seiner Erreichung nicht herangezogen wird.

- Am Ende des voranstehenden Kapitels war die Rede davon, wie derzeit die Prioritäten der *Forschungspolitik* gesetzt sind.

Wenn Forschung für die Entwicklung einer Gesellschaft relevant ist, dann ist es auch relevant, welche Richtungsentscheidungen durch die Investition in Forschung getroffen werden. Für jedermann sichtbar und verständlich wird das in diesen Tagen im Bereich der Energiewirtschaft. Es ist die politische Entscheidung, Geld in die Entwicklung von Elektroantrieben zu setzen, die den entscheidenden Impuls dafür setzt, wie wir uns morgen fortbewegen – oder wenigstens, wie bald wir das mit welcher Technologie tun. Das ist in der Landwirtschaft nicht anders.

Hier kommt noch etwas anderes dazu: Das Ergebnis industrieller Forschung sind Produkte, die patentiert werden und durch ihren Verkauf die Kosten der Forschung wieder einspielen. In der Landwirtschaft sind das vor allem chemisch-synthetische Pestizide, (gentechnisch verändertes) Saatgut und Maschinen. Ehe ein chemischer Wirkstoff bis zur Verkaufsreife eines Unkrautvertilgungsmittels entwickelt wird, muss eine Firma wie BASF zwischen 150 und 250 Millionen Euro investieren, die ihr über die Jahre von den Verwendern des Mittels zurückgezahlt werden.

Bei der Entwicklung von Produkten für den Ökologischen Landbau ist das in der Regel anders: Wenn man einmal herausgefunden hat, dass Thymianöl hilfreich gegen Feuerbrand in Apfelbäumen ist, dann kann man zwar Fläschchen mit dem Öl an Obstbauern verkaufen, aber das kann jeder andere auch, der weiß, wie man es aus Thymianblättern destilliert. Wenn die Erkenntnis obendrein lautet, dass Thymianöl nur eine Teilwirkung gegen diese Krankheit hat, die die Obstplantagen ganzer Gegenden bedrohen kann, wenn stattdessen nur eine Kombination aus der Verstäubung des Öls, einer bestimmten Technik des Obstbaumschnittes, der Wahl der Sorten und vielleicht noch irgendwelcher Bodenbearbeitungsverfahren die Lösung bringt, dann ist es endgültig vorbei mit dem kommerzialisierbaren Nutzen. Denn hier entsteht Wissen, kein Produkt.

Weil der Markt solche Forschungsinvestitionen nicht zurückzahlt, ist das Engagement der Allgemeinheit bei ihrer Finanzierung unabdingbar.

Das gilt noch viel mehr für die Grundlagenforschung, die auch in der konventionellen Landwirtschaft vor allem staatliche Forschungseinrichtungen oder vom Staat finanzierte Forschungsprojekte leisten müssen. Ob hier das Ziel, komplexe Naturzusammenhänge aufzudecken und für die Landbewirtschaftung nutzbar zu machen, im Vordergrund steht oder ob man sich auf den genetischen Bauplan von Pflanzen und Lebewesen und die technischen Möglichkeiten, ihn zu manipulieren, konzentriert, macht einen nicht unerheblichen Unterschied.

Wir brauchen also verstärkte Forschungsanstrengungen für eine Ökologische Landwirtschaft, mit Forschungsmethoden, die weit über den Tellerrand einzelner Spezialdisziplinen hinaussehen und die das Wissen und die Erfahrung der Bäuerinnen und Bauern sowohl nutzt als auch in den Verlauf ihrer Arbeit einbezieht. Es ist sicher nicht gut, wenn solche Projekte nur von den Forschern umgesetzt werden, die in der Szene der Ökolandbauforschung ohnehin zu Hause sind. Da gibt es exzellente Wissenschaftler und Institute. Ihre Welt ist aber zu klein, als dass man auf die Befruchtung durch die konventionelle Agrarforschung verzichten dürfte. Was nicht funktioniert, ist ein Ansatz, der sagt: »Wir stellen Agrarforschungsprojekte zur Ausschreibung, die Ökolandbauthemen behandeln. Und dann sollen sich alle beteiligen.« Die Erfahrung zeigt nämlich, dass dann Institute, die mit Ökolandbau weder jetzt etwas am Hut haben noch in Zukunft etwas am Hut haben wollen, das, was sie ohnehin an Arbeiten vorhatten, so umformulieren, dass es in die Anforderungen der Ökolandbauausschreibung passt, und dann lediglich diese Mittel abgrasen.

Wir brauchen vielmehr ein eigenes starkes und gut ausgestattetes Forschungsnetzwerk für den ökologischen Landbau, in dem Projekte entwickelt und in das Forscher aus allen möglichen anderen Disziplinen zur Mitarbeit eingeladen werden. Es ist Zeit, dass in Deutschland ein *Max-Planck-Institut für ökosystemare Agrarforschung* gegründet wird!

Um Ihnen eine Vorstellung davon zu geben, welche Felder ein solches Institut zu beackern hätte, finden Sie im Anhang dieses Buches ein Papier, das Prof. Urs Niggli zusammen mit Alexander Gerber als Vorlage für ein Gespräch verfasst hat, das wir mit der deutschen Forschungsministerin Schavan im Sommer 2010 geführt haben.[19]

- Die kleine, aber wirkungsvolle Maßnahme einer Kantinenverordnung und das große Feld der Forschungspolitik beschreiben die Bandbreite, innerhalb derer politische Maßnahmen erforderlich sind, um ein Umsteuern von Landwirtschaft und Lebensmittelproduktion zu erreichen. Ich will noch ein paar andere Politikbereiche benennen, ohne sie so ausführlich zu beschreiben, wie das bei den beiden vorangegangenen der Fall war.

- Wenn es um die bereits beschriebene *Bebauung landwirtschaftlicher Flächen* geht, die heute noch über 100 Hektar täglich aus der Produktion nimmt, so müssen mehrere Hebel bedient werden. Die *Grunderwerbssteuer* muss so gestaffelt werden, dass die Herausnahme von Landwirtschaftsfläche umso teurer wird, je fruchtbarer der Boden ist, der zugebaut werden soll. Die *Gewerbesteuer* steht auch aus ganz anderen fiskalpolitischen Erwägungen als wichtigstes Finanzierungsinstrument der Kommunen in der Kritik. Sie ist aber auch deshalb eine fragwürdige Steuer, weil sie dafür verantwortlich ist, dass ein Gemeindeparlament höchstes Interesse daran hat, Acker- in Bauland umzuwandeln – egal, wie gut es sich für die Nahrungsmittelproduktion eignen würde. Deshalb sind die Anreize so zu setzen, dass sowohl Investoren wie auch die Kommunen ein Interesse daran haben, dass platzsparend gebaut wird und dass mit Vorrang solche Flächen bebaut werden, die ohnehin keinen oder nur geringen landwirtschaftlichen oder auf andere Weise ökologischen Nutzen haben. Diesem Ziel muss auch die *Ausgleichsregelung* dienen. Die funktioniert, grob gesprochen, heute so, dass für jeden Quadratmeter, der bebaut wird, ein weiterer Quadratmeter aus der landwirtschaftlichen Nutzung genommen wird, um ihn durch Nichtnutzung ökologisch »aufzuwerten«. Nun ist nicht zu bestreiten, dass auch in besten Ackerbaulagen die Anlage von Hecken oder Rainen einen zu begrüßenden ökologischen Zugewinn bringen. Denn schließlich sind sie auch Wohnung für Nützlinge und Erosionsbremsen gegen Wind und Wasser. Wenn aber Hektar um Hektar in Streuobstwiesen umgewandelt wird, die nicht gepflegt und nicht genutzt werden, dann wäre es besser, wertvolle Ackerflächen in der Produktion zu lassen und den Ausgleich für die Bebauung anderer Flächen dadurch herzustellen, dass man sie auf Dauer durch ökologische Bewirtschaftung aufwertet.

Auch das *Erneuerbare-Energien-Gesetz (EEG)* in Deutschland und vergleichbare Gesetze in anderen Ländern sind Hebel, mit denen die Kapazität, Lebensmittel zu erzeugen, wirkungsvoll gesteuert werden kann. An die Stelle der massiven Subventionierung von Energiepflanzen-Monokulturen, vor allem Mais, muss ein Anreiz gesetzt werden, Abfallprodukte der Nahrungserzeugung, Gülle und Mist aus den Ställen und sonstige Reststoffe zu verwerten. Dabei ist allerdings darauf zu achten, dass ausreichend organische Reststoffe für die Rückführung in den Boden zur Verfügung stehen, um Humusabbau und eine Zerstörung der Bodenfruchtbarkeit zu vermeiden.

Am deutschen Wesen ...

Berlin, Dezember 2009. Ich bin von einer großen kirchlichen Entwicklungsorganisation zu einer Tagung eingeladen worden, in der wir besprechen wollen, mit welchen Zielen und Schwerpunktsetzungen Entwicklungshilfe in der Landwirtschaft arbeiten soll. Zu Beginn wird durch den Chef der Organisation ein Brief des Chefs eines großen deutschen Chemiewerkes verlesen. Brief von Chef an Chef, sozusagen. Sinngemäß heißt es da, nach ein paar freundlichen einleitenden Sätzen: *»Wenn Ihre Organisation glaubt, ökologischen Landbau in Entwicklungsländern predigen zu sollen, dann sollten Sie sich nicht wundern, wenn Ihre Spendengelder ausbleiben.«* Freundlichst, Ihr Chef. Diese Ansage war deutlich. Und eigentlich auch gar nicht so jenseits des Normalen, denn schon immer hat deutsche Entwicklungshilfe (und die anderer Staaten nicht weniger) danach gefragt, welche Exportchancen für die eigene Wirtschaft sich durch diese Hilfe ergeben. Deutschland ist ein Chemiestandort. Da geht es einfach nicht an, wenn jemand einer Landwirtschaft Vorschub leistet, die keine Chemikalien braucht.

Kirchliche (ebenso wie andere private) Hilfswerke haben sich schon lange für eine Landwirtschaft eingesetzt, wie ich sie im Kapitel über die Ökologische Intensivierung beschrieben habe. Schon zu meiner Zeit in Haiti, also vor 30 Jahren, erwartete man von einem wie mir, dass er als Erstes einen Komposthaufen ansetzt, damit auch alle wissen, wo der Hase lang läuft. Nicht dass das mit dem Kompost falsch gewesen wäre. Aber ein Schuh wurde erst daraus, als man verstand, dass die Bäuerinnen und Bauern selbst das System ihrer Landwirtschaft entwickeln müssen – weder unter der Indoktrinierung durch ökologisch korrekte Entwicklungshelfer noch gedrängt durch die Verkaufsagenten chemischer Produkte oder genmanipulierten Saatgutes. Dass sich dann Projekte mit Erfolg entwickeln können, die auf die eigenen Kräfte und die der Natur setzen und die es verhindern, dass die Bauern von unseren Industrieprodukten abhängig werden, dafür gibt es viele und vielversprechende Beispiele.

Das bedeutet aber nicht, dass nicht auch die, die solche Prozesse unterstützen wollen, sich entscheiden müssen. Denn wer Düngemittelbelieferungen subventioniert, setzt Rahmenbedingungen. Und wer Forschungsprogramme finanziert, tut es auch. Die Entscheidung muss geprägt sein von dem, was die Bauernfamilien wollen und brauchen, und sie muss in Betracht ziehen, was wir über die globalen Zusammenhänge, die Verfügbarkeit von Ressourcen und deren Endlichkeit und von der Auswirkung menschlichen Handelns im Ökosystem wissen. Denn auch der philippinische Kleinbauer ist nicht per se gut, hat nicht einen natürlichen Instinkt für das absolut Richtige und ein Urgefühl für die Auswirkung seines Tuns auf das große Ganze. Was er hat, sind wertvolle Erfahrungen und Wissen, das sich in ganz anderen Kategorien befindet als das, was in unseren Lehrbüchern steht. Er ist aber durch Professoren und durch Werbeplakate ganz genauso zu beeinflussen wie sein Kollege aus dem Allgäu oder vom Niederrhein.

Auf den Bericht über die MASIPAG-Bewegung auf den Philippinen und ihre Erfolge hin habe ich mir eine Frage gestellt, die Sie vielleicht auch bewegt: Wenn es für die Bauern ein so eindeutiger ökonomischer und sozialer Fortschritt ist, auf die Ökologische Intensivierung zu setzen – weshalb sind dann bislang »nur« 35 000 Bauern dabei, nicht aber alle, die auf diesen Inseln Landwirtschaft betreiben? Die für das Projekt zuständige Referentin bei Misereor, Anja Mertineit, gab mir dazu Erklärungen, die wenigstens im Ansatz sichtbar machen, welche Faktoren die Entscheidung der Bauern über ihre Wirtschaftsweise beeinflussen: Vor allem, erklärte sie mir, sind die Philippinen geradezu das Mutterland der »Grünen Revolution«, in dem die allermeisten Bauern schon vor Jahrzehnten ihre traditionellen Reissorten durch die modernen Hochertragssorten ersetzt haben. Das macht ihnen eine Umstellung auf ein neues System schwer, zumal dort – genauso wie bei mir in Südhessen – ein Ausscheren aus dem Mainstream von den Nachbarn verlacht und von denen als rückständig gebrandmarkt wird, die für das Input-intensive System stehen. Das ist vor allem die Agrarindustrie, die mit ihrer Werbung Einfluss nimmt und von deren Händlern viele Bauern durch Verschuldung beim Betriebsmitteleinkauf abhängig sind.

Auch die staatlichen Beratungsdienste propagieren die »moderne« Intensivlandwirtschaft und werden vom Staat darin unterstützt, indem er den Verkauf von Düngemitteln subventioniert. Vielleicht aber am wichtigsten: Ökologische Landwirtschaft erfordert ein Umdenken von der Mittelanwendung (»Hier ist eine Pflanzenkrankheit, dort ist das Medikament«) hin zu Systemen (»In welcher Mischung von Pflanzen und Fruchtfolgen reduziert sich der Krankheitsdruck?«, »Wie halte ich den Boden gesund?«, »Wie interagieren Nutztiere und Nutzpflanzen?« etc.). Das setzt komplexes Wissen über das Ökosystem, in dem man arbeitet, voraus, ein Wissen, das meist nicht vorhanden ist und das zu erwerben Zeit und Mühe kostet.

Diese Hindernisse machen gleichzeitig deutlich, wo Entwicklungsarbeit ansetzen kann. Die bereits ausführlich geschilderte Realität dort, wo 70 % der Nahrungsmittel der Welt erzeugt werden, macht auch deutlich, welche Personengruppe in den Fokus der Entwicklungsarbeit gestellt werden muss: Frauen und kleinbäuerliche Familien.

Eine globalisierte Welt erfordert globales Handeln

Es ist in unserem eigenen Land und mehr noch in der Europäischen Union schwierig genug, eine gemeinsame Politik im Hinblick auf Landwirtschaft und Ernährung zu verabreden. Noch viel schwerer ist es, das in weltweitem Maßstab zu tun. Zu unterschiedlich sind die Interessen, die wirtschaftliche Situation und auch die kulturellen Auffassungen der verschiedenen Staaten und Gesellschaften.

Doch ebenso wie bei der Frage des Klimawandels kommen wir auch bei der globalen Ernährungssicherung nicht ohne gemeinsames Handeln aller Staaten zum Ziel, oder doch wenigstens der großen Machtblöcke, wie sie beispielsweise bei einem G20-Treffen um den Tisch sitzen. Hier geht es um zwei Themen: die *Bewirtschaftung knapper Ressourcen* und die *Gestaltung von Welthandelsabkommen.*

So wie die Allgemeinkosten der Erzeugung nicht oder nur sehr unzureichend in den Preis von Nahrungsmitteln eingerechnet sind, so finden auch Knappheiten keinen ausreichenden Niederschlag in der Preisgestaltung. Schon seit Jahrzehnten ist klar, dass die Zeit des Erdöls in überschaubaren Zeiträumen zu Ende gehen wird. Und doch blieb der Preis für den wertvollen Rohstoff an den Förderkosten orientiert. Er wird nur um den Aufschlag erhöht, der zur Bildung des Gewinns von Ölmultis und Förderstaaten dient. Erst seit die Förderkosten sprunghaft ansteigen, weil in Tausenden von Metern unter der Meeresoberfläche oder sogar unter dem polaren Eisschild gebohrt wird, beginnt die Endlichkeit des Rohstoffs in seinem Preis spürbar zu werden. Doch das ist schon viel zu spät, weil eben dieses Bohren in der Tiefsee und in der Arktis bereits ein Risiko für die Umwelt darstellt, das nicht mehr in Kauf genommen werden dürfte.

Wenn also der Markt nicht in der Lage ist, die Endlichkeit von Ressourcen abzubilden, dann muss es die Allgemeinheit tun: die Staaten und deren Gemeinschaft. Das Instrument dafür sind *Ressourcensteuern,* deren Hauptzweck nicht die Erzielung staatlicher Einkünfte, sondern die Verteuerung der Ressource ist. Die oben vorgeschlagene Stickstoffsteuer ist eine solche. Offensichtlich führt es aber zu Verwerfungen in einer globalen Wirtschaft, wenn solche Steuern in einem Wirtschaftsraum erhoben werden, im anderen aber nicht. Denn dann wandert der Ressourcenverbrauch dorthin ab, wo er nicht besteuert wird, und unter dem Strich ändert sich nichts. Die Antwort hierauf ist der *Grenzausgleich bei Ressourcensteuern,* der an der Grenze zwischen zwei Wirtschaftsräumen erhoben wird. Wenn von dort, wo es die Steuer nicht gibt, dorthin exportiert wird, wo sie eingeführt worden ist, dann wird die sich daraus ergebende Kostendifferenz beim Produkt wie ein Zoll aufgeschlagen. Sollte das Exportland bereits eine entsprechende Rohstoffsteuer erheben, dann beschränkt sich der Grenzausgleich auf die Differenz zwischen deren Steuersatz und dem, der im Importland angewandt wird. Eine solche Situation setzt einen hohen Anreiz für das Exportland, selbst Ressourcensteuern einzuführen.

Eine denkbare Variante ist noch, den Ertrag der Grenzausgleichssteuer (abzüglich der Erhebungskosten) nicht dem

Staatssäckel des erhebenden Landes einzuverleiben, sondern für Entwicklungsprogramme in den Ländern zur Verfügung zu stellen, aus denen die Rohstoffe stammen. Das kann vor allem in den Fällen sinnvoll sein, in denen die Exportländer wegen mangelnder administrativer Infrastruktur nicht in der Lage sind, eigene Ressourcensteuern zu erheben.

Angesichts der bestehenden Interessenkonstellationen mag das utopisch erscheinen. Das ist es jedoch bei näherem Hinsehen nicht. Denn auch das Prinzip der CO_2-Verschmutzungsrechte ist eine künstliche Verteuerung eines Rohstoffes, um dessen schädliche Umweltauswirkungen in den Preis zu internalisieren. Im Übrigen gibt es solche »border adjustments« sogar innerhalb der EU, wo z. B. Alkohol, den man in das Vereinigte Königreich einführen möchte, auf Unternehmensebene besteuert wird.

All das setzt voraus, dass etwas gelingt, das schon lange auf der Agenda vieler Nichtregierungsorganisationen steht: die Aufnahme von nichtökonomischen Kriterien in die Welthandelsabkommen. Denn derzeit gilt auf der Ebene der Welthandelsorganisation WTO jede Anforderung, die über den Preis hinaus an eine Ware gestellt wird, als *nichttarifäres Handelshindernis.* Ob es sich um den Ausschluss von Kinderarbeit oder eine Anforderung an ökologisch nachhaltige Produktion handelt – nichts davon darf den freien Warenverkehr behindern oder einschränken. Diese »Nichts-darf-den-freien-Handel-belasten-Ideologie« muss dringend aufgebrochen werden, wenn nicht weiterhin die ökonomische Belohnung immer derjenige erhalten soll, der auf Menschenrechte oder ökologische Anforderungen pfeift. Auch diese Forderung ist keineswegs systemwidrig, sondern im WTO-Recht selbst verankert. Im Artikel 20 des GATT[20] wird explizit festgehalten, dass Handelsbeschränkungen zum Schutz der Natur zulässig sind. Und auch in der Präambel des Abkommens wird formuliert, es werde auch zur Förderung der Nachhaltigkeit installiert.

Ein weiterer internationaler Rechtsbereich sei wenigstens erwähnt: *das Patentrecht.* Zunächst auf der Ebene des Europäischen Patentrechtes (weil es hier leichter durchzusetzen ist), dann aber auch in den weltweiten Patentabkommen, muss unbedingt und sehr schnell sichergestellt werden, dass Patente auf Lebewesen, seien es Pflanzen oder Tiere, nicht erteilt werden dürfen. Sie sind keine menschlichen Erfindungen, und sie zu patentieren bedeutet nichts anderes, als die wirtschaftliche Verfügungsmacht an etwas, das allen Menschen gehört, irgendwelchen Unternehmen zu übereignen. Dass dies keine theoretische Möglichkeit, sondern bittere Wirklichkeit ist, belegt die Vielzahl an Patentanträgen, die weltweit und auch beim Europäischen Patentamt in München dazu eingereicht worden sind. Gerade unlängst ist der amerikanischen Firma Monsanto ein europäisches Patent auf eine Melone erteilt worden, die gegen bestimmte Viruskrankheiten resistent ist. Die Erfindungsleistung von Monsanto besteht darin, die genetische Sequenz beschreiben zu können, die für diese Eigenschaft verantwortlich ist. Die Melone selbst gibt es in Indien schon seit langen Zeiten, und den dortigen Bauern sind ihre Eigenschaften wohlbewusst.

Besonders problematisch ist, dass das Europäische Patentamt in München (das sich durch die Erteilung von Patenten finanziert, also an einer Ablehnung nicht interessiert sein kann) zwar schon mehrfach auf entsprechende Beschwerden hin solche Patente zurückgenommen hat, dass aber das Erheben einer Beschwerde so viel Geld kostet, dass es keineswegs in allen Fällen erfolgt. Denn schließlich hat man in der Regel keinen wirtschaftlichen Nutzen davon, Beschwerde gegen ein solches Patent einzureichen.

Königin und König Kunde das Regieren ermöglichen

Wir haben schon darüber gesprochen, dass ein gar nicht kleiner Anteil der Bevölkerung bereit ist, durch das Einkaufsverhalten einen Nutzen zu stiften, der über die unmittelbaren Eigeninteressen der Einzelnen hinausgeht. Ein Beleg für diese Behauptung ist der ganze Bereich des *fairen Handels,* der sich zunehmenden Interesses erfreut. Von 2006 bis 2009 ist sein Umsatz von 110 Millionen Euro auf 320 Millionen Euro angestiegen. Das sind zwar in Relation zum gesamten Lebensmittelmarkt winzige Beträge. Das Wachstum dieser Beträge, das auch in Zeiten der Rezession stattgefunden hat, zeigt jedoch ein wachsendes Engagement von Menschen, die realisiert haben, dass die Königsherrschaft der Kunden eine tatsächliche Option ist.

Staatliche Regelungen können deshalb schon alleine dadurch etwas bewirken, dass sie für die Funktionsfähigkeit von Märkten sorgen. Am wichtigsten dafür: Transparenz. Kunden müssen wissen, aus was ein Produkt besteht und wie es hergestellt wurde. Und sie müssen sicher sein, dass drin ist, was draufsteht. Dieser simplen Anforderung genügt die Realität aber leider gar nicht. Oder glauben Sie wirklich, dass jedes Ei, das in einer Schachtel wohnt, auf deren Etikett ein Huhn durch grünes Gras läuft, auch von einer Henne gelegt worden ist, die weiß, wie sich Sonne anfühlt? Oder dass die Milch von Kühen stammt, die auf einer Weide grasen, wie sie auf der Milchtüte abgebildet ist? Klar, wer würde schon ein Schnitzel kaufen, wenn auf der Verpackung zu sehen ist, wie sich ein Schwein einen Quadratmeter Vollspaltenboden mit einem zweiten teilt! Aber gerade dass die Bilder so schamlos lügen, zeigt, dass die Produzenten der Produkte sehr wohl wissen, was ihre Kunden eigentlich haben wollen und was sie vor allem nicht haben wollen. Ein *Kennzeichnungsrecht,* das nicht nur für die Prosa des Rückenetikettes, sondern für die wichtigste Botschaft, also die Bilder, Wahrheit einfordern würde, könnte vieles in Bewegung setzen!

Für eine informierte Entscheidung der Kunden ist Kennzeichnung wichtig. Sie setzt aber noch etwas anderes voraus, das ich *Ernährungsbildung* nennen würde. Von der früheren Landwirtschaftsministerin der Grünen, Renate Künast, stammt das starke Bonmot, die Deutschen würden das billigste Essen in den teuersten Küchen zubereiten. An dieser Zustandsbeschreibung ist viel dran. Zwar ist der Einbau teurer Küchen allemal besser als das, was mit den Reihenhäusern in England geschieht, in die gar keine Küche, sondern nur noch ein Mikrowellenherd eingebaut wird, mit dem die Bewohner ihre tiefgefrorenen Portionen verzehrfertig machen. Die Küchen müssen aber auch genutzt werden – und nicht nur als Bibliothek für die schicke Kochbuchsammlung. Vielen Menschen fehlt dazu schlicht die Ausbildung.

Der amerikanische Autor Michael Pollan bescheinigt in seinem wunderbaren Buch »In the defense of food«, das auf Deutsch unter dem etwas umständlichen Titel »Lebens-Mittel: Eine Verteidigung gegen die industrielle Nahrung und den Diätenwahn« vertrieben wird, dem Menschen, das einzige Lebewesen zu sein, das auf Professoren angewiesen ist, um sich ernähren zu können. Er spielt dabei auf die Vielzahl ständig wechselnder ernährungswissenschaftlicher Thesen an, die die Menschen dazu bringen, mal den cholesterinarmen, dann den Omega-3-reichen, dann den gesättigten und dann den ungesättigten Fettsäuren hinterherzurennen. Er empfiehlt, einfach die eigene Mutter zu fragen, was man essen soll, und sich dann an einfache, ursprüngliche Lebensmittel statt an die ganzen nach wissenschaftlichen Prinzipien gebastelten Fertigspeisen zu halten. Das Problem ist: Es wachsen jetzt schon ganze Generationen heran, bei denen auch die Mutter nicht mehr weiß, wie man einfache landwirtschaftliche Rohstoffe zu Speisen macht. Oder welche Früchte zu welchen Jahreszeiten aus unseren einheimischen Gärten kommen und wann sie nur aus irgendeinem entfernten Erdteil stammen können. Oder wie man aus den Resten der Mahlzeiten von Montag bis Mittwoch am Donnerstag etwas köstliches Neues zaubert. Dazu kommt all das, was auch die Mutter oder Großmutter nicht gewusst, allenfalls instinktiv richtig eingeschätzt hätte: Welche Produktionsweisen führen zu welchen Folgen für die Umwelt, für die Menschen in anderen Kontinenten, für die Zukunft der Menschheit – also all das, wovon dieses Buch handelt.

Solche Dinge zu wissen ist aber wichtig, wenn man Verantwortung für seine Entscheidungen übernehmen will und wenn man mit seinem Einkauf Einfluss ausüben will. Ich gestehe, dass ich Ernährungsbildung und Kochunterricht in Schulen lange Zeit skeptisch gegenübergestanden habe, weil ich Familien und nicht Schulen für zuständig gehalten hätte, solche zur Lebenstüchtigkeit zählenden Kenntnisse zu vermitteln. Mittlerweile ist mir aber klargeworden, dass nur weitergegeben werden kann, was vorhanden ist – und offensichtlich ist in Bezug auf diese Kenntnisse kein Grundstock mehr vorhanden, auf den eine häusliche Pädagogik aufbauen könnte. Es muss also eingefordert werden, dass die Schulen – und zwar in allen Schulformen und Altersklassen – verpflichtet werden, Ernährungslehre zu vermitteln. Das muss nicht und sollte vielleicht auch nicht im Frontalunterricht des Klassenzimmers passieren. Aber was spräche dagegen, für die immer wichtiger werdende Gemeinschaftsverpflegung vom Kindergarten bis in die Abiturklassen Kinder und Schüler in die Essens- und Einkaufsplanung ebenso wie in die Zubereitung der Speisen mit einzubeziehen?

Ich will nicht missverstanden werden: Ich lebe nicht in dem Glauben, öffentliche Erziehung könne alles geradeziehen, was in einer Gesellschaft schiefläuft. Mir ist bewusst, dass hinter dem Verlust an Ernährungsbildung der Verlust an Esskultur steht. Und hinter dem Verlust an Esskultur der Zerfall von Familien und der Lebenswelten, in denen familiäre Gemeinschaft gelebt werden kann. Hier gegenzusteuern erfordert noch weit mehr als die Einrichtung neuer Lehrfächer. Wie sollte ich von jemand erwarten, sich über die Saisonalität, die Gesundheitsförderlichkeit oder gar die globalen Auswirkungen seines Essens Gedanken zu machen, wenn er allein oder mit anderen aus Einwegverpackungen frisch aufgetaute Speisen vor der Glotze in sich hineinschaufelt oder seine Mittagspause an Orten verbringt, an denen man ihm verspricht, ihn für 1,49 Euro satt zu kriegen?

Neben der Schule sind deshalb alle anderen gesellschaftlichen Kräfte – auch die Ökolandbauverbände, in denen ich engagiert bin – gefragt, die Förderung von Esskultur zu einem zentralen Anliegen zu machen. Man sollte nicht unterschätzen, welche Veränderungskraft das eigene Erleben und das Vorbild entfalten können. So entscheidende Fehlentwicklungen wie das massenhafte Wegwerfen genusstauglicher Lebensmittel oder der viel zu hohe Fleischverzehr können damit angegangen werden. Da die »westlichen« Konsummuster nahezu überall in der Welt in hohem Ansehen stehen und nachgeahmt werden, kann die Umkehrung solcher Trends bei uns in Europa eine Wirkung weit über die Grenzen unseres Kontinents hinaus haben.

Was ist ein sozial gerechter Preis fürs Essen?

Ich habe in diesem Kapitel viele Worte darauf verwendet, darzustellen, weshalb es erforderlich ist, die Kosten der Produktion, die heute der Allgemeinheit angelastet werden, in den Preis der Produkte einzurechnen – die Kosten also zu internalisieren. Ich habe Beispiele benannt, an denen erkennbar wird, welche Steuerungswirkung auf die Art der Produktion sich dadurch ergibt. Mit der Art des Konsums, unserer Lebens- und Ernährungsstile ist das nicht anders.

Im November 2010 wurde die »Auswertung der Daten der Nationalen Verzehrsstudie II«, eine Gemeinschaftsarbeit von

Wissenschaftlern der Uni Göttingen und des Max-Rubner-Institutes, veröffentlicht.[21] Durch sie wird statistisch abgesichert, was man ohnehin vermutet hätte: Biokunden ernähren sich und leben gesünder als andere Menschen, und sie wissen mehr über Ernährung. Unter anderem ist ihr Fleischkonsum deutlich geringer, wobei bei der Auswertung Vegetarier herausgerechnet wurden, um den Vergleich mit Konsumenten konventioneller Lebensmittel, wo Vegetarier viel seltener anzutreffen sind, nicht zu verfälschen. Ein Einkaufsverhalten, das die Folgen fürs größere Ganze bedenkt, ist dafür ein ebenso möglicher Grund wie die Sorge um einen gesunden Ernährungsstil. Aus der Erfahrung unseres eigenen Haushaltes aber weiß ich, dass es einen ganz banalen weiteren Grund gibt: Wenn ich beschließe, nur Biofleisch zu kaufen, dann kann ich mein Ernährungsbudget nur dann in vernünftigen Grenzen halten, wenn ich deutlich weniger Fleisch kaufe.

Und auch, wenn der Wegwerfskandal in den Industrieländern die Folge von Kulturverlust ist und (diesseits des Ladentisches) mit Hygienerecht zu tun hat, das nicht immer sinnvoll ist (um es vorsichtig auszudrücken): Selbst beim Wegwerfen wird man vorsichtiger, wenn der Wert der Lebensmittel hoch ist und ein Liter Salatöl nicht die Hälfte eines Liters Motoröl kostet.

Vielleicht gewinnt die Wolle als Rohstoff zur Kleiderherstellung wieder mehr Freunde, wenn die Baumwolle so teuer wird, wie die Summe aller (internen und externen) Herstellungskosten es erfordern würde. Weil das heute nicht der Fall ist, deckt für die Schäfer der Verkauf der Wolle knapp die Hälfte der Kosten des Scherers, und ein Schaf, das darauf gezüchtet würde, ohne nachwachsende Wolle zu existieren, wäre wahrscheinlich ein Verkaufsschlager. Ist es nicht unglaublich, dass wir all die herrliche Schafwolle nur minderwertig verwerten, während Millionen von Hektaren, auf denen auch Lebensmittel erzeugt werden könnten, der Produktion von Baumwolle gewidmet sind?

Fazit: Auch unsere Lebens- und Ernährungsstile werden wesentlich durch die Preise unserer Lebensmittel gelenkt und werden umso nachhaltiger, je mehr die Preise die tatsächlichen Kosten wiedergeben.

Nun ist mir in manchen Diskussionen vorgeworfen worden, es sei unsozial, nach Preisen zu rufen, die die Gemeinkosten mit abdecken. Denn Menschen am unteren Rand der Gesellschaft hätten heute schon genug Probleme, zurechtzukommen. Und außerdem sei es recht rücksichtslos, wenn einer wie ich, der über ein üppiges Einkommen verfügt, eine solche Forderung aufstellt.

Diesem Vorwurf kann ich zwar entgegenhalten, dass gerade sozial schwache Menschen – jedenfalls sehr viele von ihnen – keineswegs preisgünstig essen. Auch sie werfen vieles weg. Oft sind gerade sie es, die zu viel und zu häufig teure Süßigkeiten und ähnliche überflüssige Kalorienbomben essen. Überernährung ist gerade in sozial schwachen Schichten am weitesten verbreitet. Und viele von ihnen kaufen überproportional viel vorgefertigte Lebensmittel, bei denen der Energiegehalt der Verpackung den des Inhaltes übertrifft. Eine halbe Stunde Beobachtung an der Kasse eines Discounters reicht, um das zu bestätigen. Eine solche Begründung würde aber zu kurz greifen. Deshalb muss ich noch einmal kurz ausholen. Ich will Ihnen noch einmal den Blick in ein Buch empfehlen, das ich im Zusammenhang mit der Erosionsproblematik im dritten Kapitel schon einmal erwähnt habe: das Buch »Dreck«[22]. Darin wird berichtet, dass es im antiken Rom in der Kaiserzeit üblich war, kostenlos Brot an die Einwohner der Riesenstadt zu verteilen (und grausame Zirkusspiele abzuhalten, um sie zu amüsieren: Brot und Spiele). Das war sehr sozial.

Um all das Brot backen zu können, brauchte es eine ebenso billige wie effiziente Getreideerzeugung. Die fand nicht mehr, wie in den ersten Jahrhunderten des Römischen Reiches, auf kleinen Bauernhöfen statt, sondern auf gewaltigen Farmen.

Die gehörten Patriziern, die in feingewebten Togen durch Rom wandelten, während ihre Aufseher mit Hilfe großer Sklavenmengen für den Weizen sorgten. Leider ereignete sich diese erste industrielle Form der Landwirtschaft ohne Rücksicht auf die Nachhaltigkeit der Produktion, und bald war der fruchtbare Boden in die Täler und Seen abgeschwemmt. Dort findet man ihn heute noch und kann ihn mit der Radiocarbonmethode dem Erosionszeitraum und mittels Pollenanalyse dem Ursprungsort zuordnen. In der Folge mussten römische Soldaten (unter ihnen viele der sozial mit kostenlosem Brot versorgten Plebejer Roms) nach Nordafrika aufbrechen, um dort neues Ackerland zu erobern. Die Felder Karthagos bildeten dann lange die Kornkammer Roms, bis auch sie durch Umweltzerstörung in den Zustand gerieten, in dem wir heute das nordafrikanische Arabien vorfinden.

Warum ich das erzähle? Um deutlich zu machen, dass es gerade für die Armen viel zu teuer ist, wenn ihre Lebensmittel billig erzeugt werden. Und ich möchte zeigen, dass wir nicht Sozialpolitik auf Kosten der Natur und damit auf Kosten kommender Generationen machen dürfen. Oder anders gesagt: Wenn die Hartz-IV-Sätze nicht mehr ausreichen, um die Lebensmitteleinkäufe ihrer Empfänger zu bezahlen, dann müssen diese Sätze angehoben und nicht die Preise der Lebensmittel abgesenkt werden.

Wenn das nicht ein ganz anderes Buch wäre, würde ich an dieser Stelle noch die Diskussion zum bedingungslosen Grundeinkommen aufmachen. Eine Subventionierung der Lebensmittel durch ökologische Zerstörung, so viel steht fest, ist die teuerste aller Optionen. Die können wir uns garantiert nicht leisten!

Wer sich ändern muss? Sie. Und ich.

Ein Buch hat den Vorteil gegenüber einem Zeitungsartikel, dass es Platz genug bietet, alle Aspekte eines Themas – oder wenigstens die wichtigsten – detailliert auszubreiten. Und es hat den Nachteil, dass der Leser von der Fülle der Informationen erschlagen und am Ende sogar entmutigt ist. Es wäre das schlimmste aller Ergebnisse dieses Buches, wenn das bei Ihnen jetzt der Fall wäre. Wenn Sie sagen würden: »Mein Gott, das ist alles viel zu komplex, ich selbst mit meinem Handeln kann nur Tropfen auf heiße Steine spritzen. Bitte lasst mich mit all dem in Ruhe!« Denn was ich von Ihnen will, ist genau das Gegenteil. Ich will bei Ihnen *Engagement* und *konsequentes Verhalten* wecken.

Engagement braucht es, weil sich in unserer Gesellschaft und in der politischen Landschaft nur etwas ändert, wenn die Menschen die Änderung kraftvoll einfordern und diejenigen, die dann Änderungen veranlassen, stützen. Das geht durch Argumente in Diskussionen, durch politisches Mitgestalten und durch das Kreuzchen auf dem Wahlzettel. Gerade von der Generation meiner Kinder, die heute zwischen 20 und 30 Jahre alt sind, will ich das einfordern. Denn schließlich sind es doch sie und ihre jetzt allmählich hinzukommenden Kinder, die ausbaden müssen, was wir jetzt mit unserer Welt anrichten!

Und *konsequentes Verhalten* braucht es, weil die Summe von individuellen Kauf- und Verbrauchsentscheidungen darüber bestimmt, was und wie produziert wird. Was das im Konkreten bedeutet, müsste sich eigentlich aus all dem ergeben, was ich bis hier geschrieben habe. Weil es aber Menschen gibt, die so wenig Zeit haben, dass sie von einem Buch nur die Einleitung und die letzten Seiten lesen, will ich mich hier an einer zusammenfassenden Auflistung versuchen:

Kaufen Sie Biolebensmittel

Keine andere Produktionsform hat die Frage der Nachhaltigkeit in so umfassender Weise durchdekliniert wie der Ökologische Landbau. Es ist seit vielen Jahrzehnten immer weiter entwickelt worden, in Europa seit über 20 Jahren gesetzlich definiert und verfügt über ein eigenes Zertifizierungs- und Kontrollsystem.

Ohne jeden Zweifel gibt es Verbesserungsmöglichkeiten bei den Biolandbau-Richtlinien und deren Umsetzung. Das wird immer so bleiben, und die öffentliche Kritik, die erhoben wird, wenn an irgendeiner Stelle Inkonsequenzen oder gar Fehlverhalten sichtbar wird, hilft, bei den Anstrengungen zur Verbesserung des Systems nicht nachzulassen.

Teil-Zertifizierungssysteme sind keine zielführende Alternative. So gut und inhaltlich hochwertig ein Tierschutz- oder Klimaschutzlabel sein mögen – sie decken nur einen Teilaspekt ab und tragen somit nicht ausreichend zu einem Umsteuern der Landwirtschaft bei. Wenn jemand seine Tiere vorbildlich hält, hat er Großes für den Tierschutz geleistet. Wenn er aber bei der Produktion des Futters mit den gleichen Pestiziden arbeitet wie jeder andere konventionelle Betrieb auch, dann bleibt da ein gravierendes Problem ungelöst. Die Preise für Milch, Eier und Fleisch enthalten dann den Teil der Kosten, die sonst zu Lasten des Wohlbefindens der Tiere gehen würden. Aber nicht diejenigen, die für die Ökologie auf dem Acker entstehen.

Und noch eines: Erschreckend oft begegne ich freundlichen Menschen, die mir versichern, dass sie »Bio« kaufen. Und im weiteren Gespräch meinen sie damit »… beim Bauern«. Ich erinnere mich an eine lange Unterhaltung mit einer Grünen-Stadtverordneten aus Darmstadt über Ökolandbau. Und am Ende sagte sie strahlend: »Ich kaufe immer beim Türken um die Ecke ein!«

Ohne Zweifel ist der Türke um die Ecke ein ebenso freundlicher wie kompetenter Gemüsehändler und versteht sich darauf, ein reichhaltiges Sortiment attraktiv zu präsentieren. Doch wenn er nicht zufällig Bioprodukte verkauft, dann werden seine Tomaten und sein Salat ganz genauso gespritzt und gedüngt sein wie die in Plastik verpackte Ware des Discounters.

Kaufen Sie regional und saisonal

Ich weiß, dass man auch im Februar schon Bio-Erdbeeren kaufen kann. Und ich habe keinen Anlass, daran zu zweifeln, dass diese Erdbeeren korrekt nach den Vorschriften der EU-Bioverordnung produziert wurden. Wenn Sie unbedingt im Februar Erdbeeren essen wollen, weil Sie dann Geburtstag haben und das eben Ihr Höchstes ist, und wenn Sie nicht erhebliche Pestizidrückstände verzehren wollen, dann kaufen Sie auf jeden Fall Bio-Erdbeeren. Und wenn Sie meine Leidenschaft für Bananen und Kaffee teilen, dann sind Sie auch da auf ausländische Herkünfte angewiesen. Aber außerhalb solcher Ausnahmefälle sollten Sie das kaufen, was es hier in der Saison gibt. Es gibt da wunderbare Kalender, aus denen man entnehmen kann, wann was bei uns wächst. Fragen Sie mal Ihren Naturkostladen, ob er Ihnen so etwas nicht geben kann. Kaufen Sie also saisonal und, wenn möglich, von den Erzeugern Ihrer Region.

Denn erstens spart das Transportenergie. Und zweitens lade ich Sie ein, egoistisch zu sein: Sorgen Sie durch den Kauf von Bioprodukten für eine intakte Natur, davon haben Sie am meisten.

Machen Sie aber auch hier nicht den Fehler, zu glauben, dass alles, was man beim Lädchen um die Ecke und beim Bauern im Dorf kauft, regional und saisonal ist. Denn natürlich ist die Leberwurst des örtlichen Bauern, wenn er sie denn aus den eigenen Schweinen herstellen lässt, regional. Aber wie steht es mit seinem Futter? Stammt das vom eigenen Acker oder (wenigstens was das Eiweißfuttermittel betrifft) aus den Weiten Südamerikas? Und ist es Gentechniksoja? Und hat er sein Futtergetreide in einer vernünftigen Fruchtfolge und ohne Chemie in die Natur zu versprühen erzeugt? Wenn Sie auf klare Verhältnisse Wert legen – und das sollten Sie –, dann kaufen Sie regional, saisonal *und* Bio.

Werden Sie selbst zum Erzeuger

Selbst wenn Sie nur ein Fensterbrett zur Verfügung haben, sollten Sie es dafür nutzen, um Ihre Küchenkräuter darauf zu ziehen. Wenn Sie einen eigenen Garten haben: Leisten Sie sich ein Gemüsebeet! Und wenn Sie in der Stadt eine Gartenbau-Initiative (Stichwort »urban farming«) finden, schließen Sie sich ihr an. Auf diese Weise werden Sie die Wurzeln Ihres Bewusstseins wieder dorthin ausstrecken können, wo Ihre Lebensmittel herkommen: in den Boden. Sie werden eine ganz andere Beziehung dazu finden, und das bleibt nicht ohne positive Folgen für Ihr Ernährungsverhalten. Und in der Summe aller selbstgenutzten Parzellchen aller Städte steckt eine gewaltige Produktionskapazität, die für die Ernährung der Menschen dieser Erde dringend erschlossen werden muss.

Übrigens gibt es in immer mehr Gegenden Angebote, bei denen ein Bauer Ihnen ein kleines Parzellchen eingesät zur Pflege und Ernte zur Verfügung stellt. Der Vorteil: Er kann Ihnen mit seinen schlagkräftigen Maschinen die Bodenbearbeitung und Einsaat abnehmen. Und quer zu seiner Bearbeitungsrichtung schneidet er dann handliche Stücke ab, auf denen Sie Ihre selbsterzeugte Nahrungsbereicherung heranziehen können.

Eine sehr viel fortgeschrittenere Variante ist in den USA entwickelt worden und beginnt auch in Deutschland Fuß zu fassen: CSA, *Community Supported Agriculture.* Bei diesem Modell sammelt eine Bauernfamilie (je nach Produktionskapazität) ein paar hundert Kunden. Denen legt sie jedes Jahr eine Kalkulation darüber vor, welche Kosten anfallen werden. Jeder der Kunden zahlt dann den auf ihn entfallenden Teil der Kosten und hat Anrecht auf denselben Anteil aller Erzeugnisse. Das funktioniert natürlich nur bei einem vielseitigen Betrieb mit Tierhaltung und Verarbeitung (Bäckerei, Molkerei etc). Es ist kein Modell für einen Bauern, der nur Mais, Weizen und Zuckerrüben anbaut. Das Ergebnis ist, was man eine »Win-win-Situation« nennt: Die Bauernfamilie hat kein eigenes Risiko mehr, sondern ein festes Einkommen. Und die Kunden wissen und sehen, wo ihr Essen herkommt, können sich in gewissem Umfang sogar an seiner Produktion beteiligen und verfügen unter dem Strich über eine sehr günstige Quelle für Lebensmittel.

Eat food!

Diese Aufforderung des bereits zitierten Amerikaners Michael Pollan gebe ich im Wortlaut wieder, weil sie so schön knapp ist. Der wie eine Selbstverständlichkeit klingende Rat will die Menschen bewegen, wieder mehr landwirtschaftliche Produkte selbst zu verarbeiten: Kartoffeln, Gemüse, Obst, Fleisch, Eier, Milch – und weniger vorverarbeitete, lebensmitteltechnologisch konditionierte und mit den merkwürdigsten Zusatzstoffen versetzte Lebensmittel. Das ist im Übrigen auch ein Rat, dessen Befolgung einen Haufen Geld zu sparen hilft. Allerdings hat er zur Folge, dass man sich Wissen und Können in der Zubereitung und Konservierung von Lebensmitteln aneignen muss – was ein durchaus beabsichtigter Nebeneffekt ist.

»Bitte esst weniger Fleisch!«

»Please eat less meat. Meat is a very carbon intensive commodity.« – »Bitte esst weniger Fleisch! Fleisch ist ein sehr CO_2-intensiver Rohstoff«, ist eine ebenso klar wie kurz formulierte Bitte, die der Friedensnobelpreisträger und Vorsitzende des Weltklimarates, der Ökonom *Rajendra Pachauri,* an die Menschheit richtet. Und er wendet sich damit nicht an seine indischen Landsleute, sondern an uns Europäer und die Amerikaner. Er äußert seine Bitte, weil der hohe Fleischkonsum mit allen seinen Folgen das zentrale Problem für die Klimawirkung der Landwirtschaft darstellt, und eben auch für die Frage der globalen Ernährungssicherung.

Wenn Sie sich an den Ratschlag Nr. 1 halten und nicht a) über ein deutlich überdurchschnittliches Einkommen und b) über ein sehr lockeres Händchen im Umgang mit den privaten Finanzen verfügen, wird es Ihnen nicht schwerfallen, Rajendra Pachauris Bitte Folge zu leisten. Ich kann Ihnen aber versprechen: Halb so viel Bio-Fleisch zum doppelten Preis kostet genauso viel wie doppelt so viel zum halben Preis. Und es schmeckt besser. Nicht nur weil Fleisch von Tieren, die Bewegungsspielraum und frische Luft haben und die nicht so schnell wachsen, eine höhere Qualität hat. Sondern auch weil es keine sensorische Einschätzung gibt, die völlig vom Bewusstsein losgekoppelt ist. Will heißen: Wenn ich weiß, dass das Tier gut gelebt hat, und wenn ich auch in sonstiger Hinsicht alles richtig mache, dann steigert das auch meinen Genuss.

Im Übrigen möchte ich des Nobelpreisträgers Bitte auf Eier und Milchprodukte ausweiten, für die in der Wirkung einer zu großen, industriellen Erzeugung genau das Gleiche gilt wie für Fleisch.

Kaufen Sie nachhaltigen Fisch!

Die Übernutzung der Fischbestände dieser Erde und eine die Umwelt schädigende Aquakultur sind kein unmittelbar landwirtschaftliches Thema, aber eines der zentralen Probleme der Welternährung. Auch hier sind vor allem strengere internationale Vereinbarungen und deren konsequente Durchsetzung gefragt. Darauf müssen Sie und ich aber nicht warten. Denn schon heute stehen Zertifizierungssysteme zur Verfügung, die erkennbar machen, ob ein Fisch mit nachhaltigen Techniken und unter Berücksichtigung der Reproduktionsrate der Bestände gefangen ist oder ob er in einer umweltverträglichen Form von Aquakultur erzeugt wurde. Den dafür erforderlichen Mehrpreis können Sie problemlos aufwenden, wenn Sie Ihren Fischkonsum entsprechend reduzieren. Damit schaden Sie sich nicht, tragen aber zu globalem Nutzen bei!

Wie wir uns ernähren, wie wir unseren Lebensstil gestalten und für welche Art von Landwirtschaft wir eintreten, ist keine nebensächliche Frage, die nur für die Diskussion in den Salons einer ansonsten satten Elite eine Rolle spielen würde. Es ist neben den Ursachen und Folgen des Klimawandels *die* zentrale Zukunftsfrage der Menschheit. Sie spitzt sich zu, und sie ist an uns heute gestellt.

Ich gehöre einer Generation an, die ihren Eltern voll Empörung und in einer gewissen Fassungslosigkeit die Frage gestellt hat: »Wie konntet Ihr das zulassen?« Gemeint war das Heraufziehen der braunen Macht und das Schreckensregime der Nazis. Wir haben diese Frage gestellt, obwohl meine Mutter im Jahr 1933 erst sechs Jahre und mein Vater ganze 14 Jahre alt war. Wir haben lange Abende darüber diskutiert. Die Generation unserer Eltern und Großeltern konnte wenigstens vorbringen, jede Form des Widerstandes sei damals mit der Gefahr für Leib und Leben des Widerständigen und seiner Familie verbunden gewesen.

Was aber sollen wir unseren Kindern sagen, wenn Sie uns fragen, wieso wir es so weit haben kommen lassen mit der Vernichtung ihrer Lebensgrundlagen und Zukunftschancen? Wir hätten es nicht gewusst? Dafür würden sie uns auslachen, denn schon Ende der 60er Jahre hat der *Club of Rome* mit seiner These von den Grenzen des Wachstums eine Diskussion eröffnet, die niemand übersehen konnte und die seitdem nicht mehr verstummt ist. Ins Gefängnis gekommen wäre man in keinem der Staaten, die den Verbrauch der weltweiten Ressourcen für sich monopolisiert haben, wenn man sich der Sichtweise dieser ersten Warner öffentlich angeschlossen hätte. Allenfalls hätte man riskiert, als grüner Spinner behandelt zu werden.

Oder wollen wir uns auf ökonomische Zwänge berufen? Auch damit werden wir die nicht beeindrucken können, welche die Zeche für unseren üppigen Lebensstil zahlen müssen. Sie sind es, die die Schulden übernehmen müssen, die wir auf den Konten der Natur und in den Bilanzen unserer Gemeinwesen aufgehäuft haben.

Nein, wir werden nur eine einzige Antwort geben können, ohne rote Ohren zu bekommen: »Wir haben uns gegen diese Entwicklung gestellt. Und wir haben unseren persönlichen Lebensstil so angepasst, dass wir nicht mehr in Anspruch genommen haben, als unserem Anteil an dieser Welt entspricht.« Wenn wir wollen, dass diese Antwort keine Lüge sein wird, dann müssen wir jetzt damit ernst machen. Sie. Und ich!

7.
Danksagung und ein Schlusswort

Dieses Buch, das wird jeder festgestellt haben, der ein paar Seiten davon gelesen hat, ist kein wissenschaftliches Werk. Es versteht sich als Beitrag zu einer wichtigen Debatte, der vom Standpunkt eines engagierten Vertreters der Ökologischen Landbaubewegung ausgeht. Ich habe mich sehr bemüht, Fakten zusammenzutragen, die belastbar sind. Damit deren Quellen nachvollziehbar sind, ist in den Fußnoten angegeben, woher sie stammen. Handelt es sich dabei um Internet-Links, dann sind diese im Mai 2011 noch einmal auf Aktualität überprüft worden.

Viele Menschen haben mir geholfen, damit dieses Buch zustande kommen konnte, und ich bin ihnen allen zu großem Dank verpflichtet. Da ist *Bernhard Meuser,* der mich darauf gebracht hat, dieses Buch zu schreiben, mir als unerfahrenem Autor viele wertvolle Hinweise gegeben hat und der es auch gleich selbst noch lektoriert hat. Und *Sybille Auer-Sack,* die mir den Schubs gegeben hat, diesen Vorschlag umzusetzen, weil sie mich glauben gemacht hat, dass ich das neben allem anderen auch noch schaffe. Ich danke allen Mitarbeitern des Verlages, die alles erdenklich Mögliche getan haben, damit dieses Buch seine Leser findet. Und *Joyce Moewius* will ich unter keinen Umständen vergessen, denn sie hat in unermüdlicher Kleinarbeit Zahlen recherchiert und meine Schachtelsätze entschachtelt. Mir liegt auch daran, zu erwähnen, dass es der frühere Geschäftsführer des Naturland-Verbandes, *Gerald A. Hermann,* war, von dem ich zum ersten Mal die Formulierung gehört habe, die es auf den Punkt bringt: »Wir werden uns ökologisch ernähren oder gar nicht mehr.«

Viele Leute haben mir Auskunft gegeben und dann auch noch die Abschnitte gegengelesen, in denen ich ausformuliert habe, für was sie Fachleute sind. Ich bin heilfroh, so viele gescheite Freunde zu haben. Ohne ihren kritischen Blick und ihre »Freigabe« hätte ich mich nie getraut, das Manuskript abzugeben. In der Reihenfolge der Kapitel und Abschnitte sind das: mein Neffe *Richard Wietersheim*, Student der Geschichte, für die Episode aus Irland. Meine in Bangladesch bewanderte Tochter *Theresa* für die Geschichte über Muhammed Yunus. Prof. Dr. *Gerold Rahmann*, der das staatliche Ökolandbau-Versuchsgut in Trenthorst in Schleswig-Holstein leitet, für das Kapitel »Tank oder Teller«.

Der Leiter der Naturland-Beratung, Dr. *Peter Manusch*, der ein großer Kenner der ökologischen Tierhaltung ist, für das Kapitel »Aber die Wurst bleibt hier«. Dr. *Stefan Bergleiter*, der die Aquakultur-Abteilung des Naturland-Verbandes leitet, für das gesamte Fisch-Kapitel. *Armin Paasch* vom Hilfswerk Misereor für Mexiko, sein Kollege *Heinz Oelers* für Haiti und seine Kollegin *Anja Mertineit* für die Philippinen. Dr. *Hans Herren*, der Direktor des New Yorker Millennium-Institutes, für das Kapitel »Push and pull«. Der Agrarexperte der Zukunftsstiftung Landwirtschaft, *Benny Haerlin*, für den Weltagrarbericht und Prof. Dr. *Urs Niggli*, der Direktor des Forschungsinstitutes für Biologischen Landbau in Frick, Schweiz, für die politischen Maßnahmen im sechsten Kapitel.

Den Mitarbeitern unseres landwirtschaftlichen Betriebes, vor allem *Jens Graf* und *Heike Gundlach*, *Stefan Morawiec* und *Margarete Krämer*, bin ich dankbar dafür, dass sie mit Milde ertragen habe, dass ein halbes Jahr lang – und ein Gutteil davon im arbeitsintensiven Frühjahr – das Buch für mich wichtiger war als alles andere und ich sie immer mit knappen Worten abfertigen musste, wenn es etwas zu besprechen gab.

Und am Ende und vor allem habe ich meiner Frau *Sissi* zu danken. Denn sie hat mich bestärkt, dieses Buch zu schreiben, obwohl sie wusste, dass es meinen Beitrag zu unserer häuslichen Gemeinschaft ebenso wie zu unser beider Arbeit erheblich reduzieren würde. Sie wusste es nicht nur, sie hat auch recht behalten und dieses Projekt und mich trotzdem mit großer Geduld unterstützt.

Sicher habe ich jetzt jemand vergessen, denn ich vergesse immer irgendjemand oder irgendetwas. Deswegen bitte ich alle, die ich vergessen habe, obwohl sie zum Entstehen und Gelingen dieses Buches beigetragen haben, um Verzeihung und danke ihnen!

Anhang

Die Bedeutung der Forschung zur Ökologischen Lebensmittelwirtschaft für Innovationen in der Landwirtschaft und zur Sicherung der Ernährung

Prof. Dr. Urs Niggli, Dr. Alexander Gerber

1. Einleitung

Steigende Preise für landwirtschaftliche Rohstoffe in den Jahren 2007 und 2008 ließen die Zahl der Menschen, welche an Unterernährung leiden, von 800 Millionen auf über eine Milliarde ansteigen. Damit rückte die Frage der Ernährungssicherung wieder stärker in den Fokus von Gesellschaft und Politik. Produktionssteigerung wurde auf der Agenda der nationalen, europäischen und internationalen Agrarforschung wieder ganz nach oben gesetzt.

Unvermindert groß bleibt aber die Belastung der Ökosysteme durch die Landwirtschaft. Gemäß dem *Millennium Ecosystem Assessment* der Vereinigten Nationen befindet sich die Erde in einem deutlichen Zustand der Degradation.[1] Menschliches Handeln erschöpft das natürliche Kapital der Erde. Ohne die Dienstleistungen der Ökosysteme (z.B. Biodiversität, fruchtbarer Boden, sauberes Wasser, Bestäuber) wäre menschliches Leben aber nicht möglich.

Agrarpolitik und -forschung müssen Lösungen finden, mit denen beide Ziele erreicht werden: Sicherung des Rechts aller Menschen auf Nahrung und gleichzeitig eine nachhaltige Bewirtschaftung der natürlichen Ressourcen.

Die bisherigen Anstrengungen der Agrarforschung wurden vom Weltagrarbericht 2008 stark kritisiert.[2] Das alte Paradigma einer industriellen Landwirtschaft mit hohem Energie- und Chemikalieneinsatz führe nicht aus der derzeitigen Krise. Auch der Gentechnik komme nur untergeordnete Bedeutung in der Problemlösung zu. Lokales und indigenes Wissen müsse besser genutzt werden, Frauen, die die Hauptlast landwirtschaftlicher Arbeit in den Entwicklungsländern tragen, müssten einbezogen werden und die Forschung müsse auf kleinbäuerliche und agrarökologische Anbaumethoden setzen.

Die Agrarwissenschaften in Deutschland müssen sich diesen Spannungsfeldern stellen, da sowohl die durch öffentliche Mittel geförderte wie die privatwirtschaftliche Forschung international bedeutend sind. Aber auch im nationalen Kontext hat die schonende Nutzung der natürlichen Ressourcen und die Verminderung der Abhängigkeit von nicht erneuerbaren Ressourcen (fossile Energieträger, Pflanzennährstoffe wie Phosphor und Kalium) höchste Priorität, da beide Faktoren die Wirtschaftlichkeit der landwirtschaftlichen Erzeugung in den nächsten Jahrzehnten massiv negativ beeinflussen werden.

Exakt dies ist der Ansatz des Ökolandbaus. Er ist produktiv und hinterlässt dabei einen deutlich kleineren ökologischen Fußabdruck. Und er hat bereits heute eine stark verringerte Abhängigkeit von in Zukunft knappen Ressourcen. Schließlich integriert er auch ethische Anliegen wie das Tierwohl und den Naturschutz, erhöht die Wertschöpfung in ländlichen Regionen und baut stark auf bäuerlichem Wissen und Beobachtungsfähigkeit auf. Argumente, welche ganz für eine starke Forschung im Kontext des Ökolandbaus und seiner vor- und nachgelagerten Bereiche sprechen.

2. Forschungsansätze in der Ökologischen Lebensmittelwirtschaft

Die Forschung für die Ökologische Lebensmittelwirtschaft umfasst drei Dimensionen: Erstens geht es darum, die Potenziale des Ökolandbaus für die Sicherung der Ernährung und den Ressourcenschutz zu nutzen und dafür das bestehende

System weiterzuentwickeln. Hierin liegt ein großes Innovationspotenzial zur Erhöhung der Flächenproduktivität bei gleichzeitigem Schutz natürlicher und nicht erneuerbarer Ressourcen. Gleichzeitig wird die Wertschöpfung der Landwirtschaft und der Lebensmittelkette erhöht, was sich positiv auf den ländlichen Raum auswirkt.

Zweitens können die Elemente des Ökolandbaus dazu genutzt werden, um traditionelle Subsistenz-Landwirtschaft in diversifizierte und standortangepasste Anbausysteme zu überführen, die dauerhaft höhere Erträge, eine vielfältigere Ernährung, bessere Kapitalbildung bei den Bauern, höhere Bodenfruchtbarkeit und geringere Umweltprobleme verursachen.[3] Solche Entwicklungen dehnen sich zurzeit durch neue Ansätze in der Zertifizierung (z.B. *Participatory Guarantee Systems* [PGS]) und durch kooperative Beratung stark aus.

Und drittens sind die Innovationen des Ökolandbaus für die gesamte Landwirtschaft sehr inspirierend, weshalb diese Forschung einen exklusiven und damit unverzichtbaren Beitrag zur allgemeinen Agrar- und Ernährungsforschung beisteuert.

Im Folgenden werden beispielhaft innovative Forschungsansätze dargestellt, welche nur oder vorzugsweise im Ökolandbau bzw. der Ökologischen Lebensmittelwirtschaft verfolgt werden.

2.1 Intensivierung durch ökologische Prozesse *(eco-functional intensification)*

Die Forschung im Ökolandbau verfolgt auf europäischer Ebene eine Steigerung der Produktivität, welche auf einer Verbesserung der Bodenfruchtbarkeit, einer Erhöhung der Artenvielfalt und der Lebensraumqualität und einer Verbreiterung der genetischen Vielfalt der Kulturpflanzen und Nutztiere aufbaut.[4] Die zentrale Rolle, welche die Bodenfruchtbarkeit und die biologische Vielfalt für die landwirtschaftliche Produktivität im Ökolandbau spielen, ist durch verschiedene Langzeitstudien dokumentiert.[5,6]

Dieses Konzept entkoppelt die Intensivierung der Produktivität von der weiteren Steigerung energiereicher Hilfsstoffe und deren zunehmend ineffizienter Nutzung. So hat zwischen 1960 und 2000 die Stickstoffnutzungseffizienz von Getreide von 80 auf 30 % abgenommen. Dies bewirkte, dass heute nur noch 17 % des ausgebrachten Stickstoffs von den Pflanzen verwertet werden und der Rest die Ökosysteme belastet.[7]

Im Mittelpunkt dieser Forschungsbemühungen steht die Bodenfruchtbarkeit, welche nicht nur für die Produktivität, sondern auch für die Regulierung von Klima[8], Überflutungen, Trockenheit, Krankheiten, Wasserqualität und Abfallbeseitigung eine wichtige Rolle spielt.

So wurde beispielsweise in der äthiopischen Provinz Tigray in einer seit 1998 andauernden Beratungsinitiative die Praxis von 2000 Bauernfamilien auf eine organische Kompostwirtschaft umgestellt. Die Produktivität aller angebauten Ackerfrüchte wurde dabei im Mittel von sechs Jahren um 82 % gesteigert. Die Ertragssteigerungen betrugen hingegen bei Mineraldüngern wegen den trockenen Bedingungen nur 34 %.[9]

Teilfragen dieses Forschungsansatzes betreffen die inner- und überbetriebliche Schließung der Kreisläufe an Pflanzennährstoffen und organischer Substanz und die stark verbesserte Nutzung von Leguminosen, welche gegenüber industriellem Stickstoff ökologische Vorteile haben.[10] Ein Beispiel dafür sind die Entwicklung von Agroforstsystemen mit Leguminosen-Bäumen, mit denen die Biomasseproduktion je Fläche deutlich erhöht werden kann, die den benötigten Stickstoff liefern, den Humusgehalt des Bodens erhöhen und auf trockenen Standorten für ein vorteilhaftes Mikroklima sorgen. Sie stabilisieren also nicht nur die Erträge für die zwischen den Bäumen angebauten Nahrungspflanzen, sondern entschärfen auch die »Tank oder Teller«-Debatte.

Vielfalt – im Sinne der Landschafts- oder Habitatsqualität,

der betrieblichen Diversifizierung, der Artenvielfalt oder der genetischen Vielfalt im Anbau und in der Tierhaltung – verstärkt die Resilienz in der Landwirtschaft und macht sie für die erwarteten Klimaveränderungen anpassungsfähig. Vielfalt ist somit im Ökolandbau ein wichtiger Produktionsfaktor (»funktionelle Biodiversität«) und wird zwecks höherer Produktivität vermehrt und nicht verbraucht, wie dies in anderen Anbauformen der Fall ist. Somit wird die multifunktionale Landwirtschaft zum Modell für die Ernährungssicherheit.

Dieser Forschungsansatz des Ökolandbaus weist Alleinstellungsmerkmale auf. Er setzt eine enge interdisziplinäre wissenschaftliche Zusammenarbeit zwischen landwirtschaftlichen, sozioökonomischen und ökologischen Wissenschaften voraus, und er hat eine hohe Umweltrelevanz. Die unter diesem Forschungsansatz entwickelten Lösungen verbessern die ganze Landwirtschaft. Die Lösungen werden mit zunehmender Verknappung oder Verteuerung der nicht erneuerbaren Ressourcen rasch wirtschaftlich vorteilhaft.

2.2 Forschung im Kontext der »guten fachlichen Praxis« (GFP)

Die Forschung im Ökolandbau berücksichtigt im besonderen Maße die gute fachliche Praxis (GFP), wie sie im Bodenschutzgesetz des Bundes in § 17 oder im Bundesnaturschutzgesetz gefordert wird. Wichtige Elemente der guten fachlichen Praxis sind der Fruchtwechsel und das Schließen von Kreisläufen von Nährstoffen und organischer Substanzen.

So zeigen Untersuchungen, dass der Westliche Maiswurzelbohrer *(Diabrotica virgifera), der* Hauptschädling der Maispflanze in den USA, der sich seit den 1990er Jahren auch in Europa und seit 2007 in Deutschland ausbreitet, nur ein Problem von Maismonokulturen ist.[11] Bereits ein dreigliedriger Fruchtwechsel stellt eine wirksame Barriere für die Verbreitung dar. Diese einfache Maßnahme ist auch die wirksamste Strategie, um die weitere nördliche Ausdehnung, welche Agrarwissenschaftler wegen der Klimaerwärmung erwarten[12], zu verhindern.

Unter den von der öffentlichen und privaten Agrarforschung entwickelten Bekämpfungsstrategien gegen den Maiswurzelbohrer befinden sich human- und ökotoxikologische problematische Insektizide (Parathion, Pyrethroide oder Clothianidin; Letzteres löste, als Beizmittel angewandt, ein Bienensterben aus). Auch die in der DFG-Broschüre »Grüne Gentechnik«[13] dargestellte zwingende Begründung für den Einsatz von gentechnisch verändertem Bt-Mais gegen die beiden Schädlinge Maiswurzelbohrer und Maiszünsler ist agrarwissenschaftlich falsch, da Ersterer mit einfachstem Fruchtwechsel und Letzterer mit einer gut funktionierenden, etablierten biologischen Methode *(Trichogramma)* bekämpft werden kann.

Indem die Forschung im Ökolandbau die gute fachliche Praxis sehr konsequent in die Entwicklungen von Lösungen einbezieht, leistet sie einen wertvollen Beitrag zur gesamten Agrarforschung. Fehlentwicklungen in der Technologiewahl, ein häufiges Phänomen in den Agrarwissenschaften mit Konsequenzen für die Umwelt, treten so seltener auf.

2.3 Geschlossene Kreisläufe als Forschungsthema

Die landwirtschaftlichen Betriebe sind heute aus wirtschaftlichen Gründen stark spezialisiert und rationalisiert. Dadurch funktionieren die effizienten Kreisläufe an Nährstoffen und organischem Material nicht mehr. Pflanzliche Erzeugerbetriebe mit wenigen Kulturen stehen spezialisierten Tierhaltungsbetrieben gegenüber. Die Ersteren haben große Defizite an Pflanzennährstoffen und organischem Material, während bei den Letzteren beides zu einem Umweltproblem geworden ist, welches die Böden, die Wasserqualität, die Luft und die natürliche Vielfalt bedroht.[14] Experimentelle Untersuchungen und Modellierungen haben ergeben, dass diese Spezialisierung in der Landwirtschaft der wichtigste Grund für die hohen Einträge an Stickstoff und Phosphor in die Nordsee ist und dort dramatische Veränderungen der ökologisch wertvollen Meeresflora und -fauna verursacht.[15]

Die Ökologische Landwirtschaft hält stark an geschlossenen Kreisläufen fest. Da dies aus wirtschaftlichen Gründen immer weniger in Form von klassischen gemischten Betrieben geschieht, werden neue Kooperationsformen zwischen Betrieben geschaffen oder die Kreisläufe werden regional organisiert. Ökobetriebe verwerten teilweise auch organisches Material aus der Grünabfallverwertung (»Grüne Tonne«). Weitergehende Kreisläufe, welche in naher Zukunft geschlossen werden müssen, sind diejenigen der Klärschlämme, wo wertvolle nicht erneuerbare Nährstoffe wie Phosphor verloren gehen. Voraussetzung hierfür ist aber, dass insgesamt eine Kreislaufwirtschaft erreicht wird, die qualitativ hochwertige und unbedenklich einsetzbare Klärschlämme zur Verfügung stellt.

Das Konzept der geschlossenen Kreisläufe wird in wenigen Jahrzehnten für die ganze Landwirtschaft maßgeblich sein. Es hat große sozioökonomische, organisatorische, pflanzenbauliche, ökologische und tierproduktions- und ingenieurtechnische Implikationen und muss stärker in der Forschung berücksichtigt werden. Nachhaltige Lösungen für Umweltprobleme können nur gefunden werden, wenn die Kreisläufe in der Landwirtschaft innerbetrieblich oder regional wieder geschlossen werden – das zentrale Anliegen des Ökolandbaus in Forschung und Praxis.

2.4 Pflanzen und Tierzucht im Kontext ihrer Umwelt und angepasst an eine ökologische Wirtschaftsweise (verbesserte Genotyp-, Umwelt- und Management-Interaktionen)

Als Konsequenz der umweltfreundlichen Bewirtschaftung stellt der ökologische Landbau erheblich höhere Ansprüche an die Sorten. Weil das Saatgut nicht gebeizt wird, brauchen

Ökosorten eine bessere genetisch verankerte Keimfähigkeit und Triebkraft. Die Sorten müssen eine bessere Konkurrenzkraft gegenüber dem Unkraut besitzen. Dies wiederum setzt eine schnelle Jugendentwicklung und eine gute Kältetoleranz voraus. Ökosorten müssen natürliche Resistenzen gegenüber allen relevanten Schädlingen und Krankheiten tragen. Weil keine schnell wirksamen mineralischen Dünger verwendet werden, brauchen Ökosorten eine bessere Toleranz gegenüber (temporärem) Nährstoffstress. Dies wiederum setzt ein größeres Wurzelwerk voraus und/oder die Fähigkeit, eine effektive Mykorrhiza auszubilden. Weil der organische Stickstoff später fließt, brauchen Ökosorten einen dem späteren Nährstofffluss angepassten Entwicklungsrhythmus. Der ökologische Pflanzenbau benötigt zudem Sorten, die an unterschiedliche Standorte angepasst sind.

Neuere Studien mit Mais und Weizen zeigen, dass durch die Entwicklung neuer Sorten unter den Bedingungen des Ökolandbaus die Erträge und deren Stabilität deutlich verbessert werden können.[16,17] Man erreicht einen doppelt so hohen Selektionsgewinn, wenn man Ökosorten unter Ökobedingungen entwickelt.

Eine ähnliche Steigerung des Zuchtfortschrittes wird auch in der Tierzucht erwartet, wenn unter den spezifischen Fütterungs- und Haltungsbedingungen des Ökolandbaus selektioniert wird.

Während der Schwerpunkt in der heutigen Pflanzen- und Tierzucht nach wie vor die Verbesserung der Genetik unter weitgehend standardisierten und optimalen Umwelt- und Management-Bedingungen ist, setzt die Züchtung im Ökolandbau einen deutlich anderen Schwerpunkt und weist dadurch wichtige Alleinstellungsmerkmale auf. Die zukünftige Lebensmittelproduktion wird stark von unerwarteten Störungen und Zusammenbrüchen geprägt sein, wenn man der *Foresight*-Studie des *Standing Committee on Agricultural Research (SCAR)* der EU glaubt.[18] Beschränkte natürliche Ressourcen, Energieknappheit und Klimawandel prägen unter anderem die zukünftige Landwirtschaft. Der Ansatz der Pflanzen- und Tierforschung, wie ihn der Ökolandbau verfolgt, nämlich möglichst hohe Erträge unter den Bedingungen von Knappheit und Stress zu erzielen, hat für die ganze Pflanzen- und Tierzucht eine enorme Bedeutung. »Unsere Ergebnisse zeigten und unsere Erfahrungen lehrten uns: Mehr noch als die Ökozüchtung von der konventionellen, profitiert die konventionelle von der Ökozüchtung.«[19] Dabei zeigt es sich, dass molekulare Techniken in der Pflanzenzucht wie markergestützte Selektion (MAS) gerade in diesem Fokus auf Umweltbedingungen und Management ihre Bedeutung haben können.[20]

2.5 Entwicklung von natürlichen Pflanzenschutzmitteln und Phytotherapie

Der biologische Pflanzenschutz und die natürliche Tiermedizin stellen einen besonderen Aspekt der Nutzung von Dienstleistungen der Ökosysteme dar. Pflanzeninhaltsstoffe und gebietseigene (autochthone) lebende Organismen haben ein großes Potenzial für den Pflanzenschutz in der Landwirtschaft und stellen in den allermeisten Fällen keine gesundheitlichen Risiken für den Anwender und den Verbraucher dar.

Aktuelle Beispiele von Neuentwicklungen sind die Verfütterung von Futterpflanzen, welche hohe Gehalte an kondensierten Tanninen haben (z. B. Zichorie und Esparsette) und welche eine wirkungsvolle natürliche Regulierung von Endoparasiten (Magen-Darm-Würmer) bei Schweinen, Schafen und Rindern bewirken. Die konventionelle Behandlung dieser wirtschaftlich wichtigen Parasiten geschieht mit chemischen Anthelminthika, welche bei Ausscheidung auf Weiden auch Regenwürmer schädigen und gegen welche die Parasiten schnell resistent werden. Andere Beispiele sind der ubiquitäre Pilz *Duddingtonia flagrans,* welcher ebenfalls gegen die gleichen Parasiten eingesetzt werden kann, oder der Pilz *Beauveria bassiana,* welcher die Kirschenfruchtfliege erfolgreich reguliert und im Kirschenanbau problematische Insektizide ersetzt.

Die Entwicklung solcher natürlicher Regulierungstechniken setzt umfangreiche biologische und ökologische Studien voraus, und die Formulierung und Anwendungstechnik muss entwickelt werden. Viele dieser Anwendungen werden wegen ihrer Gefahrlosigkeit auch in Gärten angewendet. Sie sind meist als kostengünstige *Open Source*-Techniken auch in Entwicklungsländern herstell- und anwendbar.

Die ständige Entwicklung solcher natürlichen Substanzen und Techniken passiert seit 40 Jahren fast ausschließlich für die Ökologische Landwirtschaft. Gründe dazu sind die mangelnde Patentierbarkeit, die eingeschränkte großtechnologische Produzierbarkeit, die geringe wirtschaftliche Verwertbarkeit und die wissensintensive oder komplizierte Anwendung.

2.6 Partizipation als Antrieb für die Innovation

Der Weltagrarrat betonte in seinen Schlussfolgerungen für die Agrarforschung, dass diese stärker transdisziplinär ausgerichtet sein müsse, um die globalen Herausforderungen erfolgreich zu meistern. In den soziologischen Wissenschaften sieht man schon seit langem, dass *Top-down*-Prozesse oder Einweg-Beratung beim Lernen ineffizient für die Innovation sind. Sie haben deshalb soziale Lernprozesse vorgeschlagen, um das explizite, faktendominierte Wissen der Forschenden mit dem stillen, impliziten Wissen der Landwirte (Wissen aus Erfahrung) zu verbinden.[21]

Gerade anhand der ökologischen Gefährdungen (Treibhauseffekte, Biodiversitätsverluste, Bodenerosion) werden in der landwirtschaftlichen Forschung auch zunehmend Methoden des reflexiven Risiko-Managements angewandt, in welche die Wissenschaft (z. B. Gutachten, Fortschritt, Risiko-Definition), die Medien (z. B. Information, Aufklärung) und die Wirtschaft (z. B. praktische Umsetzung des technischen Fortschritts, globaler Wettbewerb) umfassend und konstitutiv einbezogen sind.[22]

Der Ökolandbau ist eine der wenigen Innovationen in der Landwirtschaft, welche aus solchen sozialen Lernprozessen zwischen Praxis und Forschung entstanden sind. Diese enge Verzahnung von Praxis und Forschung bei der Weiterentwicklung der Ökologischen Lebensmittelwirtschaft ist bis heute charakteristisch. Ein Beispiel ist der Aufbau von neuen Vermarktungsmöglichkeiten (Entwicklung neuer Partnerschaften zwischen Landwirtschaft und Verbrauchern[23]; *Participatory Market Chain Approach [PMCA]*, welcher v.a. zur Verbesserung der bäuerlichen Einkommen in Entwicklungsländern sehr erfolgreich angewandt wird[24]). Nicht zuletzt haben Wissenschaftler und Praktiker im Ökolandbau eine gewisse Übung im Risikodialog mit der Gesellschaft. Auch bezüglich grundlegender Forschungsansätze und -methoden unterscheidet sich der Ökolandbau[25] deshalb von einer rein naturwissenschaftlich-technischen Herangehensweise, welche auch heute noch in vielen agrarwissenschaftlichen Einzelprojekten praktiziert wird. Diese Andersartigkeit als Fallbeispiele zu nutzen, bringt der ganzen landwirtschaftlichen Innovation einen großen Nutzen.

3. Schlussfolgerungen: Ökolandbau als Keimzelle für alternative Ernährungskonzepte

Oberflächliche Kritiken an der Ertragsfähigkeit des Ökolandbaus werden diesem nicht gerecht. Sie zeigen ein eingeschränktes Verständnis der Ernährungswirtschaft und gründen auf kurzfristigen Wirtschaftlichkeitsbetrachtungen. Der Ökolandbau hat ein großes Potenzial, auf ökologisch und sozial nachhaltige Weise mehr Lebensmittel zu erzeugen. Dieses muss durch Forschung – wie in diesem Beitrag beschrieben – ausgeschöpft werden.

Aus Gründen des Umweltschutzes und der artgerechten Tierhaltung werden auf Ökobetrieben durchschnittlich weniger Tiere gehalten. Bei Wiederkäuern wie dem Rind und dem Schaf verlangen die Richtlinien einen hohen Anteil an Rauhfutter in der Fütterung. Rechnet man die ökologische Erzeugung auf die menschliche Ernährungsweise um, resultiert daraus eine Ernährungskultur, welche auf deutlich weniger tierische Lebensmittel ausgerichtet ist. Dies entschärft die globalen Herausforderungen entscheidend.

»Please eat less meat. Meat is a very carbon intensive commodity« sagte kürzlich der Nobelpreisträger Rajendra Pachauri. Das westliche Ernährungsmodell hat nicht nur wegen dem ökologischen Desaster, welches es verursacht (Klimagas-Belastung, Umweltbelastung, Verarmung der Artenvielfalt, Bodenerosion, Landnutzungsänderungen durch Abholzen von Wäldern und Trockenlegen von Mooren), keine Zukunft, sondern auch wegen seiner Auswirkungen auf die Gesundheitskosten.

Die Flächenproduktivität der Veredlung von Getreide zu Fleisch und Milch beträgt durchschnittlich nur 15 % im Vergleich zum direkten Verzehr von Getreide. Die Flächenproduktivität von Energiepflanzen beträgt für die menschliche Ernährung null. Die weltweiten Zahlen von ökologischen Fruchtfolgen zeigen eine Produktivität, welche sich nicht wesentlich von konventionellen Fruchtfolgen unterscheidet. Diese Tatsachen sollten in Zukunft stärker in die agrar- und forschungspolitischen Diskussionen einfließen. Die Diskussion um die Ertragsschwäche des Ökolandbaus ist hingegen ein Ablenkungsmanöver.

Die Probleme der modernen Ernährung gehen jedoch noch tiefer. Im Verlaufe der Geschichte haben die Menschen ungefähr 7000 Pflanzenarten kultiviert. Davon sind heute noch 120 für die Landwirtschaft wichtig, aber nur 30 Arten liefern weltweit 95 % aller unserer Lebensmittel. Durch Züchtungstätigkeit wurden 4000 Sorten oder Typen von Kartoffeln und 100 000 Varietäten von Reis geschaffen. Doch die industrialisierte Landwirtschaft, die Verarbeitungsindustrie und der Handel haben diese genetische Vielfalt drastisch reduziert. Dieser Verlust an Vielfalt auf den Äckern wurde kompensiert durch immer raffiniertere Verarbeitungsschritte, welche eine falsche Vielfalt an Farben, Formen und Geschmäckern kreieren. Dass der Verlust an genetischer Vielfalt auf den Äckern und bei den Tieren auch etwas mit Fehlernährung und Übergewicht zu tun haben könnte, ist eine nicht von der Hand zu weisende Hypothese. Entwicklungen in den ökologischen Ernährungswissenschaften hin zu mehr Vielfalt, naturbelassener Verarbeitungsweise, Frische, regionalen Lebensmittelketten und authentischer Geschmacksvielfalt ist deshalb ein Vorbote einer allgemeinen Entwicklung, welche demnächst die ganze Lebensmittelwirtschaft herausfordern wird.

Anmerkungen

2.
Welthunger, Welternährung

1 Food and Agriculture Organization of the United Nations, die 1945 von den Vereinten Nationen gegründete Welternährungs- und Landwirtschaftsorganisation
2 »Every man, woman and child has the inalienable right to be free from hunger and malnutrition in order to develop their physical and mental faculties.«
3 CIMMYT ist das Welt-Mais-Institut der Vereinten Nationen (FAO), das IRRI das entsprechende Institut für Reis.
4 http://www.agrar.basf.de/de/common/tiles/static.jsp?page=news/inv_hungryplanet/Hungry_Planet.html&pageId=915664
5 Ich werde im Folgenden den Begriff »Pestizide« weiter verwenden. Es gäbe sonst noch Pflanzenschutzmittel (das ist der in der landwirtschaftlichen Praxis gebräuchliche, wenn auch etwas euphemistische Sammelbegriff), Biozide (ein Begriff, der etwas aus der Mode gekommen ist) oder Spritzmittel (was über die Art der Ausbringung etwas aussagt). Der Wortbestandteil »zid« deutet darauf hin, dass mit dem Mittel etwas abgetötet wird, der Bestandteil »Pest« sagt, was: Krankheiten. Mit »Herbiziden« werden Unkräuter, mit »Fungiziden« Pilze, mit »Insektiziden« Insekten bekämpft.
6 In diesem Buch wird ständig von der Einheit Hektar die Rede sein. Da nicht jeder sich etwas darunter vorstellen kann, sei sie hier kurz erläutert: Ein Ar sind 100 Quadratmeter. Ein Hektar sind 100 Ar, 10 000 Quadratmeter. Ein quadratischer Hektar ist also 100 m lang und 100 m breit. Ein Fußballfeld (innerhalb der Markierungen) ist in der Regel 68 x 105 m groß, entspricht also 0,75 Hektar. Der durchschnittliche deutsche Bauer bewirtschaftet 45 Hektar Land. Die gesamte Fläche Deutschlands beträgt rund 36 Mio. Hektar (Statistisches Bundesamt 2010), darunter 16,7 Mio. Hektar landwirtschaftliche Nutzfläche. Davon sind 11,7 Mio. Hektar Acker (70,5 %) und 4,8 Mio. Hektar Dauergrünland. Der Wald bedeckt 11,3 Mio. Hektar. Unser Hof bewirtschaftet 140 Hektar Land und der Englische Garten in München, einer der größten innerstädtischen Parks weltweit, ist 417 Hektar groß.

3.
Hunger auf der Welt: Geht's wirklich nur um die Produktionsmenge?

1 Von 1845 bis 1855 verließen schätzungsweise fast zwei Millionen Iren das Land. Ungefähr drei Viertel von ihnen wanderten nach Nordamerika aus, die restlichen 25 % gingen nach Großbritannien und Australien.
2 Cormac O'Grada, The great Irish famine, Cambridge, Cam.Univ.Press, 2000, ISBN: 0-521-55787-9
3 http://www.fao.org/economic/ess/food-security-statistics/en/
4 »Land Grabbing« by Foreign Investors in Developing Countries: Risks and Opportunities, IFPRI Policy Brief 13, April 2009

5 Zaire hieß zu Mobutus Zeiten die Währung. Mit Umbenennung des Landes in Kongo wurde daraus der Kongo-Franc.

6 http://www.gtz.de/de/dokumente/gtz2010-de-themeninfo-lagerhaltung-nachernteschutz.pdf

7 http://www.foreignpolicy.com/articles/2011/01/10/the_great_food_crisis_of_2011

8 Offenbar war im konkreten Fall die Sache dadurch verschlimmert worden, dass die Straßenbauverwaltung für die Verbreiterung einer Straße eine als Windschutz wichtige Hecke entfernt und nicht mehr ersetzt hatte.

9 David Pimentel, Professor of Ecology at Cornell University. Journal of the Environment, Development and Sustainability (Vol. 8, 2006)

10 Sterr, Horst: Folgen des Klimawandel für Ozeane und Küsten, 2007, http://edoc.hu-berlin.de/miscellanies/klimawandel-28 044/86/PDF/86.pdf

11 Mittlerweile in der zum Bundesentwicklungshilfeministerium gehörenden Gesellschaft für Internationale Zusammenarbeit, GIZ, aufgegangen

12 GTZ: http://www.gtz.de/de/aktuell/32190.htm

13 Im Zeitalter der kraftstoffgetriebenen Mobilität spielt diese Form der landwirtschaftlichen Energiegewinnung keine Rolle mehr. Immerhin ist aber interessant, dass in Deutschland 100 000 Reitpferde gehalten werden, von denen ca. 100 000 Hektar Grünland genutzt werden.

14 Auf ein spezifisches Problem der BtL-Technologie, die sich durch eine besonders effiziente Energiegewinnung auszeichnet, muss hingewiesen werden: Bei diesem Verfahren werden restlos alle organischen Stoffe verwertet. Das führt aber auch dazu, dass nichts übrig bleibt, was als organischer Dünger auf den Acker zurückgeführt werden könnte. Flächen, auf denen in nennenswertem Umfang Rohstoff für BtL-Anlagen erzeugt wird oder von denen Ernterückstände wie Stroh dafür genutzt werden, würden auf diese Weise nicht hinnehmbare Humusverluste erleiden.

15 Meals per gallon – The impact of industrial biofuels on people and global hunger, Action aid, 2010, http://www.actionaid.org.uk/doc_lib/meals_per_gallon_final.pdf

16 298-fach laut: Climate Change 2007: The Physical Science Basis. Contribution of Working Group I to the Fourth Assessment Report of the Intergovernmental Panel on Climate Change [Solomon, S., D. Qin, M. Manning, Z. Chen, M. Marquis, K. B. Averyt, M. Tignor and H. L. Miller (eds.)], Chapter 2, Table 2.14. Cambridge University Press, Cambridge, United Kingdom and New York, NY, USA

17 http://www.nachrichten.ch/431817/detail.htm

18 http://www.bund.net/fileadmin/bundnet/publikationen/energie/20101223_energie_position_biomasse.pdf

19 2010 wurden auf 650 000 ha und einem Gesamtertrag an Getreide von 4,61 Mio. t für die Biogas-Produktion angebaut. Dazu kommt die Erzeugung von Raps für den Tank – 1,15 Mio. ha und damit das Äquivalent von 4,9 Mio. t Raps. 80 % der Rapserzeugung werden im Nonfoodbereich verarbeitet; der überwiegende Teil davon landet in der Bioenergieproduktion. Produktionsmenge insgesamt 2009: 6,21 Mio. t auf 1,47 Mio. ha. Quelle: Ernte 2009, Mengen und Preise. BMELV 2009

20 Von-Thünen-Institut in Trenthorst

21 Nordpil, Hugo Ahlenius. 2009. Trends in food commodity prices, compared to trends in crude oil prices (indeces). In UNEP/GRIDArendal Maps and Graphics Library

22 Schlachtungen und Fleischerzeugung – Fachserie 3 Reihe 4.2.1 – 4. Vierteljahr und Jahr 2010, https://www-ec.destatis.de/csp/shop/sfg/bpm.html.cms.cBroker.cls?cmspath=struktur,vollanzeige.csp&ID=1026821

23 Auch wenn diese Darstellung das gängigste Produktionsverfahren abbildet, ist sie insofern vereinfacht, als es nicht nur eine Standard-Ration, sondern viele verschiedene Futtermischungen gibt. Auch gibt es mehrere Spielarten der Haltungsverfahren, z.B. die vor allem in der Norddeutschen Tiefebene praktizierte Weidemast der (kastrierten und deshalb nicht aggressiven) Ochsen, bei der die Tiere bis zu 20 Monate (müssen mindestens 6 Monate auf der Weide gehalten werden) auf der Weide verbringen, ehe sie für die letzten dreieinhalb Monate zur Ausmast aufgestallt werden (Zahlen für Limousin-x-Fleckvieh). Auch unterscheiden sich die Zahlen je nach Rasse.

24 Wer detaillierter als in diesem Buch darstellbar nachvollziehen möchte, was es damit auf sich hat, sei auf das ausgesprochen lesenswerte Buch von Anita Idel »Die Kuh ist kein Klimakiller«, metropolis 2010, verwiesen.

25 830 Besamungen gelingen pro Bulle: http://elib.tiho-hannover.de/dissertations/baltissenj_ss07.html. Durch die künstliche Besamung ist es möglich, dass von einzelnen Bullen weit über 10 000 Nachkommen pro Jahr geboren werden: http://www.bvn-online.de/index.php?id=973. Der mit Abstand am stärksten eingesetzte Fleckviehbulle war HORB. In den Jahren 1992 bis 2000 wurden von ihm über 200 000 Erstbesamungen durchgeführt (selbe Seite).

26 Variiert je nach Endgewicht, Rasse, Gewichtszunahme pro Tag. Hier verwendet: Gewichtszunahme ca. 850 g/d, 2,3 kg Futtermittel/d: http://www.lfl.bayern.de/publikationen/daten/informationen/p_31939.pdf ab S. 66

27 Auch hier ist nur ein häufig eingesetztes Rationsbeispiel genannt.

28 Weiß, Pabst, Strack, Granz: Tierproduktion, Verlag Parey, S. 535

29 Am 20. Mai 2011 meldete die Frankfurter Allgemeine Zeitung, die Abholzung habe im brasilianischen Amazonasgebiet in den vergangenen Monaten stark zugenommen. Unter Berufung auf das Institut für Weltraumforschung beziffert sie die Zunahme zwischen August 2010 und April 2011 mit 43 %. Allein im April hätten 24 300 Hektar Wald einer künftigen Sojabohnenproduktion weichen müssen.

30 http://www.bmelv-statistik.de//fileadmin/sites/010_Jahrbuch/Stat_Jahrbuch_2009.pdf S. 422. Die Gesamtfleischerzeugung betrug 2008 8 204 000 t.

31 Der Reis wurde nicht mit eingerechnet, weil er nicht, oder jedenfalls fast nicht, als Futter verwertet wird.

32 http://www.raiffeisen.com/news/artikel/30218056

33 Entwicklung Fleischkonsum global: http://spreadsheets.google.com/lv?key=0AonYZs4MzlZbdFFxckhmUGJGZEw3bnBiR3pXVzBuc1E&f=0&rm=full#gid=0

34 Quelle: Bundesverband deutsche Fleischwarenindustrie, http://www.bvdf.de/in_zahlen/tab_06/. Dabei ist zu beachten, dass das beides Werte des Fleisch-VERBRAUCHES sind. Der Fleisch-VERZEHRSWERT liegt niedriger. Verbrauch schließt Knochen etc. ein. Diese und die anderen Zahlen und auch die Zuordnung der Futtermengen beziehen sich auf den Verbrauch.

35 Food and Agriculture Organization of the United Nations (FAO) 2010, Livestock and Fish Primary Equivalent, 02 June 2010, FAOSTAT on-line statistical service, FAO, Rome, viewed 1st November, 2010

36 FAO Food Outlook 2008

37 http://dge.de/modules.php?name=News&file=article&sid=415

38 Lundqvist, J., C. de Fraiture and D. Molden. Saving Water: From Field to Fork – Curbing Losses and Wastage in the Food Chain. SIWI Policy Brief. SIWI, 2008

39 http://wissen-europa.de/fileadmin/user_upload/website/Artikel/Artikel%201991–92/Agrar-%20und%20Fischereipolitik.pdf

40 »Geschenk der Vereinigten Staaten von Amerika. Darf nicht verkauft werden.« Mit dieser Aufschrift sind alle Hilfslieferungen der Organisation US AID (United States Agency for International Development), der amerikanischen staatlichen Entwicklungshilfeorganisation, gekennzeichnet.

41 The State of World Fisheries and Aquaculture (SOFIA) 2010 – http://www.fao.org/docrep/011/i0250e/i0250e00.htm. Wo nicht anders angegeben, entstammen die folgenden Zahlen im Zusammenhang mit Fischerei und Aquakultur diesem Bericht.

42 Millennium Ecosystem Assessment, UNEP http://maps.grida.no/go/graphic/trend-in-mean-depth-of-catch-since-1950

43 Der meiste wird in den Aquakulturen Chinas produziert (62 % oder 32,7 Mio. t in 2008), danach folgen Indien, Vietnam und Indonesien – jeweils auch mit einer Produktion über 1 Mio. t. Der größte afrikanische Produzent ist Ägypten auf Platz 11 mit 693 815 t. FAO http://www.fao.org/docrep/013/i1820e/i1820e.pdf, Tabelle zum Wachstum der Aquakultur auf Seite 21

44 Inland – Aquakultur

45 http://www.spiegel.de/wirtschaft/0,1518,712541,00.html

4.
Der Konflikt: Intensive, chemiebasierte Landwirtschaft versus Ökolandbau

1 Die Gesellschaft für Technische Zusammenarbeit (GTZ), der Deutsche Entwicklungsdienst (DED) und die Bildungsorganisation InWEnt fusionierten in Berlin im Dezember 2010 zur neuen Deutschen Gesellschaft für Internationale Zusammenarbeit (GIZ).

2 Als Hackfrucht bezeichnet man alle Kulturen, bei denen man zur Unkrautbeseitigung eine Hacke in die Hand nehmen muss – wenn man das nicht mit chemischen Herbiziden erledigt. Vor allem sind das Kartoffeln und Zuckerrüben.

3 Z.B. Einbeziehung oder Nichteinbeziehung der Abholzung von Urwald und des Umbruchs von Pampa-Flächen, auf denen anschließend Soja als Futter angebaut wird, oder die Anrechnung oder Nichtanrechnung der Transportenergie für Betriebsmittel

4 Greenpeace 2008, Authors: Jessica Bellerby, Bente Foereid, Astley Hastings an Pete Smith from the University of Aberdeen

5 Klimarelevanz des Ökologischen Landbaus – Stand des Wissens, G. Rahmann, K. Aulrich, K. Barth, H. Böhm, R. Koopmann, R. Oppermann, H.M. Paulsen und F. Weißmann/Landbauforschung – vTI Agriculture and Forestry Research 1/2 2008 (58): 71–89

6 LaSalle, T.J. und P. Hepperly, 2008. Regerenative Organic Farming: A solution to global warming. Rodale Institute. Lehmann, Johannes et al. 2009. »Aging black carbon along a temperature gradient.« Chemosphere: Environmental Chemistry, Vol. 75, pages 1021–1027. Elsevier

7 Küstermann B., Kainz M. and Hülsbergen K.-J., 2008. Modeling carbon cycles and estimation of greenhouse gas emissions from organic and conventional farming systems. Renewable Agriculture and Food Systems 23, 38–52

8 FAO (2011) Organic Agriculture and Climate Change Mitigation. A Report of the

Round Table on Organic Agriculture and Climate Change. FAO, Natural Resources Management and Environment Department, Rome, May 2011
9 Forschungsinstitut für Biologischen Landbau, Schweiz
10 Z.B. in der vom französischen Landwirtschaftsministerium in Auftrag gegebenen CST-Studie: Doucet-Personeni, C. et al. (2003). Rapport final du Comité Scientifique et Technique de l'Etude Multifactorielle des troubles des abeilles (CST), Imidaclopride utilisé en enrobage de semences (Gaucho) et trouble des abeilles. 221 pages. Download unter: http://www.unaf-apiculture.info/presse/rapport_cst.pdf
11 Keesing, F. et al. Nature 468, 647–652 (2010)
12 A safe operating space for humanity, Nature, Vol 461|24 September 2009
13 Erich-Wesjohan-Gruppe aus Visbek mit mehreren Tochterfirmen, unter ihnen Lohmann, Hy-Line, H&N … http://www.bund-bs.de/aktuelles/bilder_aktuelles/Hintergrundinformationen%20Qualzucht.pdf
14 Als Holstein Frisian in schwarz-bunter und als Red Holstein in rot-weißer Aufmachung
15 Der Ausdruck »Kunstdünger« bezieht sich im Wesentlichen auf den synthetischen Stickstoffdünger und bezeichnet den Unterschied zu dem natürlichen Stickstoffdünger in Form von Mist, Jauche oder Gülle. Diese Düngerformen werden auch als »Wirtschaftsdünger« bezeichnet, weil sie aus dem Kreislauf der eigenen (Land-) Wirtschaft kommen.
16 Um ein Kilogramm Stickstoffdünger herzustellen, braucht es rund zwei Liter Erdöl. http://www.landwirtschaft.ch/de/wissen/pflanzen/allgemeines/pflanze/duengung/
17 Aus Reactive Nitrogene in the Environment: Too much or too little of a good thing (UNEP, WHRC, Paris, 2007), zitiert in Erisman, »How a century of ammonia synthesis changed the world« in Nature Geosciences, Oktober 2008
18 An den Wurzeln der Leguminosen siedelt sich das Bakterium *Azotobacter* an. Das sind verschiedene Bakterien – alle jedoch gehören zur Familie der Rhizobien (Knöllchenbakterien). Es bildet 1–2 mm dicke Kügelchen, wegen derer das Bakterium auch Knöllchenbakterium genannt wird. Es bindet den in der Bodenluft vorhandenen Stickstoff und gibt ihn an die Wurzeln der Pflanze weiter, die ihn zum Aufbau des eigenen Pflanzenkörpers nutzt. Nach Aberntung verbleibt mit den Wurzeln und den Knöllchen Stickstoff im Boden, der der Folgekultur wiederum als Nährstoff zur Verfügung steht.
19 Das Umweltprogramm der Vereinten Nationen gibt in ihrem Papier »Agriculture, investing in natural Capital« aus dem Februar 2011 die Gesamtmenge an Phosphat, die jährlich weltweit in die Ozeane geschwemmt wird, mit ca. 10 Mio. Tonnen an.
20 Cordell, D., Jan-Olof Drangert, Stuart White. 2010. The Story of Phosphorus: Sustainability Implications of Global Phosphorus Scarcity for Food Security. Institute for Sustainable
21 Informationen sind auf der Webseite von www.biovision.ch zu finden.
22 Professional exposure to pesticides and Parkinson disease. http://onlinelibrary.wiley.com/doi/10.1002/ana.21 717/abstract
23 Neurobehavioral effects of long-term exposure to pesticides: results from the 4-year follow-up of the PHYTONER Study. http://oem.bmj.com/content/early/2010/10/18/oem.2 009 047 811
24 FAO und ILO, 2009, »Safety and Health«, verfügbar bei FAOSTAT, 2004: Food and Agriculture Organization of the United Nations, Statistical Databases, http://faostat.fao.org

25 http://www.wissenschaft-online.de/abo/lexikon/biok/423

26 http://www.wissenschaft-online.de/abo/lexikon/biok/423

27 Ökomonitoring 2009, Programm der Lebensmittelüberwachung Baden-Württemberg

28 Bewertung von Lebensmitteln verschiedener Produktionsverfahren. Statusbericht 2003, Senat der Bundesforschungsanstalten

29 Schwaiger K., Schmied E.-M., Bauer J. (2008): Comparative Analysis of Antibiotic Resistance Characteristics of Gram-negative Bacteria Isolated from Laying Hens and Eggs in Conventional and Organic Keeping Systems in Bavaria, Germany. Zoonoses Public Health. 55, 331–41. Online einsehbar unter http://www3.interscience.wiley.com/journal/121357914/abstract

30 http://www.spiegel.de/wissenschaft/medizin/0,1518,755 575,00.html

31 Informationspapier Puten von Zwanzig a. http://www.zwanzig-a.de/assets/files/Informationspapier_Puten_111210.pdf

32 Frei übersetzt: »Der Spielraum, in dem wir auf unserem Planeten operieren können, ohne die Sicherheit unserer Existenz zu gefährden«.

33 Das deutsche Gentechnikgesetz definiert: »Ein gentechnisch veränderter Organismus ist ein Organismus, dessen genetisches Material in einer Weise verändert worden ist, wie sie unter natürlichen Bedingungen durch Kreuzen oder natürliche Rekombination nicht vorkommt« (§ 3 Abs. 3 GenTG).

34 Hans Jonas, 1979, »Prinzip Verantwortung«

35 Ein Buch, das hierzu einen guten Überblick gibt, ist von Christoph Then geschrieben worden, es trägt den Titel: »Dolly ist tot: Biotechnologie am Wendepunkt«, Rotpunktverlag, Zürich, 2008

36 Taube et al. Die DFG-Broschüre »Grüne Gentechnik« genügt ihrem eigenen Anspruch nicht – Diskussionsbeitrag. Environmental Sciences Europe, Januar 2011

37 http://isaaa.org/resources/publications/briefs/42/executivesummary/default.asp

38 http://isaaa.org/resources/publications/briefs/42/pptslides/default.asp

39 http://www.gmwatch.org/files/GMsoy_Sust_Respons_SUMMARY_GER_v8(1).pdf S. 3, rechte Spalte

40 Auf Initiative von Bündnis 90/Die Grünen wurde in das Deutsche Biopatentrecht ein Passus eingefügt, durch den das Landwirteprivileg in Deutschland auch bei Gentechnikpflanzen gilt. Das Gleiche gilt für Frankreich.

41 Dies gilt bezogen auf den formalen Markt, schließt also nicht das Saatgut ein, das Bauern für sich selbst vermehren oder mit ihren Nachbarn austauschen.

5.
Der neue Weg: Ökologische Intensivierung

1 http://www.foreignpolicy.com/articles/2011/01/10/the_great_food_crisis_of_2011

2 International Federation of Organic Agricultural Movements mit Sitz in Bonn

3 »We need a paradigm shift – a new strategy based on affordable production systems for the poor through the smart use of biodiversity and the solutions that nature offers while acknowledging the diversity of cultures and leveraging the knowledge and practices they bring.« Im IFOAM-Dokument »food security«, 2010

4 Vereinigung der Erzeuger und Vermarkter von Früchten aus dem (haitianischen) Süden

5 Organisation für die Wiederherstellung der Umwelt, www.oreworld.org

6 Unter Gründüngung versteht man den Anbau von Pflanzen, die nicht geerntet, sondern in den Boden eingearbeitet werden. Bevorzugt werden dafür Leguminosen verwandt – also jene Pflanzen, an deren Wurzeln Bakterien leben, die den Stickstoff aus der Luft binden können. Dieser Stickstoff steht dem Boden, in dem diese Pflanzen wachsen, dann als Dünger zur Verfügung. Im tropischen Ökosystem gibt es jede Menge solcher Pflanzen, die für diesen Zweck genutzt werden können.

7 Jaden agwoforestye: se jaden abondans, se viv alèz, Dr. Kurt Habermeier, GAD-RU, Port-au-Prince

8 Food Security and Farmer Empowerment, A study of the impacts of farmer-led sustainable agriculture in the Philippines. Lorenz Bachmann, Elisabeth Cruzada, Sarah Wright, Aachen 2009

9 Ich verwende diesen Begriff der Kürze halber, verweise aber noch einmal darauf, dass es nicht um Bauern geht, die durch irgendein Zertifizierungssystem geprüft werden und für einen entsprechenden Markt produzieren, sondern um Bauern, die nach den erwähnten Prinzipien einer ökologischen Intensivierung arbeiten.

10 Da ein Philippino im Durchschnitt ca. 100 kg Reis im Jahr verbraucht, kann durch eine solche Produktionsmenge der Jahresbedarf von 330 bis 350 Menschen gedeckt werden.

11 ISD – »Sustainable Agriculture Project«

12 http://www.fao.org/docrep/012/al134 e/al134e15.pdf Menale Kassie, Precious Zikhali, Kebede Manjur and Sue Edwards. Adoption of Organic Farming Technologies: Evidence from a semi-arid Region in Ethiopia. FAO 2010

13 Degenhardt, Jörg, Die Funktion flüchtiger Signalstoffe bei der Verteidigung von Pflanzen gegen Schädlinge. Max-Planck-Institut für chemische Ökologie, Jena 2006

14 C. Badgley, J. K. Moghtader, E. Quintero, E. Zakem, M. J. Chappell, K. R. Avilés Vázquez, A. Samulon, and I. Perfecto (2007), »Organic agriculture and the global food supply«, Renewable Agriculture and Food Systems, Vol. 22, Issue 2, pp. 86–108

15 K. W. T. Goulding (1) and A. J. Trewavas (2), AgBioView, June 24, 2009 http://www.agbioworld.org/newsletter_wm/index.php?caseid=archive&newsid=2894

16 Konrad Scheffer, Rüdiger Graß und Jürgen Reulein, Verfügbare Biomassepotenziale für Energie und Rohstoffe bei flächendeckendem Ökologischen Landbau

17 Die gesamte LN der Bundesrepublik beträgt 16,7 Mio. ha, davon 11,7 Mio. ha Acker und 4,8 Mio. ha Grünland.

18 In voller Länge liegt dieser Bericht nur in englischer Sprache vor. Sie können ihn unter www.weltagrarbericht.de/report herunterladen oder auch durchsuchen. Eine deutsche Zusammenfassung des Syntheseberichts liegt bei der hamurg university press unter http://hup.sub.uni-hamburg.de/products-page/publikationen/78/ zur Bestellung oder zum Download vor. Von Schmidtner und Dabbert, Universität Hohenheim, gibt es eine deutsche Zusammenfassung mit besonderem Blick auf den Ökolandbau, die unter http://forschung.oekolandbau.de unter der BÖL-Bericht-ID 15 924 verfügbar ist.

19 Weltbank (World Bank), Welternährungsorganisation (Food and Agriculture Organization, FAO), Weltgesundheitsorganisation (World Health Organization, WHO), Globale Umwelteinrichtung (Global Environment Facility, GEF), Entwicklungsprogramm der Vereinten Nationen (United Nations Development Programme, UNDP), Umweltprogramm der Vereinten Nationen (United Nations Environment Programme, UNEP), Organisation der Vereinten Nationen für Er-

ziehung, Wissenschaft und Kultur (United Nations Educational, Scientific, and Cultural Organization, UNESCO)

20 »How can we reduce hunger and poverty, improve rural livelihoods, and facilitate equitable, environmentally, socially and economically sustainable development through the generation, access to, and use of agricultural knowledge, science and technology?«

21 Deutscher Bundestag, Drucksache 16/11 612, Frage 3

22 »If we do persist with business as usual, the world's people cannot be fed over the next half-century. It will mean more environmental degradation, and the gap between the haves and have-nots will expand. We have an opportunity now to marshal our intellectual resources to avoid that sort of future. Otherwise we face a world nobody would want to inhabit.«

23 UNEP: Towards a green Economy. Agriculture – investing in natural capital. http://www.unep.org/greeneconomy/Portals/88/documents/ger/GER_2_Agriculture.pdf

24 Aus den »Conclusions« des UNEP-Berichtes, Seite 65

25 UNCTAD–UNEP (2008). Organic Agriculture and Food Security in Africa. (UNCTAD/DITC/TED/2007/15)

26 Ein Diskussionspapier ist nicht eine offzielle und abgestimmte Äußerung der Organisation UNCTAD.

27 Assuring Food Security in Developing Countries under the Challenges of Climate Change: Key Trade and Development Issues of a Fundamental Transformation of Agriculture. UNCTAD Discussion Paper (No. 201), verfügbar unter www.unctad.org/Templates/Page.asp?intItemID=2101&lang=1

28 Dabei sind die Landnutzungsänderungen, die mit landwirtschaftlichen Tätigkeiten zusammenhängen, einbezogen: Urwaldrodungen oder Umbruch von Grünland.

29 Jährlicher Bericht des Sonderberichterstatters der Vereinten Nationen für das Recht auf Nahrung 2011, verfügbar unter http://www.srfood.org/images/stories/pdf/officialreports/20110308_a-hrc-16–49_agroecology_en.pdf

30 http://www.biooekonomierat.de/gutachten.html

6.
Was tun?

1 www.wbgu.de/fileadmin/templates/dateien/veroeffentlichungen/hauptgutachten/jg2011/wbgu_jg2011_ZfE.pdf

2 Naturschutzbund

3 Bund für Umwelt und Naturschutz, deutsche Organisation im internationalen Netzwerk »Friends of the Earth«

4 Vor allem Schweiz, England, Österreich, USA, Japan

5 In Deutschland beträgt diese Prämie derzeit je nach Bundesland zwischen 150 und 400 Euro je Hektar. Davon zahlt die EU 50 %, der Bund 30 % und das Land 20 %. Diese Prämien werden zusätzlich zu den ca. 300 Euro/ha gezahlt, die jeder Bauer bekommt – egal, ob er konventionell oder ökologisch wirtschaftet.

6 The European Nitrogen Assessment (ENA) – Sources, Effects and Policy Perspectives (Sutton et al., 2011, Cambridge University PRESS)

7 World Trade Organization, die Welthandelsorganisation

8 Handlungsempfehlungen zur Minderung von stickstoffbedingten Treibgasemissionen in der Landwirtschaft, WWF Deutschland, Juli 2010
9 Eigentlich widerspricht eine solche direkte Förderung bestimmter Kulturen den Prinzipien der Welthandelsabkommen. Tatsächlich werden solche Prämien aber auch heute noch gezahlt, so dass hier kein neues Instrument eingeführt werden muss.
10 www.wbgu.de/fileadmin/templates/dateien/veroeffentlichungen/hauptgutachten/jg2011/wbgu_jg2011_ZfE.pdf; Seite 15
11 Bis zur (nach dem damaligen europäischen Agrarkommissar benannten) »McSharry-Reform« kaufte der Staat zu einem Mindestpreis die meisten landwirtschaftlichen Rohstoffe auf, so dass z. B. der Preis für Milch oder Weizen nicht unter einen bestimmten Betrag fallen konnte. Als dann immer größere Mengen produziert und wegen eines nicht mehr aufnahmefähigen Marktes an den Staat verkauft wurden, bildeten sich die berüchtigten Butter- und Getreideberge, deren Hortung ebenso Milliarden verschlang wie der Export zu Dumpingpreisen in Länder außerhalb der Europäischen Union.
12 Das Mulchsaatverfahren findet Anwendung, wenn erst im Frühjahr gesät wird (z. B. Mais oder Zuckerrüben). Statt im Herbst zu pflügen und dann im Frühjahr in die eingeebnete Erde zu säen, wird im Herbst eine Zwischenfrucht gesät. Diese hinterlässt auf dem Boden eine Decke aus abgefrorenem Pflanzenmaterial, in das dann mit speziellen Maschinen direkt, ohne weitere wendende Bodenbearbeitung gesät wird. Das schützt die Böden vor Erosion.
13 Nachzulesen im gemeinsamen Forderungspapier der Plattformverbände: www.die-bessere-agrarpolitik.de
14 Pflug und Furche, 2.2010
15 Silierung ist ein Verfahren zur Haltbarmachung nicht völlig trockenen Grases (oder von als Ganzpflanze klein gehäckseltem Mais). Das Erntegut wird durch Walzen stark verdichtet und dann luftdicht abgedeckt. Die bakterielle Milchsäuregärung, die daraufhin einsetzt, führt zu einem sauren Milieu, in dem keine Fäulniserreger mehr gedeihen können. Bestimmte Hartkäsesorten können nur mit Milch hergestellt werden, die ohne Silagefütterung produziert wurde. Das bedenkend, ist es nicht abwegig anzunehmen, dass die Milchunverträglichkeit mancher Menschen ebenfalls mit den speziellen Inhaltsstoffen zusammenhängt, die durch das milchsäurehaltige Futter in die Milch geraten.
16 Anita Idel: »Die Kuh ist kein Klimakiller«, metropolis 2010
17 Dass zu den gesellschaftlich gewünschten Leistungen auch die Erhaltung bäuerlicher Betriebe und die Aufrechterhaltung landwirtschaftlicher Produktion in benachteiligten oder besonders dünn besiedelten Räumen gehören kann, gehört zwar nicht zum Thema dieses Buches, soll aber nicht unerwähnt bleiben. Deshalb bleibt es durchaus weiterhin gerechtfertigt, die Existenz landwirtschaftlicher Betriebe in Bezug auf Arbeitseinkommen und Investitionen in solchen Fällen zu stützen.
18 Es gibt, um präzise zu sein, einen Bereich, in den ein Teil der Direktzahlungen abfließt: in die Taschen der Landverpächter. Man kann davon ausgehen, dass ein erheblicher Teil der Prämienzahlungen, die derzeit in Deutschland ca. 300 Euro je Hektar betragen, in die Pachtpreise einkalkuliert werden. Umgekehrt ausgedrückt: Würden diese Prämien entfallen, würden sich die Pachtpreise um einen deutlichen Anteil verringern. Da über 50 % der landwirtschaftlichen Nutzfläche Deutschlands gepachtet ist, ergibt sich so ein erheblicher Betrag, der nicht zur Verbilligung der Produktion beiträgt, sondern die Rendite von Grundbesitz erhöht.
19 Professor Niggli ist Leiter des weltweit größten Forschungsinstitutes für Ökoland-

bau, des FiBL (Forschungsinstitut für Biologischen Landbau) in Frick, Schweiz. Dr. Gerber ist Geschäftsführer des Bund Ökologische Lebensmittelwirtschaft, Dachverband der deutschen Ökobranche.

20 General Agreement on Tariffs and Trade, das allgemeine Handels- und Zollabkommen der WTO

21 http://orgprints.org/18 055/1/18 055–08OE056_08OE069-MRI_uni-goettingen-hoffmann_spiller-2010-verzehrsstudie.pdf

22 Montgomery, David: Dreck: Warum unsere Zivilisation den Boden unter den Füßen verliert

Anhang

1 http://www.millenniumassessment.org/en/index.aspx

2 http://www.agassessment.org/

3 UNEP-UNCTAD CBTF (2008 b). Organic agriculture and food security in Africa. (UNCTAD/DITC/TED/2007/15). United Nations, Geneva and New York

4 Niggli, U.; Slabe, A.; Halberg, N.; Schmid, O. and Schlüter, M. (2008). Vision for an Organic Food and Farming Research Agenda to 2025. Published by IFOAM EU Group and FiBL, Brussels and Frick: 48 pages

5 Mäder, P.; Fließbach, A.; Dubois, D.; Gunst, L.; Fried, P. & Niggli, U. (2002). Soil fertility and biodiversity in organic agriculture. Science, 296: 1694–1697

6 Birkhofer K., Bezemer T. M., Bloem J., Bonkowski M., Christensen S., Dubois D., Ekelund F., Fließbach A., Gunst L., Hedlund K., Mikola J., Robin C., Mäder P., Setälä H., Tatin-Froux F., Van der Putten W. H., Scheu S. (2008). Long-term organic farming fosters below and aboveground biota: Implications for soil quality, biological control and productivity. Soil Biology and Biochemistry 40: 2297–2308

7 Erisman, J. W., Sutton, M. A., Galloway, J., Klimont, Z., Winiwarter, W. (2008). How a century of ammonia synthesis changed the world. Nature Geoscience 1: 636–639

8 Niggli, U., Fließbach, A., Hepperly, P. and Scialabba, N. (2009). Low greenhouse gas agriculture: mitigation and adaptation potential of sustainable farming systems, Rev. 2. Rome, FAO, April. ftp://ftp.fao.org/docrep/fao/010/ai781 e/ai781e00.pdf

9 Edwards, S. (2007). The impact of compost use on crop yields in Tigray, Ethiopia. Paper presented at the International Conference on Organic Agriculture and Food Security, FAO, Rome, 2 to 4 May, 2007. Verfügbar unter: ftp://ftp.fao.org/paia/organicag/ofs/02-Edwards.pdf

10 Crews, T. E. and Peoples, M. B. (2004) Legume versus fertilizer sources of nitrogen: ecological tradeoffs and human needs. Agriculture, Ecosystems & Environment 102, 279–297

11 Bertossa, M.; Schaub, L. und Colombi, L. (2009), Die gute alte Fruchtfolge als Bekämpfungsmethode gegen den Maiswurzelbohrer (Diabrotica virgifera virgifera LeConte). 10. Wissenschaftstagung Ökologischer Landbau, Zürich, 11.–13. Februar 2009. http://orgprints.org/14 414/

12 Prof. Dr. S. Vidal, Georg-August-Universität Göttingen, Abteilung Agrarentomologie

13 Deutsche Forschungsgemeinschaft, 2010, WILEY-VCH Verlag GmbH & Co. KGaA, Weinheim. www.dfg.de/download/pdf/dfg_magazin/forschungspolitik/gruene_gentechnik/broschuere_gruene_gentechnik.pdf

14 »As we have seen, the livestock sector is a major stressor on many ecosystems and on the planet as whole. Globally it is one of the largest sources of greenhouse gases and one of the leading causal factors in the loss of biodiversity, while in developed and emerging countries it is perhaps the leading source of water pollution.« Steinfeld, H.; Gerber, P.; Wassenaar, T.; Castel, V.; Rosales, M. and de Haan, C. (2006). Livestock's long shadow. FAO, Rom

15 EU-Projekt BERAS (Baltic Ecological Recycling Agriculture and Society), http://www.jdb.se/beras/default.asp?page=62

16 Burger, H., Schloen, M., Schmidt, W., Geiger, H. H. (2008). Quantitative genetic studies on breeding maize for adaptation to organic farming. Euphytica 163: 501–510

17 Wolfe, M. S., Baresel, J. P., Desclaux, D., Goldringer, I., Hoad, S., Kovacs, G., Loschenberger, F., Miedaner, T., Ostergard, H., van Bueren, E. T. L. (2008). Developments in breeding cereals for organic agriculture. Euphytica 163: 323–346

18 »In spite of the excellent performance of Europe's agro-food system during the last decades, it appears that the European Union is now at the beginning of a major disruption period in terms of international competitiveness, climate change, energy supply and societal problems of health and unemployment.« http://ec.europa.eu/research/agriculture/scar/pdf/foresighting_food_rural_and_agri_futures.pdf

19 Dr. Walter Schmidt, KWS SAAT AG, Vortrag in Seligenstadt, 8. Januar 2009

20 E. T. Lammerts van Bueren, G. Backes, H. de Vriend, H. Østergård (2010). The role of molecular markers and marker assisted selection in breeding for organic agriculture. Euphytica, published online 24 April 2010

21 Burawoy, M., 2002: The extended case method. Sociological Theory. 16(1): 4–33

22 Ulrich Beck: Risikogesellschaft. Auf dem Weg in eine andere Moderne. Suhrkamp, Frankfurt a. M. 1986. ISBN 3-518-13326-8

23 Hamm et al., 2010

24 Bernet T., Thiele G. and Zschocke T., 2006: Participatory Market Chain Approach (PMCA) – User Guide. International Potato Center (CIP) – Papa Andina, Lima, Peru

25 Aeberhard, A. und Rist, S. (2009). Koproduktion von Wissen in der Entwicklung des Biolandbaus – Einflüsse von Marginalisierung, Anerkennung und Markt. In: Jochen Mayer, Thomas Alföldi, Florian Leiber et al. (Hrsg.). 10. Wissenschaftstagung Ökologischer Landbau, Zürich, 11.–13. Februar 2009. Verlag Dr. Köster, Berlin, 518–519

Register